힘내라,
한국 교회

사랑하는 딸 애리와 사위 박재휘에게

이원규 지음

동연

은준관 총장(실천신학대학원대학교)

한국 종교사회학계의 대가이신 이원규 박사께서 쓴 《힘내라, 한국 교회》는 특별한 의미를 담고 있습니다. 목회자와 평신도, 기독교 신자와 비기독교인 모두 간의 진지한 대화를 그 목적으로 하기 때문입니다.

과거의 많은 이 박사님 글들이 '학문적'이고 '전문적'인 소재를 다루었다면, 이 책은 우리 사회와 교회가 오늘날 직면해 있는 절실한 '사회적 이슈들'(social issues)과 과감히 씨름하면서 독자와 함께 해결의 실마리를 찾아가는 '탐구'의 과정으로 엮어진 것이 특색입니다. 특히 이 책에는 풍부한 자료와 함께 한국 사회와 교회가 함께 가야 할 미래의 비전을 함께 꿈꾸고 노래하려는 저자의 헌신과 열정이 살아 움직이고 있습니다.

미래를 향한 돌출구가 보이지 않는 한계상황 속에 울려오는 부르짖음과 예언의 소리이기에 이 책은 더욱 소중히 다가올 것입니다.

손인웅 목사(덕수교회, 한목협 회장)

금번 출간된 이원규 교수의 《힘내라, 한국 교회》는 종교사회학
자가 한국 교회를 향해 보내는 예언서와 같은 글입니다. 본서는 작금
의 위기에 처한 한국 교회의 상황을 감정적 호소나 막연한 낙관주의
로서 희망을 이야기하지 않고, 종교사회학자 특유의 예리한 관찰과
분석을 통해 한국 교회가 나아가야 할 방향에 대해 이야기하고 있습
니다.

특히 저자가 논하고자 하는 주제들 — 출산율, 자살, 사형제도,
제사, 화장, 경제 문제, 주5일 근무제, 공동체 문제 등 — 은 비단
한국 교회뿐만 아니라 한국 사회에서도 함께 고민하고 풀어 가야
할 대단히 중요한 문제들입니다. 한국 교회가 이러한 문제들에 귀를
기울여야 하는 이유는 시대와 소통이 이루어져야 시대를 선도해 갈
수 있기 때문입니다.

저자는 본서를 통해 끊임없이 기독교의 정체성을 바로 세워나가
야 함과 동시에 다원화된 사회의 구성원으로서 가져야 하는 보편적
가치의 중요성을 깨닫게 해줍니다. 모쪼록 더 많은 분들이 한국 교회
와 사회에 더 큰 희망을 품기를 기대하며 기쁜 마음으로 본서를 추천
합니다.

채수일 총장(한신대학교)

최근 한국 기독교에 대한 비판과 질타의 목소리가 도를 넘어 격양된 비난과 매도에까지 이르고 있습니다. 그 원인은 근본주의 신학과 그로부터 오는 지나친 우편향과 반지성주의, 또 일부 한국 교회들의 공신력 상실에서 찾을 수 있을 것입니다.

이러한 때에 한국 종교사회학계의 원로이시며 누구보다 한국 교회를 사랑하는 이원규 교수님의 《힘내라, 한국 교회》는 우리의 현주소를 좌표에 나타내듯이 분명하게 제시하고 있습니다. 한국 교회가 어느 위치에 서 있으며, 한국 교회를 보는 안팎의 시선은 어떤지를 구체적인 통계를 바탕으로 사회조사방법론에 근거하여 제시합니다. 그러나 대부분의 비판서적들의 한계라고 할 '대안 부재'의 우를 답습하지 않고, 대안적 희망을 제시하는 것이 돋보이는 이 책의 미덕입니다. 뿐만 아니라 우리는 이 책의 곳곳에 배어 있는 원로 학자, 이원규 교수님의 한국교회에 대한 애정 어린 호소와 충심을 느낄 수 있습니다.

이원규 교수님의 《힘내라, 한국 교회》는 한국 교회의 실추된 위상을 가슴 아파 하면서 새로운 한국 교회의 미래를 모색하는 이들 모두에게 나침반이 될 것을 확신합니다.

이영훈 목사(여의도순복음교회 당회장)

이원규 교수님의 《힘내라, 한국교회》는 한국 사회와 교회의 현실에서 마지막 희망을 찾고자 하는 글입니다. 저자는 그 마지막 희망이 교회이어야 하며, 그것이 바로 교회가 존재하는 이유라고 보고 있습니다.

본서는 그동안 저자가 가졌던 전문적이고 학문적 해석의 옷을 벗어던지고, 사회의 주요한 이슈들을 일반 사람들이 함께 고민하고 그 답을 얻을 수 있도록 안내하고 있습니다. 또한 저자는 그리스도인들이 비판 의식 없는 방관자가 아니라 날카로운 이성의 판단과 계시의 정신을 소유한 자로서 이 사회의 빛을 밝히는 자들이 될 것을 권면하고 있습니다.

특히 저자는 저자가 논하고자 하는 주제들 ― 출산율, 자살, 사형제도, 제사, 화장, 경제 문제, 주5일 근무제, 공동체 문제 등 ― 은 교회가 먼저 사회와 대화하며 함께 책임을 지고 나가야 한다고 생각하고 있습니다. 저자는 종교사회학자이며 종교가 책임의식을 가지고 사회의 산적한 문제들을 해결해 나가는 데 기여해 줄 것을 기대하고 있습니다. 모쪼록 더 많은 분들이 한국 교회와 사회에 더 큰 희망을 품기를 기대하며 기쁜 마음으로 본서를 추천하여 드립니다.

한국의 학계나 교계에 별로 알려지지 않았던 종교사회학이란 분야를 미국에서 공부하고 돌아와 교단에 선 지도 어느덧 30년이 되어간다. 전공한 학문의 성격상 그동안 나는 한국 사회와 교회를 전문가 입장에서 연구하고 분석하는 작업을 해왔다. 한국 사회는 살 만한 사회인지, 멋있는 사회인지, 아름다운 사회인지, 정이 넘치는 사회인지 살펴보았다. 한국 교회는 사회의 빛과 소금의 역할을 하고 있는지, 교인들의 믿음과 생활은 어떻게 나타나고 있는지 살펴보았다. 불행하게도 지금까지 나름대로 한국 사회와 교회에 대해 알게 되고 밝혀낸 결과는 그다지 희망적이거나 긍정적이거나 낙관적인 것이 아니었다.

물론 한국 사회는 경제적으로 눈부신 성장을 했고, 정치적으로도 발전을 이루어 낸 것이 사실이다. 그러나 다른 한편 우리 사회는 도덕성과 공동체성을 상실하면서 많은 문제들이 생겨났다. 물질적으로 풍요를 누리고 자유를 만끽하고 있으며, 첨단 기술문명의 혜택을 받으며 잘사는 것 같으나, 다른 한편 정신적 빈곤과 방종, 집단 이기주의와 갈등이 사회에 만연하고 있다. 더불어 살려고 하지 않고, 바르게 살려고 하지 않고 있다.

한국 교회 역시 그동안 놀랍게 성장했고, 교인들의 신앙적 열정은 한국 교회의 위상을 세계에 드높였다. 우리 사회의 발전에 기여했고, 사람들의 삶에 중요한 영향을 미쳤다. 그러나 한국 교회는 요즈음 사회적으로 많은 비판을 받고 있다. 교회가 교회답지 못하고 교인이 교인답지 못하다는 것이다. 물론 많은 교회와 교인들은 건강하다. 그럼에도 불구하고 한국 교회 역시 도덕성과 공동체성을 상실했고, 더 나아가 영성까지 잃어버렸다는 위기의식이 퍼져 있는 것이 사실이다.

그래서 지금까지 나는 한국 사회나 교회를 비판적 시각에서 분석해왔다. 한국 사회와 교회의 현실에서 희망보다는 절망을 보았고, 낙관적이기보다는 비관적인 전망을 했으며, 긍정적인 평가보다는 부정적인 평가를 하는 경우가 솔직히 많았다. 그러나 나는 우리 사회의 마지막 희망은 교회일 수 있고, 또 교회이어야 한다는 생각을 항상 가지고 있다. 왜냐하면 사회에 희망을 주는 것이 교회의 존재 이유라고 보기 때문이다.

이 책의 글들이 그렇게 긍정적이거나 낙관적이거나 희망적인 내용들로 채워져 있지는 않다. 오히려 상당히 비판적인 내용을 담고 있다. 그러나 한국 사회에는 희망이 필요하고 우리는 희망을 가져야 한다고 말하고 싶다. 그리고 한국 교회는 우리 사회에 희망을 주는 역할을 담당해야 한다는 것을 보여주고 싶다. 한국 교회가 한국 사회에 희망을 주는 것 자체가 '희망사항'일지도 모른다. 그럼에도 불구하고 이제 한국 교회는 희망을 말하고, 우리 사회의 희망이 되어야 한다고 생각한다. 우리의 국가, 민족, 사회에 마지막 남은 희망은 교회라고, 기독교인들이라고 믿는다. 이 책의 글들은 이러한 나의 신념을 반영하고 있다.

이 책은 두 가지 점에서 지금까지 내가 저술했던 책들과 다르다. 먼저 그동안 내가 집필했던 책들이 전문적이고 학문적인 성격이 강했다면, 이 책은 평이하게 썼다는 점이다. 이 책은 신학이나 사회학에 대한 전문적인 지식 없이도 읽을 수 있게 일반 대중, 특히 일반 목회자와 평신도를 대상으로 한 것이다. 다음으로 목회자나 교인이 궁금해 할 수 있는, 그러나 분명히 알았으면 하는 사회적·교회적 주제들을 많이 다루고 있다는 것이다. 문제에 대한 접근에 있어 전문적 설명은 되도록 피하고, 구체적인 근거나 자료를 제시함으로 이해를 돕도록 노력했다. 이 책에서 내가 주장하거나 제시하는 내용에 대하여 동의하지 않는 독자들도 있을 것이다. 그러나 한국 사회와 교회에 대한 여러 문제들에 대하여 다시 한 번 생각할 수 있는 기회가 될 수 있다면 그것만으로도 만족할 것이다.

이 책은 크게 두 부분으로 구성되어 있다. 제1부는 한국 교회와 직접 관련된 문제들에 대하여 비판적인 시각으로 접근하면서 이에 대한 한국 교회의 책임과 과제를 제시하고 있다. 제2부에서는 한국 사회에서 문제가 되고 있는, 혹은 논란이 되고 있는 주제들의 현실을 밝히고, 이에 대하여 한국 교회는 어떤 입장을 취하는 것이 바람직한 것인가에 대한 개인적 소견을 피력하고 있다. 여기서 다루고 있는 글들의 일부는 전에 썼던 것을 다시 수정 보완하고 정리한 것이고, 나머지 일부는 이 책의 출판을 위하여 새로 집필한 것이다.

이 책이 나올 수 있도록 도와주신 분들께 감사의 뜻을 전한다. 먼저 책의 출판을 기꺼이 허락해 주신 도서출판 동연의 김영호 사장님, 그리고 책을 다듬고 만들어 준 직원들께 감사를 드린다. 원고를 읽어보고 글을 다듬어 준 아내에게도 감사한다. 특별히 이 책의 출판을 위해 격려해 주고 연구비를 지원해 준 친구 목사들, 강일남, 김승현, 김종훈, 남문희, 안희선, 조세제 목사께 우정이 담긴 감사를 드린다.

　이 책을 통해 한국 교회를 다시 한 번 성찰해 볼 수 있기를, 교인의 삶과 실천이 얼마나 중요한 것이지 확인해 볼 수 있기를 기대해 본다.

2009년 12월

냉천동 연구실에서 이 원 규

■ 차례

제1부

한국 교회,
희망을 말하자

- 위기를 이겨내는 교회

1

한국 개신교,
왜 정체되고 있나

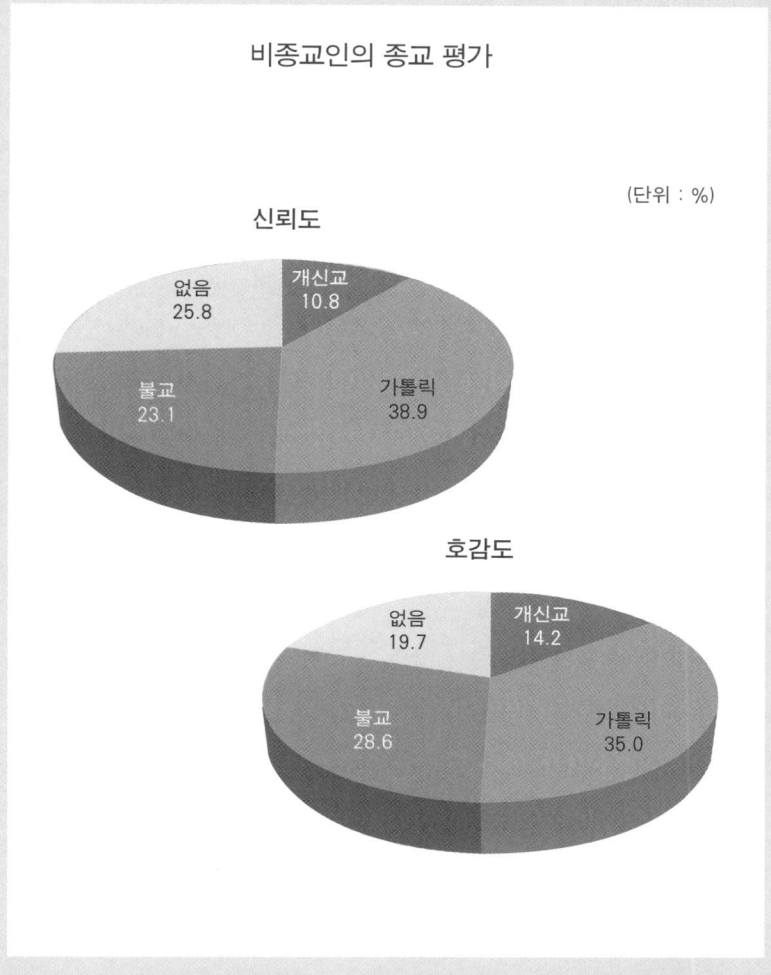

비종교인의 종교 평가

(단위 : %)

신뢰도

없음
25.8

개신교
10.8

불교
23.1

가톨릭
38.9

호감도

없음
19.7

개신교
14.2

불교
28.6

가톨릭
35.0

*출처 : 기윤실, 〈2009년 한국교회의 사회적 신뢰도 여론조사〉, 2009.

위기의
한국 교회

　　　　　　　최근 한국 교회는 양적으로 정체되어 있을 뿐만 아니라, 질적으로도 사회적 공신력을 상실하여 총체적인 위기를 맞고 있다. 물론 한국 교회의 성장이 멈춰 버린 것과 한국 교회가 사회적으로 신뢰를 받지 못하고 있는 것은, 동전의 양면처럼 한 가지 현상에 대한 두 측면이라고 할 수 있다.

　1960년대 이래로 무한질주했던 한국 교회의 성장이 2000년 무렵을 고비로 하향세로 접어들고 있다.[1] 실제로 교인 수에 근거한 교회성장률(교인증가율)이 1950~60년 사이에는 25퍼센트였으나, 1960~70년 사이에는 무려 412퍼센트에 이르렀고, 1970~85년 사이에도 103퍼센트나 되었다. 그러나 교회성장률이 1985~95년 사이에는 35퍼센트로 줄어들었고, 1995~2005년 사이에는 -1.6퍼센트라는 마이너스 성장률을 보이고 있다.

　그러면 왜 1960, 70, 80년대에는 교회가 급성장하다가 1990년대 이래로는 정체되기 시작했는가?

　여기에는 교회적 요인과 상황적 요인이 중요하게 작용했다고 본다. 1960년 이래 몇 십 년간 한국 교회가 급성장한 교회적 요인은 교회(교인)의 뜨거운 신앙적 열정이다. 부흥운동, 배가운동, 전도운동, 성령운동, 카리스마 운동, 신유운동을 통한 복음화가 광범위하게 성공적으로 이루어졌다. 이러한 신앙운동과 복음운동은 한국 교회 성장의 중요한 원동력이 되었다.

한편 같은 기간 동안 우리 사회에서 전개된 변화 상황 역시 교회 성장에 크게 작용했다. 즉, 군부독재 체제 아래서 정치적인 공포와 불안의 분위기가 조성되고 있을 때 마음의 평안을 제공하는 종교가 사람들에게 위안을 주었고, 경제적으로 절대적 빈곤 혹은 상대적 박탈감으로 좌절하고 있는 사람들에게 물질적 축복을 약속함으로 종교는 사람들에게 희망을 주었으며, 급격한 산업화와 도시화 과정에서 소외감을 느끼던 사람들에게 종교는 소속감과 공동체성을 마련해 줌으로 성장할 수 있었던 것이다.[2] 이것은 왜 한국 교회가 성장했던 시기에 불교를 포함한 모든 종교들, 심지어는 사이비 종교들까지 성장했는가 하는 데 대한 설명이 되고 있다.

그렇다면 1990년 이래로 한국 교회가 침체의 늪에 빠지기 시작한 요인은 무엇인가?

역시 교회적 요인과 상황적 요인이 있다고 본다.

먼저 상황적 요인에 대하여 살펴보자. 오늘날 세계 기독교의 성장과 쇠퇴 현황을 보면 뚜렷한 양상이 드러나고 있다. 크게 보면 유럽에서 기독교는 쇠퇴하고 있고, 북미주의 기독교는 제자리걸음을 하고 있으며(정확하게 표현하면 주류 교파 교회는 쇠퇴하고, 복음주의적인 비주류 교회는 성장하는 양극화 현상을 보인다), 아프리카와 아시아에서는 기독교가 크게 성장하고 있다.

또한 정치적, 경제적, 사회적 상황을 근거로 조사해 보면 현저한 경향이 나타난다. 즉, 정치적으로 안정되어 있고(민주화 수준), 경제적으로 풍요로우며(소득 수준), 사회적으로 보장되어 있으며(복지 수준), 여성의 지위가 높은(성 평등 수준) 나라들에서는 대개 교회가 쇠퇴하고 있다.[3] 반면에 정치적으로 불안하고, 경제적으로 빈곤하며, 사회복지 수준이 낮고, 여성 차별적인 나라들에서는 교회가 성장하고 있다. 쉽게 말하면 사람들은 삶이 가난하고 힘들고 혼란스러울수록 종교에 의지하려고 하지만, 배부르고 편하고 생활이 안정될수록 종교로부터 멀어지기 쉽다는 것이다.

우리나라는 1990년대 이후 정치적으로 상당히 민주화되었고, 경제 수준이 크게 높아졌으며, 복지 제도가 점차 정착되고 있고, 여성의 지위가 향상되어 왔다. 한국 사회의 향상된 정치·경제·복지·성 평등 수준이 오히려 종교에 대한 사람들의 동기와 요구를 약화시키게 되었다는 말이다. 게다가 눈부시게 발전해 온 여가산업은 사람들의 시간과 관심을 종교로부터 돌아서게 하는 강력한 대체종교 역할을 하게 되었다.

사회로부터 외면당하는 한국 교회

그러나 최근 한국 교회 정체 혹은 쇠퇴를 초래한, 보다 중요한 요인은 교회적인 것이다. 이것은 한국 사회의 상황적 변화에도 불구하고 가톨릭은 급성장했지만(실제로 1995~2005년 사이 가톨릭은 74퍼센트의 경이로운 성장률을 보이고 있다), 유독 개신교만 교세가 감소한 이유에 대한 설명이 된다(불교의 경우는 같은 기간 동안 신도가 4% 증가했다). 여기서 결정적인 변수는 종교에 대한 사람들의 신뢰도이다.

2005년 현재 우리나라 인구의 47퍼센트인 2천 3백만 명 정도가 무종교인이다. 만일 그들이 A라는 종교를 긍정적으로 보고 호감을 가지고 있다면, 그들은 앞으로 그 종교로 개종할 여지가 있는 것이다. 그러나 만일 그들이 B라는 종교에 대해서는 부정적으로 보고 비판적 태도를 가지고 있다면, 그들이 그 종교로 개종할 가능성은 매우 낮다고 할 수 있다. 또한 어떤 사람이 이미 종교를 가지고 있지만 만일 다른 종교로 개종할 생각이 있다면, 그들이 택할 종교는 B가 아니라 A일 것이다. 그런데 우리나라에서 사람들로부터 가장 신뢰받는 종교는 가톨릭이며, 가장 신뢰받지 못하는 종교는 개신교다.[4] 비종교인의 종교 호감도에서도 개신교는 가장 낮다.[5]

한국 교회가 쇠퇴하고 있는 것은 교회로 들어오는 사람은 줄고, 교회를 떠나가는 사람은 늘고 있기 때문이다. 물론 요즈음도 성장하는 교회들이 있다. 그러나 많은 경우 그것은 비신자의 증가로 인한 것이라기보다는 수평이동, 즉 기존 신자의 유입으로 인한 것이다. 대형 교회일수록 다양하고 알찬 교회 프로그램, 크고도 편리한 교회 시설, 동원될 수 있는 충분한 인적·물적 자원, 카리스마적인 지도력을 가진 목회자를 가지고 있는 경우가 많다. 그리고 익명성이 보장되고, 부담 없이 교회에 출석할 수 있는 이점이 있다. 이러한 쏠림현상으로 1년에 500개 정도의 작은 교회들이 문을 닫지만, 많은 대형 교회들은 여전히 성장하고 있다.

그러나 전체적으로 보면 비신자의 개종은 줄고, 기존 신자의 이탈은 늘고 있다. 왜 그럴까?

이것은 앞에서 보았듯이 무엇보다 한국 교회에 대하여 사람들이 가지고 있는 부정적인 인상 때문일 것이다. 왜 개신교는 사람들로부터 신뢰를 잃고 있는 것일까? 한미준(한국 교회 미래를 준비하는 모임)과 한국 갤럽이 공동으로 조사한 결과가 이것을 잘 말해 주고 있다.[6] 한마디로 한국인은 한국 교회에 대하여 매우 비판적이다. 예를 들면 한국 교회가 "개인적인 영적 문제에 해답을 주고 있다"는 데 대하여 "그렇다"고 응답한 비율은 15퍼센트에 불과하며, "교회 지도자의 자질이 우수하다"는 데 대하여 "그렇다"고 응답한 비율도 19퍼센트밖에 안 된다. 한국 교회가 "봉사, 구제 등 사회적 역할을 잘하고 있다"는 데 대하여 "그렇다"고 응답한 비율은 38퍼센트이지만, 한국 교회가 "진리 추구보다 교세 확장에 더 관심이 있다"는 데 대해서는 67퍼센트가 "그렇다"고 응답했다.

한편 비종교인 가운데는 49퍼센트가 전도를 받아본 적이 있다고 했는데, 그중에서 83퍼센트가 개신교인에게서 전도를 받았다고 했다. 이것은 개신교인의 전도 활동이 가장 활발하다는 것을 보여주는 것이다. 그러나 그 가운데 무려 84퍼센트가 전도 받았을 때 부정적인 느낌을 받았다고 했다. 그 느낌들은 "귀찮다" "거부 반응이 일어난다" "공감이 안 된다" "싫다" "부담스럽다" "짜증난다" "강요한다" "기분이 안 좋다" 등이었다. 전도 방식이 오히려 전도에 걸림돌이 되고 있다는 것을 알 수 있다. 인근 교회에 대한 인상은 주로 "시끄럽다"든가 "지나치게 전도 활동을 한다"는 것 등이었다.

　결국 한국 교회가 쇠퇴의 길로 접어들고 있는 교회적 요인은 교회가 교회답지 못하고, 교인이 교인답지 못하다는 현실에 근거한 것이라고 하겠다. 이러한 문제들이 해결되지 못한다면 이미 기울어져 가고 있는 한국 교회의 미래는 더욱 암울할 수밖에 없을 것이다.

교회 쇠퇴의
상황적 요인

　　　　　　　　　　한국 교회의 미래를 어둡게 하는 요인은 한국 사회의 사회경제적, 인구학적 측면에서도 발견된다. 2000년대 변화된 한국 사회의 모습은 교회가 쇠퇴하고 있는 나라들 및 대륙과 사회경제적, 인구학적 성향에서 매우 닮아 가고 있다. 따라서 이러한 사회변동 상황은 한국 교회의 쇠퇴를 가속화할 수 있는 변수로 작용할 것으로 보인다.

　한국 교회의 성장에 부정적으로 작용할 가능성이 있는 사회경제적 변수에 대하여 먼저 살펴본다. 세계에서 종교가 쇠퇴하고 있는 나라들은 대개 경제적으로 잘사는 나라들이다.[7] 그것은 사람들을 종교에 의지하게 만드는 중요한 요인은 경제적 빈곤이나 박탈이며, 따라서 경제적으로 윤택해질수록 종교성이 약해지는 경향이 있기 때문이다. 우리나라의 1인당 국민소득은 2만 달러에 달하며, 그 수준이 계속 높아질 것으로 보인다. 따라서 1인당 국민소득이 3만 달러가 넘는 대부분의 서구 국가들에서 교회가 쇠퇴하고 있는 현실을 감안한다면, 앞으로 한국의 경제 형편이 더욱 좋아질수록 교회 성장은 더 어려워질 것으로 예상된다.

한편 경제적으로 여유가 생기면 가치관도 변하게 된다. 경제적으로 넉넉해지면 이제 인생을 즐기며 살자는 생각을 갖게 만든다. 이에 따라 여가산업이 발달하게 된다. 1990년대 이후 한국의 여가산업은 눈부시게 발달했다. 관광지, 휴양지가 전국적으로 수없이 생겨났고, 사람들이 건강과 휴식, 오락을 즐길 수 있는 수단과 공간이 급격히 늘어났다. 이제 사람들은 주말마다 휴가와 여가를, 전문적인 휴식, 여가, 오락, 유흥 시설에서 즐기게 되었다. 따라서 사람들의 긴장해소 및 정신적 치유의 좋은 수단이 되면서 여가산업은 앞으로 더욱 교회 참여나 헌신을 약화시키는 작용을 하게 될 것이다.

인구학적 측면에서도 한국 교회의 미래는 밝지 않다. 교회의 성쇠에 결정적으로 영향을 미치는 하나의 인구학적 변수는 출산율이다. 세계적으로 보면 교회가 성장하는 나라들에서는 매우 높은 출산율이, 교회가 쇠퇴하는 나라들에서는 매우 낮은 출산율이 분명하게 드러난다. 우리나라는 현재 세계에서 출산율이 가장 낮다(1.19명). 지금과 같은 추세라면 2018년부터는 인구가 감소하기 시작할 것이라고 한다. 이러한 인구 감소는 국가적으로뿐만 아니라 종교적으로도 치명적인 결과를 초래할 것이다. 따라서 교회의 양적 쇠퇴는 시간 문제인 것으로 보인다. 두 세대가 지나면 교인 수가 지금의 절반 수준으로 줄어들지 않을까 염려스럽다. 더욱이 우리 사회가 고령화되면서 유년 인구의 숫자와 그 비율이 현저하게 줄어들고 있는데, 이 역시 한국 교회의 미래를 비관적으로 전망하게 한다.

한국 교회
성장의 과제

한국 교회가 앞으로 성장하려면, 아니 생존하려면 철저한 자기 갱신부터 이루어져야 한다. 앞에서 새 신자가 늘지 않고, 기존 신자는 떠나가는 것으로 인하여 초래된 한국 교회 정체의 결정적인 요인은, 한국 교회가 사회적 공신력을 잃어버리고 사람들로부터 신뢰를 받지 못하고 있기 때문이라고 했다. 이것을 다른 말로 표현하면 오늘날 한국 교회가 영성, 도덕성, 공동체성을 상실했다는 것이다. 유럽의 많은 교회들처럼, 그리고 미국의 주류 교파(mainline denomination) 교회들처럼 영성, 도덕성, 공동체성을 잃어버리면서 한국 교회는 쇠락하기 시작했다고 본다.[8]

영성(spirituality)이란 무엇인가? 그것은 영적인 성향, 영적인 삶의 태도를 말한다. 세상보다 하나님을 사랑하고, 세속적인 문제보다 초월적인 문제에 관심을 가지며, 물질 가치보다 영적 가치를 추구하는 것이다. 도덕성(morality)이란 무엇인가? 바르게 사는 것이다. 정직하게, 의롭게, 선하게 살아가는 것이다. 양심에 따라 법과 질서를 지키며 살아가는 것이다. 공동체성(community-ness)이란 무엇인가? 이것은 더불어 사는 정신과 태도를 말한다. 서로 돌보고 나누고 섬기는 삶을 말한다. 소속감을 느끼고 일치와 화합을 지향하는 것이다.

그러나 한국 교회는 그 본질을 잃어버렸다. 세속적이고(물질, 명예, 권력, 지위를 탐하는), 부도덕하고(정직하거나 윤리적이지 못한), 이기적인(하나 되지 못하고 다투고 개인적 복만을 추구하는) 모습을 보여주었다. 따라서 한국 교회가 회생하기 위해서는, 그리고 도약하기 위해서는 무엇보다 그동안 한국 교회가 교회답지 못했고, 한국 교인이 교인답지 못했던 점에 대하여 하나님 앞에, 모든 사람들 앞에 참회하고 새롭게 변화되려는 강한 의지를 보여주어야 한다. 한마디로 이 시점에 무엇보다 시급한 것은 교회의 갱신 운동이다. 그리고 그 새로움은 영성, 도덕성, 공동체성을 회복하려는 몸부림에서 출발해야 한다.

새 신자 전도에 관해서도 유의할 사항이 있다. 무엇보다 무차별적이고 경쟁적이며 요란하고 혐오감을 주는 전도 방식은 지양되어야 한다. 앞에서도 보았듯이 비신자들은 지금까지의 한국 교회, 그리고 교인들의 지나치게 강요하고 일방적이며 배타적인(상대방, 특히 타 종교인을 너무 무시하는 태도) 전도 방식에 대하여 커다란 거부감을 보여주고 있다. 따라서 상대방을 존중하고 친절하며, 말뿐만 아니라 마음과 행동으로 보여주는 진심어린 태도가 요구된다. 교파 간의, 그리고 교회 간의 지나친 신도 경쟁은 비신자들뿐만 아니라, 교회 자체에도 커다란 부작용을 일으키기 쉽다.

전도의 대상 역시 매우 중요하다. 모든 사람이 전도의 대상이 되어야 하겠지만, 실제로는 낯선 사람을 통한 전도는 거의 이루어지지 않고 있다. 다른 사람의 전도로 교회에 나오게 된 경우 그것은 대부분 친구/선배(35%), 부모(22%), 이웃(16%), 배우자(14%), 형제/자매(6%), 친척(4%)에 의해서였다.[9) 이와 같이 전도는 가까운 사람, 아는 사람에 의해 주로 이루어지고 있다. 따라서 전도는 무엇보다 가까운 주변 사람을 대상으로 시도되어야 할 것이다. 한국 개신교인의 가족 간 종교 일치율을 보면, 부친과의 일치도가 47퍼센트, 모친과의 일치도는 69퍼센트, 배우자와의 일치도가 67퍼센트에 머물고 있다. 따라서 신자들이 비신자인 부모와 배우자를 전도하면, 개신교는 적어도 수백 만 명의 새 신자를 확보할 수 있을 것이다. 따라서 교회 성장 운동은 무엇보다 가족 전도로부터 시작되어야 한다. 그 다음에는 친구와 이웃을 집중적으로 전도하는 전략이 필요하다.

전도 대상의 신앙 시기도 중요하다. 처음 교회에 다니기 시작한 시기를 보면 '모태신앙'이 21퍼센트, '초등학교 또는 그 이전'이 30퍼센트, '중고등학교 때'가 14퍼센트로 한국 개신교인의 65퍼센트가 20세 이전에 신앙생활을 시작했다. 이것은 종교적 사회화는 빠를수록 효과적이라는 사실을 말하는 것이다. 여기서 우리는 교회학교의 중요성을 다시금 확인하게 된다. 특히 유년·소년·청소년·청년 대상의 교회학교 교육의 활성화가 절대적으로 중요하다. 첫째 이유는 그 연령층이 종교를 받아들이기 가장 쉽기 때문이며, 둘째 이유는 그들이 바로 미래 한국 교회의 주역이 될 것이기 때문이다. 따라서 인적, 물적, 시설 자원의 대폭적인 지원이 교회학교와 교회교육에 집중되어야 하리라고 본다. 아이들이 없고 젊은이가 없는 교회는 희망이 없는 교회다. 요즈음 국내외를 막론하고 크게 성장하는 교회들의 공통점은 아이들과 젊은이들이 교회에 차고 넘친다는 사실이다. 이제 교회의 관심과 프로그램의 초점은 교회학교와 어리고 젊은 세대에 맞춰져야 할 것이다(이것이 고령화되는 사회와 교회에서 노인문제를 소홀히 하라는 말은 결코 아니니 오해는 없기 바란다).

전도에는 사회봉사 프로그램의 활성화가 수반되어야 한다. 한국 개신교는 종교들 가운데 사회봉사를 가장 적극적으로 하고 있는 것이 사실이다. 그럼에도 불구하고 사람들의 기대에는 크게 미치지 못하고 있다. 교회 밖의 사람들은 교회의 그 풍부한 자원들이 사회를 위하여, 어려운 이웃을 위하여 사용되기보다는 교회의 유지와 확장, 그리고 교인들의 친목을 위하여 주로 쓰이고 있다고 생각한다. 실제로 한국 교회에서 전체 예산 가운데 순수한 구제 · 봉사비(선교비는 제외하고)를 책정한 비율은 대체로 5퍼센트 정도에 머물러 있다. 사람들은 교회가 특히 지역사회를 위하여 보다 적극적으로 봉사하기를 희망하고 있다. 사회봉사 활동은 교회의 본질적인 책임 가운데 하나일 뿐만 아니라, 교회가 사회적으로 존경과 신뢰를 받을 수 있는 가장 효과적인 방법이 되고 있다.

지금까지 한국 교회가 한국 사회에 끼친 영향이 지대한 것이 사실이지만, 또한 한국 사회의 정치적 · 경제적 · 사회적 · 문화적 변동 상황도 교회에 많은 영향을 미쳤다. 그러한 상황적 요인들이 교회의 성장과 정체에 중요하게 작용해 왔다. 또한 교회의 신앙적 열정이 그동안 성장에 기여했는가 하면, 점차 세속화되어 그 본질을 상실하면서 한국 교회는 사회로부터, 사람들로부터 점차 지탄의 대상이 되고 외면을 당하게 되었다. 그래서 오늘날 한국 교회는 총체적 위기에 처하게 되었다. 성장이 멈추어버렸고 사회적 공신력과 신뢰를 잃어버렸다.

이제 한국 교회는 각성해야 한다. 먼저 그동안 우리 사회의 빛과 소금이 되지 못하고, 영적·도덕적·공동체적 모범을 보여주지 못한 한국 교회의 부족하고 잘못된 모습에 대한 진정한 반성에서 출발하여 교회를 갱신하려는 의지를 보이고, 이를 실천해야 한다. 이와 함께 가장 신앙적이면서도 합리적인 전도 방법과 내용에 대하여 진지하게 연구하고 분석해야 한다. 특히 최근의 급변하는 사회 상황에 대한 정확한 인식과 한국 교회 현실에 대한 진솔한 평가를 토대로, 바람직한 교회 성장 운동이 일어날 수 있기를 기대해 본다.

2

기독교,
이제는 서구 종교가 아니다

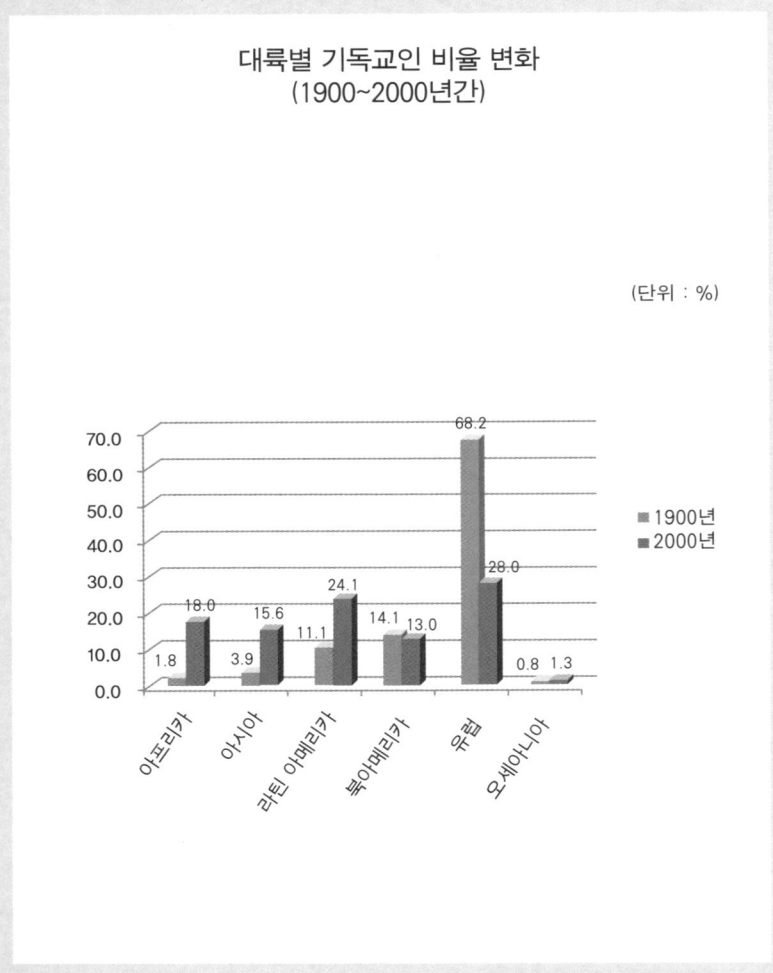

대륙별 기독교인 비율 변화
(1900~2000년간)

(단위 : %)

*출처: 이원규, 《인간과 종교》(나남, 2006).

세계 인구 셋 가운데
하나는 기독교인

　　　　　　　　인류 역사에서, 그리고 인간의 삶에서 종교만큼 중요한 것이 있을까? 역사상 종교가 없는 사회는 단 하나도, 종교가 없는 시대는 단 한 번도 없었다는 사실은, 종교가 인간과 사회에 얼마나 중요한 것인지 단적으로 보여주는 예이다. 이것은 오늘날도 마찬가지다. 2005년 현재 전 세계 63억 인구 가운데 종교를 가지고 있는 인구는 85퍼센트인 54억 명이나 된다. 수많은 사람이 종교를 가지고 있을 뿐만 아니라, 종교는 실제 생활에서도 매우 중요한 기능을 수행한다. 종교는 사람들의 생각과 태도와 행위에 크게 작용하며, 사회의 구조·제도·변화·문화에 많은 영향을 미친다.[10]

　먼저 세계 종교의 분포, 변화 및 그 특징은 무엇인지 살펴본다. 오랜 역사와 전통을 가지고 있고, 많은 신도를 가지고 있으며, 세계에 널리 퍼져 있는 종교를 세계 종교(world religion)라고 부른다. 이 가운데 교세가 큰 기독교, 이슬람교, 힌두교, 불교를 세계 4대 종교라고 한다. 2005년 현재 기독교 인구는 세계 인구의 33퍼센트인 21억 명(가톨릭 11억, 개신교 4억 4천만)으로, 가장 교세가 크다. 다음은 13억 명의 이슬람교(21%), 9억 명의 힌두교(14%), 3억 8천만 명의 불교(6%) 순이다.[11] 무종교인은 10억 명으로 세계 인구의 15퍼센트를 차지하고 있으며, 나머지 11퍼센트는 기타 종교(민속 종교, 부족 종교)를 믿는 인구이다. 세계 인구 셋 가운데 하나는 기독교인, 다섯 가운데 하나가 무슬림, 일곱 가운데 하나는 힌두교인인 셈이다.

세계 238개국 가운데 기독교가 들어가 있는 나라는 238개국 전체, 이슬람교가 들어가 있는 나라는 204개국, 힌두교가 들어가 있는 나라는 114개국, 불교가 들어가 있는 나라는 126개국이다. 기독교와 이슬람교가 들어가 있는 나라가 많은 것은 이 두 종교는 신앙적으로 매우 공격적인 선교 활동을 해왔고, 정치적으로도 세계를 향해 뻗어나가려는 경향이 있기 때문이다.[12] 나라 전체 인구의 절반 이상이 특정 종교를 믿는 것을 종교국가라고 가정한다면, 기독교 국가는 152개국, 무슬림 국가는 46개국, 불교 국가는 6개국, 힌두교 국가는 2개국이다. 기독교는 아시아와 북아프리카 지역을 제외한 세계 전 지역에서 강세를 보이고 있고, 이슬람교는 아시아와 북아프리카 지역에서 초강세를 보인다. 힌두교와 불교는 아직까지 아시아 지역을 벗어나지 못하고 있다.

세계 종교들의 교세는 지난 100여 년 간 각기 다른 변화를 보여주었다. 즉, 1900년과 2005년을 비교해 보면 105년 간 기독교인 비율은 세계 인구의 35퍼센트에서 33퍼센트로 약간 감소한 반면에, 무슬림 비율은 같은 기간 동안 12퍼센트에서 21퍼센트로 크게 증가했다. 힌두교도 13퍼센트에서 14퍼센트로 약간 증가했으나, 불교는 8퍼센트에서 6퍼센트로 감소했다. 20세기의 세계 종교 변화 상황에서 특히 주목할 것은 기독교의 정체(혹은 쇠퇴)와 이슬람교의 급성장이다. 이런 추세가 지속된다면 21세기 말에는 무슬림 수가 기독교인

수를 추월하여 교세에서 이슬람교가 세계 제일의 종교가 될 가능성
이 있다.

이슬람교의 약진과 기독교의 정체에 결정적인 변수는 두 가지다.
하나는 인구증가율이다. 이슬람 국가의 인구증가율은 기독교 국가
의 인구증가율에 거의 두 배에 달한다(연 평균 증가율: 기독교 1.14%,
이슬람교 2.15%). 특히 20세기 중반 이후 종교 성장은 선교를 통한
개종보다는 주로 출산에 따른 자연증가율에 의존하고 있기 때문에,
출산율이 낮은 기독교권은 성장률도 떨어지는 반면에, 출산율이 높
은 이슬람권은 성장률도 상응한다.

또 하나의 변수는 경제 수준이다. 종교 성장은 대체로 경제 수준
이 낮은 국가들에서 이루어지고 경제 수준이 높은 국가들에서는 종
교가 쇠퇴하는 경향이 있다. 기독교 국가들은 이슬람 국가들에 비해
경제 수준이 매우 높다.[13] 경제적으로 부유할수록 종교성은 약해지
는 경향이 있기 때문에 그동안 기독교는 침체의 길을 걸어왔으며
이슬람교는 성장할 수 있었다. 물론 다른 변수들도 있다. 그리고 선
교에는 전략적인 문제도 있다. 이 문제들에 대해서는 뒤에서 보게
될 것이다. 분명한 것은 21세기를 맞은 기독교는 위기에 직면하게
되었으며, 이에 대한 대책이 절실히 요구되고 있다는 사실이다.

아시아는 선교가
어렵고도 쉬운 지역

세계의 종교들은 대륙별로 신도 분포가 다양하다.[14] 예를 들어 대륙별로 종교인 비율을 보면 아프리카가 99퍼센트로 가장 높다. 라틴 아메리카(96%)와 북아메리카(90%)의 경우에도 높다. 그러나 아시아(81%), 유럽(82%), 오세아니아(83%)는 상대적으로 종교인 비율이 낮다. 이 세 대륙에는 무종교인의 비율이 그만큼 높다는 말이다. 유럽의 경우 무종교인은 대부분 기독교를 스스로 포기한 반기독교 성향의 사람이기 때문에 선교적 전망은 밝지 않다. 아시아의 경우에는 무종교인의 절대 숫자도 많을 뿐만 아니라, 그들 다수가 아직 기독교를 제대로 접해 보지 못한 사람들이기에 선교 가능성은 높은 편이다.

각 종교들의 대륙별 분포를 보면 힌두교와 불교의 경우 그 신도의 99퍼센트가 아시아 대륙에 밀집해 있다. 무슬림은 아시아(70%)와 아프리카(27%) 두 대륙에 주로 분포되어 있다. 기독교는 신도가 유일하게 유럽(28%), 라틴 아메리카(24%), 아프리카(18%), 아시아(16%), 북아메리카(13%), 오세아니아(1%) 등 모든 대륙에 골고루 분포되어 있다.

세계의 대륙들은 다양한 종교 분포를 보여준다. 기독교 교세가 지배적인 대륙은 라틴 아메리카(93%), 북아메리카(84%), 오세아니아(83%), 유럽(77%) 등이다. 유럽의 경우 무종교인이 많을 뿐만 아니라, 무슬림의 비율(5%)이 빠르게 증가하고 있다. 따라서 전통적인 기독교 지역들 가운데서는, 유럽이 가장 커다란 위기를 맞고 있다고 하겠다. 아프리카의 경우는 기독교(46%)와 이슬람교(41%)가 교세에서 크게 양분되어 있다. 아프리카 북부는 이슬람권이고, 남부는 기독교권으로 갈라진다. 이 대륙의 12퍼센트(1억 명)는 부족 종교를 믿고 있으며, 이들이 주로 선교 대상이 될 것이다.

아시아 대륙은 종교적으로 독특하고, 선교적으로도 중요한 지역이다. 아시아에는 종교의 전시장이라 불릴 만큼 다양한 종교들이 있다. 아시아는 모든 중요한 종교들이 생겨난 곳이고, 유일하게 세계 종교들이 모두 남아 있는 곳이며, 세계의 4대 종교가 힘의 균형을 이루면서 공존하거나 대치하고 있는 대륙이다. 아시아는 무종교인이 많을 뿐만 아니라, 민속 종교, 부족 종교, 신 종교 등도 많은 지역이다. 아시아 종교인의 비율을 보면 이슬람교가 23퍼센트(8.3억 명), 힌두교는 22퍼센트(8.1억 명), 불교가 10퍼센트(3.5억 명), 기독교는 9퍼센트(3.1억 명), 기타 종교가 12퍼센트(4.3억 명)로 나타난다. 이렇게 아시아는 세계에서 유일하게 4대 종교들의 각축장이 되고 있으며, 이에 따라 종교 간에 긴장과 갈등이 심하다. 세계 종교 분쟁의 대부분이 아시아와 그 인근 지역에서 생겨나고 있다.

아시아 대륙은 선교가 가장 어렵고도 쉬운 지역이다. 어려운 이유는 아시아 지역이 이슬람교, 힌두교, 불교의 강세 지역이기 때문이다. 종교적인 자유가 크게 제한을 받고 있으며, 타 종교에 대하여 심하게 통제하는 나라는 이슬람 국가다. 타 종교로의 개종을 허용하지 않는 교리와 전통을 철저하게 지키는 아랍 이슬람 국가들의 경우

직접적인 선교는 거의 불가능하다. 동남아시아의 소승불교도 상당히 배타적인데, 베트남과 같은 사회주의 국가에서는 더욱 그러하다. 힌두교의 경우에는 종교적 교리 자체가 매우 다원주의적이어서 개종에 대하여 부정적이다. 즉, 타인을 개종시키려고 하지 않고, 자신도 개종하려고 하지 않는다. 각자 자신의 종교를 통해 구원을 받으라는 것이다. 따라서 이슬람교, 동남아 불교, 힌두교가 지배적인 나라들에서의 선교는 현실적으로 쉽지 않다.

한편 아시아 대륙에서의 선교가 희망적인 이유는 이 지역에 무종교인이 많고(7.2억 명), 부족 종교와 민속 종교 등을 믿는 사람들(5.6억 명)이 많기 때문이다. 이들만 해도 세계 개신교인 전체의 3배나 되는 숫자다. 이슬람교, 힌두교, 불교와 같은 전통 종교를 믿는 사람들이 개종할 가능성은 낮으나, 무종교인이나 민속 종교 혹은 부족 종교를 믿는 사람들은 상대적으로 쉽게 개종할 수 있다. 최근 중국에서 기독교인 숫자는 급격히 늘어나고 있는 것이 하나의 좋은 예가 된다. 따라서 세계적인 선교 전략은 지역에 따라, 그리고 그 지역의 종교 현황에 따라 달리 이루어져야 할 것이다.

이제 기독교는 서구 종교가 아니다

2000년 현재 세계적으로 교회 수는 345만 개로 1970년의 139만 개와 비교해 볼 때, 30년 간 148퍼센트나 증가했다. 기독교인 수는 같은 기간 동안 12억 4천 명에서 약 20억 명으로 62퍼센트 증가했다. 그러나 이 기간에 세계 인구는 37억에서 61억으로 64퍼센트 증가했다. 즉, 기독교인의 증가율은 전체 인구 증가율에 미치지 못하고 있으며, 이에 따라 세계 인구 가운데서 기독교인이 차지하는 비율은 감소하고 있다.

세계적으로 출산에 의한 기독교인(기독교 가정에서 태어난 경우 기독교인으로 간주) 증가는 연 3,660만 명, 개종에 의한 증가는 1,900만 명으로, 새로 확보되는 기독교인 숫자는 연 5,560만 명이다. 그러나 기독교인의 사망이 연 1,840만 명, 기독교 이탈이 1,650만 명으로 기독교인 손실은 모두 3,490만 명이다. 따라서 확보에서 손실을 뺀, 기독교인의 순 증가는 연 2,070만 명이다.[15]

이것은 연 1.04퍼센트의 증가율이지만, 세계 전체 인구의 증가율 1.18퍼센트에는 미치지 못하는 것이다. 또한 출산에서 사망을 뺀 자연증가 숫자는 연 1,820만 명(0.91%)이지만, 개종에서 이탈을 뺀 인위적 증가 숫자는 250만 명(0.13%)에 불과하다. 이렇게 기독교인의 증가는 주로 출산에 의한 자연 증가에 의존하고 있다(사실상 이것은 모든 종교, 특히 이슬람교와 힌두교의 경우 더욱 그러하다). 세계적으로 선교가 어느 정도 성공적이기는 하지만, 어떤 이유에서든 기독교를 떠나가는 사람이 매우 많다. 따라서 기독교 성장의 최대 걸림돌은 기독교 이탈자의 증가라고 할 수 있다.

세계 기독교 인구 가운데는 가톨릭이 52퍼센트, 개신교(영국국교회 포함)가 21퍼센트, 정교회가 11퍼센트이며, 나머지 16퍼센트는 기타 주변적 교회와 독립교회 소속이다. 1900~2000년 사이 100년 간 가톨릭 인구 비율은 전체 기독교인의 48퍼센트에서 52퍼센트로 증가한 반면에, 개신교 인구는 24퍼센트에서 21퍼센트로 감소했다. 양적인 측면에서 보면 주로 개신교가 위기를 맞고 있다.

대륙별로 기독교 인구는 커다란 변화를 겪어 왔다. 즉, 1900년에 는 기독교 전체 인구 가운데 유럽 사람이 68퍼센트나 되었고, 북아메 리카 사람도 14퍼센트로서, 세계 기독교인 다섯 가운데 넷 이상이 이 두 백인 대륙에 집중되어 있었다. 반면에 아프리카 사람은 세계 기독교인의 2퍼센트, 아시아 사람은 4퍼센트에 불과했다. 그러나 100년이 지난 2000년에는 세계 기독교인 가운데 유럽 사람이 28퍼 센트로, 북아메리카 사람은 13퍼센트로 줄어든 반면에, 아프리카 사람은 18퍼센트, 아시아 사람은 16퍼센트로 그 비중이 커졌다. 이 제 아시아 기독교인 수는 북아메리카와 오세아니아 두 대륙의 기독 교인 수를 합친 것보다 많다. 100년 동안 라틴 아메리카 기독교인의 비율도 전체 기독교인의 11퍼센트에서 24퍼센트로 증가했다. 이제 제3세계에 있는 기독교인은 세계 기독교인의 58퍼센트이며, 2025 년에는 그 비율이 67퍼센트(아프리카 24%, 아시아 18%, 라틴 아메리카 25%)로 늘어날 전망이다. 21세기 말에는 세계 기독교인의 4/5 이상 이 제3세계 사람들이 되며, 이에 따라 기독교인 가운데서 서구 백인 은 소수인이 될 것이다.

대륙별로 기독교의 성장과 쇠퇴의 상황을 살펴본다. 1900~ 2000년 사이 유럽에는 기독교인 비율이 대륙 인구의 95퍼센트에서

84퍼센트로, 북아메리카는 97퍼센트에서 84퍼센트로 줄어들었다. 기독교의 본 고장이던 이 두 대륙에서 기독교가 쇠퇴하고 있다. 한때 기독교가 성행했던 지역에서 세속화 현상이 일어나고 있는 것이다. 반면에 같은 기간 동안 아프리카에는 기독교인 비율이 대륙 인구의 9퍼센트에서 46퍼센트로 다섯 배 이상 늘어났고, 아시아에서 2퍼센트에서 9퍼센트로 네 배 이상 늘어났다.

따라서 20세기 기독교계의 가장 괄목할 만한 변화는 아프리카와 아시아 대륙에서의 기독교의 급성장이다. 예를 들어 교인 수에 따른 10대 개신교 국가 가운데 6개국이 아프리카(나이지리아, 남아공, 콩고)와 아시아(인도, 인도네시아, 한국)에 있다. 힌두교 국가인 인도에, 이슬람 국가인 인도네시아에 개신교인이 이렇게 많다는 것은 놀라운 일이 아닌가? 게다가 중국의 경우에는 전체 기독교인 숫자에서 세계 4위다(대부분 독립교회이기 때문에 10대 가톨릭이나 개신교 국가에는 포함되지 않고 있음). 결국 21세기에 세계 기독교를 이끌고 갈 역할은 아프리카, 아시아, 라틴 아메리카 등 제3세계가 맡게 될 것이다. 이 가운데 아직은 기독교인 비율이 낮지만, 대륙 인구 자체가 워낙 많아 성장 전망이 가장 밝은 아시아가 그 중심에 있게 될 것이다.

왜 기독교가
뜨고 지는 것일까

20세기 동안, 특히 지난 몇 십 년간 세계

기독교는 지역(대륙, 국가)에 따라, 그리고 교파 및 교회 성향에 따라 성장하거나 쇠퇴해 왔다. 기독교가 성장한 대륙은 아프리카, 아시아, 라틴 아메리카 등 제3세계권이며, 기독교의 본 고장이었던 유럽과 북아메리카에서는 기독교가 쇠퇴하고 있다는 것을 앞에서 보았다. 그러나 기독교의 성쇠는 국가별로도 커다란 차이가 있는데, 여기에는 사회적 변수, 특히 경제적 수준, 사회복지 수준, 성 평등 수준이 결정적으로 중요하게 작용하고 있다.

세계 188개국을 대상으로 수행된 조사 결과 1900~2000년 사이의 100년간 경제 수준이 높은 나라에서는 기독교가 쇠퇴했고, 그것이 낮은 나라에서는 기독교가 성장했다.[16] 그리하여 개발국에서, 또한 1인당 국민소득이 높은 나라들에서는 기독교가 쇠퇴한 반면에, 저개발국에서, 그리고 1인당 국민소득이 낮은 나라들에서는 기독교가 성장했다. 사회복지 측면에서도 문맹률이 낮고, 사람들이 오래, 건강하게 삶을 즐길 수 있는 환경이 마련되어 있으며, 충분히 자유를 누릴 수 있는 나라, 즉 사회복지 수준이 높은 나라에서는 기독교가 쇠퇴했다. 반대로 그렇지 않은 나라, 그래서 사회복지 수준이 낮은 나라에서는 기독교가 성장했다. 또한 남녀평등 수준이 높고 여성의 권한이 큰, 즉 성 평등이 이루어진 나라에서는 기독교가 쇠퇴한 반면에, 남녀평등의 수준이 낮고 여성 권한이 제한받고 있는, 그래서 성 평등 수준이 낮은 나라에서는 기독교가 성장했다.

이 결과가 시사하는 바는 매우 주목할 만하다. 즉, 경제적으로 여유가 있고 사회복지 제도가 발달했으며 남녀평등이 이루어지고 있는 나라일수록 기독교가 쇠퇴하고 있으며, 반대로 경제적으로 가난하고 사회복지 제도가 낙후되어 있으며 성차별이 심한 나라일수록 기독교가 성장하고 있다고 한다. 그렇다면 배고프고 힘들고 차별당해서 종교를 찾던 사람들이, 배부르고 편안하고 평등해지면 종교를 떠나갈 가능성이 높아질 것이라고 예측할 수 있다. 이것이 아프리카, 아시아, 라틴 아메리카에서는 기독교가 성장한 반면에, 유럽과 북아메리카에서는 기독교가 쇠퇴한 중요한 이유다.

그러면 제3세계 국가들에서 앞으로 경제적으로 성장하고 사회적으로 안정되며 성 평등이 이루어지게 되면 어떻게 될까?(물론 이런 일이 쉽게 일어나지는 않을 것이다.) 이 나라들에서도 기독교의 성장이 약화되거나 오히려 쇠퇴할 수 있을 것이다. 얼마 전까지 급성장하던 한국 개신교가 최근에 쇠퇴기에 접어든 것이 좋은 사례가 되고 있다. 따라서 경제적으로 잘살고 사회적으로 복지가 실현되며 성 평등이 이루어지면서도 기독교가 성장할 수 있는 방법이 모색되고 실천되지 않는다면, 앞으로의 기독교 성장 전망은 더욱 어두워질 것이다.

기독교 성쇠와 관계된 또 하나의 특징은 최근 몇 십 년간 개신교의 경우 전통교파는 쇠퇴하는 반면에, 소위 '후기교파'(post-denomination)는 성장하고 있다는 사실이다. 후기교파란 '주변적 개신교'(marginal Protestant: 예를 들면 모르몬교, 여호와의 증인, 안식교 등)와 '독립교회'(independent church: 특정 교파에 소속되지 않은 교회)를 포괄하는 교회를 말한다. 1970∼2000년 사이 전통교파 교인 수는 46퍼센트 증가했지만(같은 기간 동안 세계 인구는 64% 증가), 후기

교파 교인 수는 무려 306퍼센트나 증가했다. 그리하여 세계 전체 기독교인 가운데서 전통교파에 소속된 교인의 비율은 1970년의 92퍼센트에서 2000년의 80퍼센트로 감소한 반면에, 후기교파 교인 비율은 8퍼센트에서 20퍼센트로 급증했다. 특히 독립교회의 경우에는 탈 전통, 탈 역사, 탈 형식, 탈 제도화의 성격을 띠고 있다.[17]

세계 기독교 성쇠에서 나타나는 다른 특징은 성령강림운동, 즉 오순절 계통의 교회들이 급성장했다는 사실이다. 이 교회들은 뜨거움, 열정, 회심, 성령의 은사를 강조하는 교회들이다. 아프리카, 아시아, 라틴 아메리카에서의 교회 성장은 바로 이러한 뜨거운 신앙적 열정에 힘입은 바 크다. 그러나 이러한 신앙적 성향은 주로 사회적·경제적 지위가 낮은 사람에게서 보이는 현상이기 때문에, 잘사는 나라들에서는 열광적인 영성이 교회 성장에 도움이 되지 않는다. 잘사는 나라에서는 오히려 자기 가치를 탐구하고 자아를 발견하는 조용한 영성이 설득력을 얻고 있다. 따라서 사회적·경제적으로 그 수준이 크게 향상된 한국 교회의 경우에도 이제는 새로운 영성이 추구되어야 하리라고 본다.

3
교회 세습,
어떻게 볼 것인가

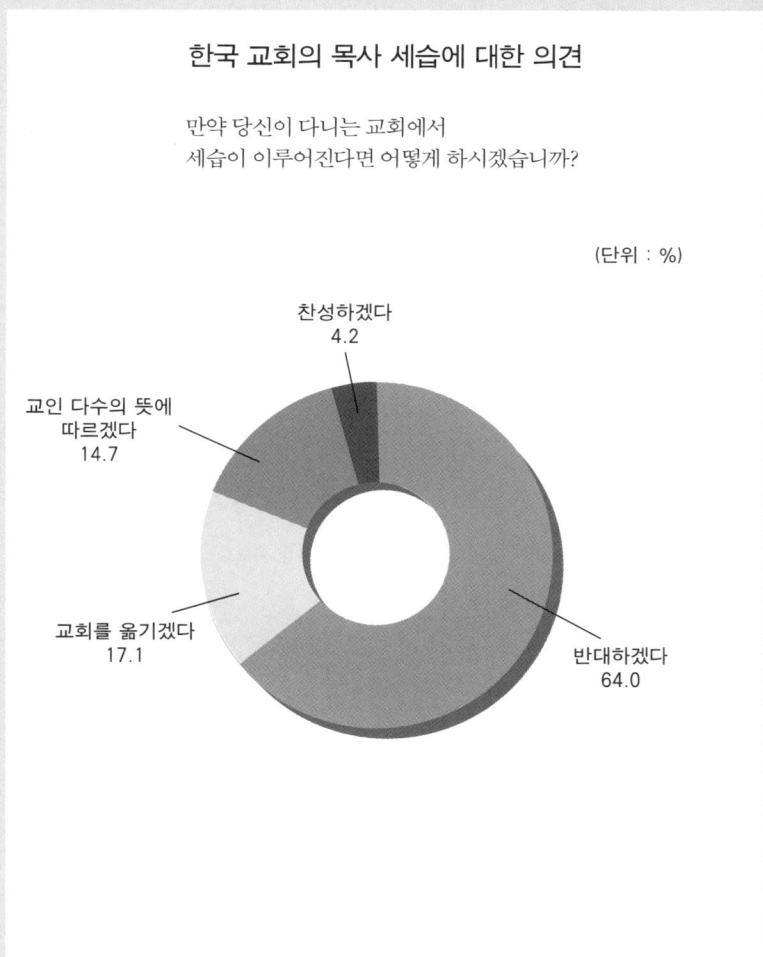

한국 교회의 목사 세습에 대한 의견

만약 당신이 다니는 교회에서
세습이 이루어진다면 어떻게 하시겠습니까?

(단위 : %)

찬성하겠다
4.2

교인 다수의 뜻에
따르겠다
14.7

교회를 옮기겠다
17.1

반대하겠다
64.0

*출처: 〈기독교타임즈〉 2007년 7월 15일자.

교회
세습이란?

        교회 세습 문제에 대한 논란이 교회의 안과 밖에서 거세게 일고 있다. 세습이란 국어사전에 보면 '한 집안의 재산, 신분, 업무 등을 대대로 물려받는 일'이라고 나와 있다. 따라서 교회 세습이란 담임목사가 교회의 담임 자리를 아들에게 물려주는 것을 말한다. 세습이란 용어가 너무 세속적인, 때로는 부정적인 뜻을 담고 있다고 보는 이들 가운데는 세습 대신 '대물림'이란 용어를 사용하는 것이 바람직하다고 제안하기도 한다. 그러나 모든 언론과 담론에서 교회 세습이란 표현이 일반적으로 사용되고 있기에 여기서도 그 용어를 쓰기로 한다.

    한국 교회의 세습은 모든 교단에서 예외 없이 오래전부터 있어 왔다. 그러나 교회 세습이 사회와 교회 모두로부터 따가운 눈총을 받는 것은, 그것이 주로 교단에서 손꼽히는, 그리고 사회적으로 유명세(?)를 타고 있는 대형 교회에서 주로 행해지고 있기 때문이다. 물론 교회 세습이라고 무조건 매도하는 것은 옳지 않다. 예를 들어 농촌 교회, 도시의 작은 교회에서 목회의 대물림이 이루어지는 것은 사회적으로나 교회적으로 지탄 대상이 되지 않는다.

    또한 아버지에게 교회를 이어받았을 때 그 교회는 작고 주목받을 위치에 있지 않았으나, 후에 아들이 그 교회를 크게 성장시켜 대형 교회가 되었다면 이 또한 비판의 대상이 아니다. 오히려 부친의 목회 사역을 크게 일으킨 그 수고와 공로는 칭찬받을 만한 것으로 평가되기도 한다. 실제로 신도 수가 많지 않은 교회를 아버지에게 물려받았으나, 수십 년간 스스로 피땀 흘려 신도를 수천 명 이상으로 늘려 대형 교회로 성장시킨 아름다운 사례도 적지 않다. 그들이 아버지에게 물려받은 것은, 교인 수와 교회 건물이 아니라 부친의 신앙적 유산이라고 할 수 있다. 어떤 의미에서 그것은 자수성가라고 할 수 있으며, 이에 대하여 사람들은 경의를 표하기까지 한다. 이것은 소규모 기업을 부모에게 물려받아 자식이 대기업으로 발전시킨 경우, 그 기업인을 사회가 높이 평가하는 것과 같은 이치라고 할 수 있다.

세습 교회의
특징

교회 세습이 문제가 되는 것은 첫째, 그 교회가 사회적으로 또 교회적으로 주목을 받을 만큼 크고 힘이 있는 대형 교회라는 점과 둘째, 그가 담임자의 아들이라는 이유로 '무임 승차'하는 점 때문이다. 물론 대형 교회라고 해서 아들에게 교회를 물려주면 안 된다는 법이 어디 있는가 하는 반론도 있다. 그러나 이 경우에는 담임자 선임에 있어 그 절차, 방법, 의도, 목적 등에 그 교회 교인들뿐만 아니라, 다른 사람들(교인 일반, 비교인 일반)도 충분히 이해하고 인정할 만한 정당성과 설득력 및 합리성이 뒷받침되어야 한다. 왜냐하면 대형 교회 담임자는 개체 교회 담임자일 뿐만 아니라 교단에서는 존경과 신뢰를 받아야 할 책임 위치에 있으며, 사회적으로도 영향력을 크게 미칠 수 있는 공인이기 때문이다.

교회의 담임목사직 세습은 이미 그 교회만의 문제가 아니라 교회 전체의 문제, 사회의 문제로 확대될 수 있다. '우리 교회' 문제를 왜 밖에서 왈가왈부하는가 하는 태도는 바람직하지 않다. 이러한 태도야말로 교회를 사유재산으로 보는 것이기 때문이다. 따라서 요즈음 논란이 되고 있는 목회자 세습은 '대물림 → 성장'의 모델이 아니라 '성장 → 대물림' 모델의 교회로 한정짓는 것이 옳다고 하겠다. 실제로 여론에서 문제 삼는 것도 이 모델이다.

최근에 문제가 되고 있는 세습 교회는 몇 가지 공통된 특징을 가지고 있다. 첫째, 그 교회들은 거의 예외 없이 (초)대형 교회라는 점이다. 그들은 대부분 교인 수가 몇 천에서 몇 만 명을 헤아리는 소위 '성공적'(?)인 교회들이다. 그러기에 더욱 주목받고, 이에 따라 책임도 크고 도덕성이 더욱 요구되는 교회들인 것이다. 둘째, 그 교회들은 세습을 단행한 목회자에 의해 크게 성장했다는 점이다. 수십 년 간 담임목사의 피눈물 나는 수고와 노력이 있었고, 그래서 지금과 같은 (초)대형 교회로 성장할 수 있었다. 그러기에 그 교회에 대한 애착과 미련이 남다를 것이다. 셋째, 그 교회를 일으켜 세운 목회자는 카리스마적인 권위를 지니고 있다는 점이다. 바로 이 강력한 카리스마가 그 교회를 그렇게 성장시킨 중요한 요인의 하나라고 할 수 있다. 그러나 그 카리스마는 또한 담임자로 하여금 교회 내에서 절대 권력을 행사할 수 있게 하는 힘의 근원이기도 하다.[18] 이 절대적 카리스마가 아들에게 교회를 물려줄 때 생겨날 수 있는 교회 내의 반대 여론을 잠재울 수 있는 힘으로 작용하게 된다. 교회 세습이 싫은 사람은 교회를 떠나면 그만이고, 다른 방도는 없을 것이다. 넷째, 대개 세습하는 목회자가 은퇴했다고는 하나 실질적으로는 그 교회를 움직이는 '보이지 않는' 실세로 계속 남아 있다는 점이다. 물론 아들에게 대물림을 한 후 전권을 이양하고 조용히 물러나 교회 일에서 완전히 손을 뗀 경우는 그나마 나은 편이지만, 흔하지는 않다.

교회 세습에 대한
비판적 여론

각 교단을 대표할 만한 교회들의 담임목사직 세습은 교회 안팎에서 엄청난 반향을 불러일으키고 있다. 그러나 일반적인 혹은 지배적인 견해는 교회 세습에 대해 부정적인 것이다. 이에 따라 교회 세습에 대한 강한 비판과 질타의 목소리가 쏟아져 나왔다. 특히 지난 2000년 모 교단의 대표적인 대형 교회에서 담임목사직 세습 결정이 알려진 직후 각종 언론에서는 사설이나 논평을 통해 이를 신랄하게 비판하기 시작했다. 그해 6월 말경 거의 모든 일간지가 이 문제를 매우 비판적인 논조로 크게 다루었다. 예를 들어 〈중앙일보〉(2000년 7월 4일자)에서는 "담임목사 세습 있을 수 없는 일"이란 제하에서 교회 세습을 비판했고, 〈동아일보〉(2000년 6월 30일자)에서는 "누구의 교회인가?"라는 제목으로 이를 비판하는 기사를 실었다. 이것은 〈조선일보〉나 〈한국일보〉의 경우에도 마찬가지였다.

　가장 신랄한 비판은 〈한겨레신문〉에서 제기되었다. "대형 교회 세습 '파문'"이라는 제하의 기사와 "교회마저 대물림하다니"라는 제목의 사설(2000년 7월 3일자)에서 〈한겨레신문〉은 교회 세습의 문제를 조목조목 지적했다. 예를 들어 위의 사설에서 〈한겨레신문〉은 교회 세습을 이렇게 비판하고 있다.

　　일반인들의 상식으로는 도저히 납득할 수 없는 일들이 우리나라 교회에서 일어나고 있다. 대형 교회들이 자신이 담임목사로 있는 교회를 재산 물려주듯 아들에게 물려주는 행태가 유행처럼 번지고 있는 것이다. 재벌들도 기업을 세습하는 것이 부도덕하다고 비판받는 오늘날 교회가 세습을 한다는 것은 도저히 상상조차 할 수 없었던 일이다. 세계에서 유래를 찾아볼 수 없을 정도로 대형화, 기업화하고 있는 한국 교회의 이상 비대화 현상은 필연적으로 교회의 사유화를 가져왔고, 세습은 예고된 것이라 할 수 있다. 특정 목사의 능력이 교인들을 끌어 모으고 교회를 확장시켰다 하여 그것을 개인의 것이라 여기는 것은 신 앞에서 얼마나 오만한 짓인가. 교회에도 맞지 않고 일반인의 정서로도 받아들일 수 없는 대물림과 사유화 등 교회가 더 세속적인 모습을 보인다면 세상도 교회나 목사를 세속적으로 취급할 수밖에 없으며, 교회가 누리는 이 사회에서의 특혜와 특권도 소멸되어야 함이 마땅한 일일 것이다.

　이렇게 모든 일간지가 한목소리로 교회 세습을 신랄하게 비판하는 것을 단순히 언론의 선정주의(sensationalism) 혹은 반개신교 성향 탓으로 돌릴 수 있는 것일까?

한편 각종 교계 신문은 교회 세습에 대하여 완곡한 표현으로 이를 비판하면서도 이 문제가 확산되는 것은 바람직하지 않다는 의견을 내놓았다. 다만 〈기독교타임즈〉(2000년 7월 15일자)는 강한 톤으로 교회 세습을 비판했다. 이 신문은 "교회 세습은 하나님의 거룩한 소유를 인간의 것으로 만들어"라는 제하에서 교회 세습을 반대하는 입장을 자세히 소개하면서 교회 세습의 문제점을 지적했다. 교회 세습 반대론자들은 그 이유로 교회 세습이 교회를 사적 소유의 개념으로 본다는 점, 세습하는 것은 무임승차와 같다는 것, 전임자 문제에 대한 안전판 구실을 한다는 점을 들고 있다고 소개하면서 그 신문은 이렇게 결론 맺고 있다.

결국 교회 세습이 교회 공동체에 미치는 영향은 긍정적인 영향보다는 부정적인 영향이 더 절대적이다. 그런 점에서 교회 세습이 적법한 절차를 거쳤다 하더라도 그로 인하여 공동체의 연대성과 일체감이 훼손되고 많은 구성원들에게 좌절감을 안겨 준다면 마땅히 재고를 해야 하는 것이 곧 올바른 목회의 정신이라 할 수 있다. 정작 중요한 문제는 교회 세습이 하나님의 거룩한 소유를 인간의 것으로 만들고, 거룩한 것을 싸구려로 물화시키는 속성상 죄된 성질을 담고 있다는 점이다.

교회 세습 반대는
정서의 문제

교회 세습은 우선 신학적으로 비판을 받고 있다. 예를 들어 장신대 김명룡 교수는 "신학적으로 목회자의 세습은 사도신경의 공교회 정신에 위배되며, 목회자는 세습하는 것이 아니라 성령께서 부르시는 것이고, 교회 세습은 교회 안에 예수 그리스도 외에 다른 주인이 있다는 의미이며, 그것은 하나님 나라의 거울로서 교회의 모습을 치명적으로 파괴시키며, 세상을 향한 교회의 예언자적 메시지를 무력화시킨다"고 신랄하게 비판한다.[19]

교회 세습은 또한 정서의 문제이기도 하다. 정서라는 것은 대다수 사람들이 느끼는 일반적인 감정이요 이성적 판단이라고 할 수 있다. 따라서 어떤 일이 사람들의 정서에 맞지 않는다는 것은, 그들이 그 일을 인정하기 어렵고 좋게 보기 어렵다는 말이 된다. 정서에 맞지 않는 일은 신뢰와 존경을 받을 수 없다. 한 걸음 더 나가게 되면 그 일은 비판과 비난의 대상이 된다.

정서는 여론에 반영되어 있다. CBS에서 조사한 결과에 따르면[20] "만약 당신이 다니는 교회에서 세습이 이루어진다면 어떻게 하시겠습니까?"라는 물음에 대하여 조사 대상 1,145명 가운데 64퍼센트가 "반대하겠다"고 응답했고, 17퍼센트는 "교회를 옮기겠다"고 응답함으로 절대 다수(81%)가 교회 세습에 대하여 부정적으로 보고 있음을 알 수 있다. 교회 세습에 대하여 "찬성하겠다"는 응답자는 4퍼센트에 불과했다. 그렇다면 교회 세습이 이루어진 교회에서 그 일이

합법적으로 이루어졌다는 것은, 교인 일반의 뜻이 반영된 것이라기 보다는, 소수이지만 결정권을 가지고 있는 평신도 지도자들(장로) 만의 의사가 관철된 것을 의미할 뿐이라는 해석이 가능해진다.

기독교 TV에서도 교회 세습 문제에 대한 여론조사를 실시한 바 있다. 교회 세습이 한국 교회에 미치는 영향에 대하여 물은 결과 "부정적"이라고 응답한 비율은 무려 92퍼센트에 달하고, 반대로 "긍정적"이라고 응답한 비율은 8퍼센트에 불과했다.

물론 교회 세습 문제가 여론조사 결과에 따라 이렇게 혹은 저렇게 결정되는 것은 바람직하지 않을 수 있다. 그러나 중요한 것은 많은 사람들의 정서를 무시하는 것이 과연 무엇에 도움이 될 수 있겠는가 하는 것이다. 다수의 정서에 맞지 않는 교회 세습을 했을 경우, 이에 부정적인 생각을 갖고 있는 다수의 사람들은 교회에 대하여 혐오감을 가질 것이고, 자신의 정서가 무시되었다고 느끼는 교회 멤버들은 그 교회를 떠날 것이다.

교회 세습에 대한 여론은 언론 매체를 통해서만 비등한 것이 아니었다. 여러 단체가 이에 대한 입장을 표명해 왔는데, 역시 지배적인 견해는 교회 세습에 대하여 비판적인 것이었다. 가장 강력하게 반발한 것은 기독교윤리실천운동이다. 대형 교회의 교회 세습에 대하여 이 단체는 2000년 9월 29일 성명서를 내고 "담임목사직 세습은 언약 공동체로서의 교회의 근본을 뒤흔드는 위험하고도 불행한 사태"라고 비판했다. 이 성명은 이어 "재벌 총수마저도 경영권을 포기하는 오늘날, 혈연관계에 의지해 교회의 평안을 추구하려는 것은 교회가 깊이 병들어 있다는 증거"라면서 "담임목사직 세습은 한국 교회에 만연하고 있는 물량주의와, 특정 목사에 의한 강단권 독점이라는 잘못된 관행이 낳은 결과로서 마땅히 철회되어야 한다"고 강조했다.

그러나 교회 세습의 문제에 대하여 옹호하는 것 같은 인상을 주는 단체도 있다. 그것은 한국기독교총연합회(한기총)이다. 한기총에서는 모든 교계 신문에 "목회자의 아들이 후임목회자가 되는 문제에 대한 입장"이라는 글을 커다란 광고의 형태로 내보냈다. 여기에서는 우선 세습이란 용어 자체를 거부하면서 '후임목회자'라는 말을 쓸 것을 주장하고 있다. 한기총은 이 성명서에서 "후임자 청빙의 문제는 어디까지나 그 교회와 교단의 정해진 법과 절차에 따라 처리할 일이지 그 교회 밖에서 주관적인 잣대로 판단해서는 안 될 것"이라고 하면서 "아들을 후임목회자로 청빙한 교회의 인격과 인권은 존중되어야 한다"고 밝혔다.[21] 또한 이 성명에서 나아가서 교회 세습 문제에서 일반 언론까지 동원해서 여론몰이를 하는 것은 옳지 않으며, 그것은 자해행위와 같은 것이라고 하면서 지엽적인 문제를 가지고 시간 낭비, 돈 낭비, 정력 낭비를 하지 말 것을 권고하고 있다. 그러나 교회 세습 문제가 공론화되고 있는 것을 여론몰이로 보고, 그것을 지엽적인 문제라고 하면서 담임목사 세습을 개 교회 문제로 보는 입장이야말로 바로 오늘날 한국 교회가 사회적으로 지탄을 받고 있는 근본 원인이 무엇인지조차 깨닫지 못하는 근시안적 태도가 아닐까? 게다가 그 입장을 모든 교계 신문에 몇 차례에 걸쳐 5단 크기로 대형 광고하는 것이야말로 돈 낭비는 아닌지 모르겠다.

한편 보수적인 신앙을 유지하면서도 교회 갱신의 기치를 높이 들고 있는 한국기독교목회자협의회도 2000년 9월 18일 "소위 말하는 '담임목사직 세습'에 대한 우리의 입장"이라는 성명서를 발표했다.[22] 그들은 이 성명서에서 입장을 다음과 같이 정리하고 있다.

우리는 최근 한국 교회의 미래를 염려하는 충정어린 심정으로 '담임목사직 세습' 문제점을 제기한 깨어 있는 기독교 단체들의 목소리를 환영하며, 그들의 목소리를 이 시대의 한국 교회를 향한 예언자적 음성으로 겸허히 받아들이면서 자정(自淨)하는 기회로 삼고자 합니다.

우리는 아버지의 대를 이어 결코 평탄하지 않는 목회자의 길을 선택한 아들과, 그 아들이 십자가의 길을 갈 수 있도록 영적 감화와 신앙적 모범을 보여준 아버지를 심히 부러워합니다. 더욱이 우리는 아버지의 가난과 고난까지도 대물림하여 아버지가 목회한 열악하기 그지없는 바로 그 교회를 이어받아 기쁘게 섬기고 있는 목회자들 앞에 머리 숙여 경의를 표하는 바입니다.

그럼에도 불구하고 우리가 특히 우려하는 것은 소위 목회에 성공했다는 평가를 듣고 있는 목회자가 자신에게 주어진 모든 기득권을 아들에게 그대로 대물림하려는 사례들이 늘어가고 있는 현실입니다.

보기에 화려한 교회들이 세상과 똑같이 대물림하는 일을 서슴지 않고 자행할 때 심상치 않은 저항을 받는 것은 피할 수 없다고 봅니다. 이것은 교회가 스스로 전도의 문을 막는 일이요, 의식 있는 젊은이들이 교회를 떠날 수밖에 없도록 뒷발질을 하는 것이나 다름이 없는 한심한 일이 아닐 수 없습니다. 교회의 머리되신 주님이 어찌 탄식하지 않으시겠습니까? 더욱이 일반 정서가 교회 안에 있는 평신도들과 그 맥을 같이 하는 상황이 될 때에는 그것을 외면하는 지도자의 행동은 교회 이미지를 크게 훼손시킬 수 있다는 것을 깊이 인식해야 할 것입니다.

교회 세습, 왜 문제인가?

교회 세습이 왜 문제인지에 대한 논의 내용을 정리해 보면 다음과 같이 요약될 수 있다.

첫째, 교회 세습이 교회를 사적 소유의 개념으로 사고하는 것이 아니냐 하는 문제다. 재벌들이 기업을 사유화하여 전문 경영인이 아닌 자녀에게 대물림하는 것을 바람직하지 않게 보는 마당에 교회마저 아들에게 대물림하는 것은 교회를 자신의 개인 소유로 보기 때문이 아닌가 하는 것이다. 교회를 목사 개인의 것이 아니라 하나님의 소유로 본다면 대물림은 있을 수 없다.[23]

둘째, 교회를 독립된 하나의 개교회로 볼 수 있는가 하는 문제이다. 즉 '우리' 교회인데 우리 마음대로 하는 것이 왜 문제인가 하는 생각이 바람직한 것이냐 하는 말이다. 이것은 고질적인 개교회주의의 전형이라 할 수 있다. 교회는 교단에 속해 있고, 사회적 책임을 가지고 있는 것이라면, 교단적인 정서나 사회의 정서를 외면해서는 안 된다. 특히 대형 교회의 경우 더욱 교단과 사회의 신뢰를 받아야 하지 않겠는가.

셋째, 소위 '무임승차론'은 많은 다른 젊은 목회자들에게 상대적인 박탈감을 주고 교회 간에, 목회자 간에 위화감을 조성한다는 점이다. 아버지의 후광으로 노력 없이 좋은 임지를 얻을 수 있다는 이 현상은 농촌 교회나 도시 개척 교회, 특히 미자립 교회 목회자들에게 자괴감과 상실감을 안겨줄 수 있다. 실제로 신학생들 혹은 젊은 목회자들 사이에서 아버지의 능력 여부에 따라 진골이니 성골이니 육두품이니 하는 자조적인 말이 유행처럼 퍼지고 있는 실정이니 교회 세습은 많은 이들에게 커다란 상처를 주는 일임에 틀림없다.

넷째, 교회 세습은 '은퇴'의 의미를 퇴색시킨다는 점이다. 은퇴란 문자 그대로 "직임에서 물러나거나 사회 활동에서 손을 떼고 한가히 지내는 것"을 의미한다. 그러나 은퇴하면서 교회를 아들에게 물려준 교회는 거의 예외 없이 아버지가 뒤에서 여전히 섭정을 하면서 교회의 모든 일을 좌지우지하고 있다. 게다가 여러 가지 명목으로 현직에 있을 때 못지않은 경제적·사회적 대우를 교회로부터 받는다. 목사직은 일반 직종보다 10년 이상 은퇴 연령이 늦은데, 70세가 넘어서도 계속 교회에서 영향력을 행사하려는 것은 과욕이다.

다섯째, 담임목사직을 세습받는 아들의 입장에서도 문제가 있다. 무엇보다 지도력의 문제다. 물론 아들이 아버지보다 못하라는 법은 없다. 그러나 '무임승차'한 아들은 이미 도덕성에 상처를 입은 채 목회를 해야 하는 부담이 있다. 아버지 덕에 출세했다고 보는 교회 안팎의 따가운 시선을 감수해야 하는 것이다. 그러나 무엇보다 큰 어려움은 카리스마는 세습될 수 없다는 점이다. 대개 교회를 세습하는 대형 교회 목회자는 강력한 카리스마를 가지고 있고, 이것이 교회를 성장시키고 아들을 후임자로 결정하는 힘으로 작용한다. 따라서 카리스마가 결여되어 있는 아들은 아버지가 곁에 없을 때, 그 큰 교회를 이끌어 가는 데 한계를 느끼고 교회 유지에 어려움을 겪을 수 있다.[24]

교회 세습의 문제는 이제 개체 교회만의 문제가 아니다. 그것은 교단의 문제이며, 한국 교회 전체의 문제이고, 또한 한국 사회의 문제이기도 하다. 물론 앞에서 밝혔듯이 '대물림 → 성장' 모델과 '성장 → 대물림' 모델은 구분해야 하며, 농촌 교회나 도시의 작은 교회에서의 대물림은 논외로 해야 할 것이다. 왜냐 하면 성공의 열매, 영광과 권세를 물려받은 것이 아니라 가난과 고난을 신앙 유산으로 물려받는 것은, 요즈음 물의를 빚고 있는 형태의 세습과는 거리가 먼 것이기 때문이다.

교회 세습의 문제가 단순히 상식과 정서의 문제만은 아니다. 교회 세습의 문제는 나아가 도덕성의 문제이며, 신앙 양심의 문제이기도 하다. "모든 일을 원망과 시비가 없게 하라"(빌 2:14)는 말씀과 "모든 것이 가하나 모든 것이 유익한 것이 아니오 모든 것이 가하나 모든 것이 덕을 세우는 것은 아니니 누구든지 자기의 유익을 구치 말고 남의 유익을 구하라"(고전 10:23)는 말씀이 새삼 머리에 떠오르는 시점이다.

4

한국 교회 여성,
그들은 누구인가

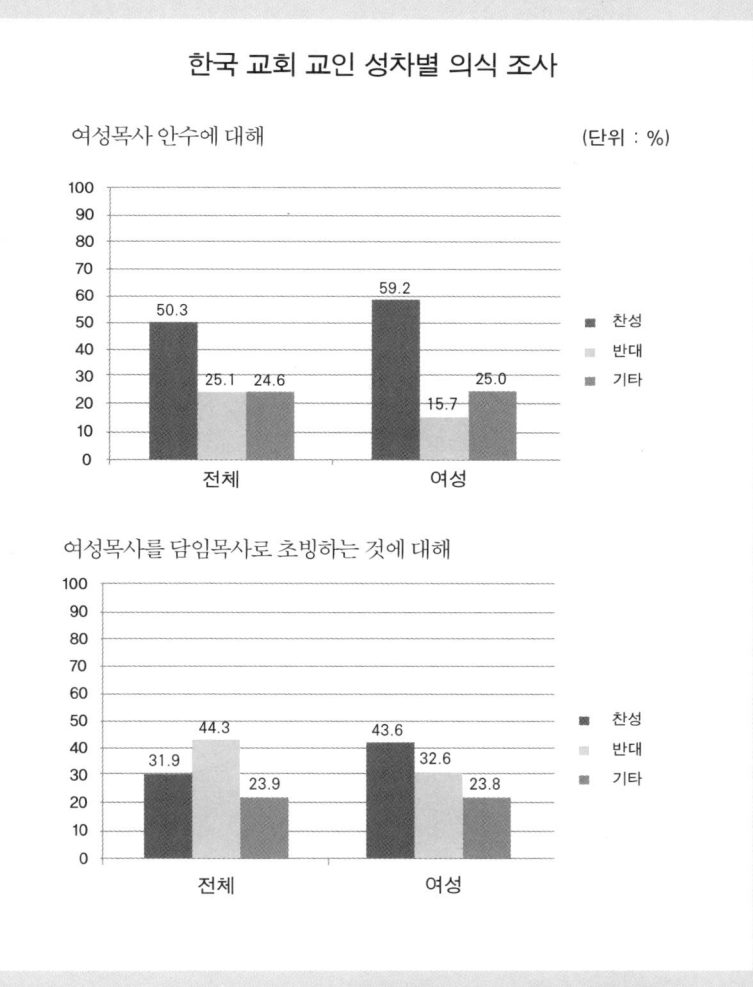

한국 교회 교인 성차별 의식 조사

여성목사 안수에 대해   (단위 : %)

- 찬성
- 반대
- 기타

전체: 50.3 / 25.1 / 24.6
여성: 59.2 / 15.7 / 25.0

여성목사를 담임목사로 초빙하는 것에 대해

- 찬성
- 반대
- 기타

전체: 31.9 / 44.3 / 23.9
여성: 43.6 / 32.6 / 23.8

*출처: 노치준, 《한국 개신교 사회학》(한울, 1998).

여성이
더 종교적이다

　　　　　　　여성이 더 종교적이라는 것은 너무도 잘
알려진 사실이다. 이것은 기독교의 경우도 마찬가지다. 또 종교가
오랫동안 여성에 대한 편견과 차별을 조장해 왔다는 것도 사실이며,
이 역시 기독교의 경우에도 마찬가지다. 성차별을 심하게 하는 것이
종교임에도 불구하고 여성이 종교에 더 참여하고 의지하고 있는 것
은 아이러니가 아닐 수 없다. 제도적으로 여성에 대한 성차별 구조가
있지만 종교가 여성에게 중요한 역할을 하고 있다는 것은 엄연한
현실이다.

　서구 기독교적 맥락에서 볼 때 종교성의 기준을 무엇으로 삼든지
간에 사회학적인 모든 연구는 여성의 종교성이 남성보다 강하다는
것을 보여주고 있다. 이 연구들에 따르면 교회 멤버십이나 교회 출석
에서 여성은 그 비율이 남성보다 높다. 여성은 기도나 성서읽기와
같은 개인적인 경건성도 더 강하고, 정통적인 교리에 대한 믿음도
보다 확고하다.

　여성이 더 종교적이라는 것은 한국의 경우에도 마찬가지다. 예를
들어 2006년 통계청 조사에 따르면 15세 이상의 한국인 남녀 가운데
남자의 44퍼센트, 여자의 63퍼센트가 종교를 가지고 있는 것으로
나타났다.[25] 여성이 더 종교적이라는 것은 한국 갤럽의 조사 결과에
서도 밝혀진다.[26] 예를 들면 "종교가 중요하다"고 생각하는 비율은
남자가 49퍼센트인데 비하여 여자는 63퍼센트나 된다. '주 1회 이상'

종교의례에 참여하는 비율이 남자는 30퍼센트지만 여자는 40퍼센트다. '하루 1회 이상' 기도를 하는 비율이 남자는 26퍼센트에 불과하지만 여자는 40퍼센트에 이르고 있다. "절대자/신을 믿는다"는 비율도 남자는 35퍼센트인데, 여자는 50퍼센트다. '사후 영혼'에 대해서 남자의 32퍼센트가 믿지만, 여자는 46퍼센트가 믿는다. 이와 같이 한국에서도 여성의 종교성이 남성보다 더 강하다.

한편 한국의 다른 종교들과 마찬가지로 개신교에서도 성별로 보면 여성의 종교성이 더 강하다. 예를 들어 한미준(한국 교회 미래를 준비하는 모임)과 한국 갤럽의 조사에 따르면[27] 교인들 가운데서 '주일 낮 예배'에 출석하는 비율이 남자는 76퍼센트, 여자는 86퍼센트였다. '주일 저녁(오후) 예배'의 출석율도 남자는 26퍼센트, 여자는 32퍼센트였으며, '수요 예배'에는 남자의 16퍼센트, 여자의 25퍼센트가 참석했다. 새벽기도회와 철야기도회의 경우 그 참석률이 남자는 각각 10퍼센트였지만, 여자는 15퍼센트와 17퍼센트로 나타났다. 이와 같이 한국 교회 여성은 남성보다 교회 활동에 더 적극적이라는 사실을 확인할 수 있다. 그 밖의 종교성에서도 여성이 남성보다 더 강하다. 예를 들면, 하루 기도하는 시간이 남자는 평균 25분이지만, 여자는 29분이었다. 1주일간 성경을 읽는 시간도 남자는 평균 50분이지만, 여자는 1시간 14분이었다. "성령체험을 했다"는 비율은 남자가 47퍼센트인데 비해 여자는 58퍼센트로 나타났다. 구원에 대한 확신을 가지고 있는 비율도 남자는 62퍼센트지만, 여자는 73퍼센트로 더 높다.

왜 여성이 더 종교적일까? 하나의 설명은 여자들의 일반적인 성향인 여성성(femineity)이 종교에 더 부합하다는 것이다.[28] 일반적으로 여자는 남자보다 상대적으로 더 수동적이고 의존적이며 감정적이고 규범에 더 동조적이며, 불안과 두려움을 더 느끼는 경향이 있다고 지적되어 왔다. 바로 이러한 여성의 심리적, 사회심리적 성향이 복종, 의존성, 수동성을 중요하게 여기는 종교적 가르침에 더 적합하다는 것이다. 따라서 남자보다 여자가 종교적 가치에 더 친화성을 가질 수 있다고 본다.

여성이 더 종교적인 것에 대한 보다 설득력 있는 설명은 소위 '박탈-보상 이론'이라는 사회학적 이론이다.[29] 전통적으로 종교는 박탈감(경제적, 사회적, 정신적, 신체적)을 경험하는 사람에게 보상(위로, 격려, 축복, 의미부여 등)해 주는 기능을 수행해 왔다. 박탈감이란 차별이나 불이익 혹은 낮은 처우 때문에 생겨나는 좌절감과 무력감을 의미한다. 따라서 박탈감을 많이 경험할수록 보상에 대한 요구와 기대가 크기 때문에 종교에 더 의존적이며, 결과적으로 종교성이 더 강하다는 것이다.

여성은 사회생활에서 경험하게 되는 성차별 때문에 사회적·경제적·정신적 박탈감을 느끼고 있다. 여성은 오늘날에도 정치 참여의 문제나 법적인 문제는 말할 것도 없고, 교육·취업·가정의 영역에서도 차별을 당하고 있다.[30] 이렇게 여성은 남성보다 박탈감을 더 느끼고 있으며, 이에 따라 여자는 종교를 통해 보상을 받으려는 경향이 남자보다 강할 수밖에 없다. 여성이 적극적인 교회생활, 신앙생활을 통해 박탈에 대한 보상을 받으려고 하는 것은, 종교가 어려움에 대하여 위로하고 희망을 주며, 삶의 의미를 제공하는 기능을 하기 때문이다.

여성을 차별하는
한국 교회

앞에서 보았듯이 한국 교회 여성의 종교성은 매우 강하다. 그리고 교인의 60퍼센트 이상이 여성이라는 사실이 보여주듯이 한국 교회에서 여성이 차지하는 비중은 매우 크다. 그럼에도 불구하고 한국 교회의 한 특징은 여성에 대한 심한 차별이다. 물론 우리나라의 성차별 자체도 심한 편이다. 예를 들면 유엔개발계획의 《인간개발보고서》(2008)에 따르면 2007년 현재 한국은 남녀평등지수(남녀 간에 성취 수준이 얼마나 평등하게 이루어지고 있는지를 보여주는 지표)가 세계 26위, 여성권한척도(정치, 경제 분야에서 여성이 얼마만큼 권한을 행사하는가를 보여주는 척도)는 세계 64위에 머물고 있다. 아직도 한국 사회에서는 여성이 사회, 직장 그리고 가정에서 불평등한 기회를 갖거나 차별 대우를 받고 있는 것이 현실이다.

이러한 성차별은 교회 안에서도 마찬가지로 이루어지고 있다. 전통적인 기독교 여성관은 창조(남자가 먼저 창조되었고, 여자는 남자의 갈비뼈로 만들어졌다는 것)와 타락(여자가 먼저 범죄를 저질렀다는 것)의 질서에서부터 여성이 열등한 존재였음을 강조하며, 남성 우위론을 성서적 권위에 의해 정당화해 왔다. 구약의 율법도 가부장적 성격을 띠고 있으며, 이러한 경향은 신약(특히 바울서신)에서도 그대로 드러나고 있다. 그래서 초대 교회는 여자에게 조용히 복종하고, 침묵하고, 단정한 생활을 할 것을, 그러나 남자에 앞서거나 남자를 지배해서는 안 되는 것으로 가르쳤다. 이러한 여성 배제 구조는 교부시대에 더욱 강화되어 심지어 6세기까지는 여성에게 영혼이 없다고 교회에서 가르쳐 왔다. 여성에 대한 편견과 차별은 중세기를 거쳐 오늘에 이르도록 지속되고 있다.

성차별적 교회 전통이 현대 서구 개신교 권에서 약화된 것은 사실이지만, 여전히 천주교와 보수 개신교 교단들에서는 그대로 계승되고 있다. 한국에서 다수를 차지하고 있는 개신교 보수 교단들은 아직도 여성에게 목사는 말할 것도 없고, 장로가 되는 길마저 허용하지 않고 있다. 여성에게 목사와 장로 자격을 부여하는 교단은 기감, 기장, 예장(통합) 등 소수에 불과하다. 그러나 그 비율은 아직도 미미한 실정이다. 여자 목사의 숫자는 2006년 현재 예장(통합)의 경우 667명으로 전체 목사의 5퍼센트이며, 감리교의 경우에도 422명으로 전체 목사의 5퍼센트다. 기장의 경우에는 그 비율이 15퍼센트로 가장 높다. 한편 여자 장로의 비율도 낮다. 그 비율은 기장이 9퍼센트, 감리교가 7퍼센트, 예장(통합)은 1퍼센트에 불과하다.

그러나 대부분의 한국 개신교 교단에서는 여전히 여자 목사나 여자 장로 제도를 받아들이지 않고 있다. 한국 교단들, 그리고 교회들에서는 여성이 당회(장로교)나 기획위원회(감리교)와 같은 교회의 최고 의결기관에 참여할 기회가 제한되어 있고, 여러 주요 위원회의 책임 자리는 남성의 몫으로 돌려지고 있다. 여신도에게는 주방에서 일하거나 한복을 차려입고 교회 행사에 동원되는 일 등 교회 봉사의 책임이 주로 맡겨질 뿐이다. 이렇게 한국 교회는 여성이 다수를 차지하고 여성의 활동과 참여에 크게 의존하면서도, 불행하게 구조적으로는 교회에서 여성의 지위와 역할이 종속적이며 부차적인 수준에 머물러 있다.

차별에 대한
교회 여성의 생각

한국 교회의 여성들은 사회와 교회에 대하여 어떤 의식 성향을 가지고 있는가? 한국 개신교 여성의 의식은 비개신교 여성과 비교해 볼 때 가치관에서 다소 차이를 보이고 있다.[31] 이혼, 인공유산, 음주, 흡연, 혼전 성관계 등 윤리적인 문제에서는 교회 여성이 더 보수적이다. 그리고 교회 남성과 비교해 볼 때 교회 여성이 전반적으로 이념적 성향이 약간 보수적이다.

기독교 혹은 교회는 교인들의 가치관에 중요한 작용을 하는데, 그것은 특히 삶의 의미와 보람의 문제에서 그러하다. 교회 여성은 비교회 여성과 비교해 볼 때 삶에 대하여 더 만족하는 것으로 드러난다.[32] 예를 들면 가족관계/가정생활에 "만족한다"는 응답 비율이 교회 여성의 경우는 79퍼센트지만, 비교회 여성의 경우는 59퍼센트에 머물고 있다. 직장/학교생활에 대하여는 교회 여성의 54퍼센트, 비교회 여성의 40퍼센트가 만족하고 있다. 친구 관계에서는 교회 여성의 69퍼센트, 비교회 여성의 59퍼센트가, 살림살이(경제)에서는 교회 여성의 46퍼센트, 비교회 여성의 29퍼센트가 "만족한다"고 했다. 이러한 결과는 무종교인 혹은 타종교인과는 달리 기독교의 경우, 교인들의 삶에서 교회의 가르침이 매우 긍정적이고 적극적인 방향으로 영향을 미치고 있다는 것을 말해 주는 것이라 하겠다.

교회 여성의 성 평등 의식은 어떠한가? 이 문제를 다룬 한 연구에 따르면 다소 모순적인 결과가 나타난다.[33] 한편으로는 성 평등에 대하여 상당히 적극적인 태도를 볼 수 있다. 예를 들면 "남녀가 모인 단체에서 여성이 대표가 되는 것은 남녀 상관없이 능력이 중요하다"는 데 있어 여성 교인의 87퍼센트(남성 교인도 87%)가 동조했다. "여성은 교회에서 잠잠 하라"는 성경구절은 "현실에 맞게 해석해야 한다"는 응답도 여성교인의 경우 87퍼센트(남성 교인은 80%)가 동의하고 있다. 그러나 성 평등에 대한 직접적인 물음에서는 동조하는 비율이 절반 수준으로 떨어지고 있다. 예를 들면, "창세기의 인간 창조는 평등하게 이루어졌다"는 응답 비율은 여성 교인의 경우 54퍼센트(남성 교인은 55%)에 머물고 있고, 소속 교회에서 여성과 남성이 "평등하다"고 한 비율은 여성 교인의 경우 42퍼센트(남성 교인은 61%)로 나타난다.

이러한 결과들을 통해 우리는 교회 교인들이 남녀 할 것 없이 이상적으로는 성 평등을 옳다고 보면서도 현실적으로는 성 불평등이 존재하며, 그것을 불가피하다고 보는 경향이 있다는 사실을 발견하게 된다. 그리고 많은 교회 여성이 교회 내에서 남성과 여성의 지위가 평등하다고 착각하며 교회생활, 신앙생활을 하고 있다. 이것은 보수 교단일수록 더욱 그러했다. 즉, 교회에서 남녀의 지위가 평등하다고 보는 비율은 전체 평균이 47퍼센트지만, 보수 교단인 예장(합동)의 경우는 62퍼센트나 된다. 성차별이 가장 심한 교단에서 남녀 지위가 "평등하다"고 보는 비율이 가장 높은 것은 하나의 아이러니가 아닐 수 없다. 따라서 교회 내의 성 평등은 먼저 교회 안에서 남녀의 지위가 평등하다고 생각하는 허위의식이 깨져야 가능할 것이다.

성차별 의식은 여자 목사 문제에서도 나타난다. 한 조사에 따르면[34] 여성 목사안수에 대하여 반대하는 응답자 비율은 25퍼센트(찬성 50%)에 머물고 있지만, 여성 목사를 담임목사로 초빙하는 것에 대해서는 반대하는 비율이 44퍼센트로 높아지고 있다(찬성 32%). 이와 같이 교회 내의 성 평등에 대해서는 원론적으로 찬성한다고 해도, 우리 교회의 경우는 "아직 아니다"는 의식이 강하다. 교회 여성들 가운데서도 여성의 목사안수를 반대하는 비율이 16퍼센트, 여성 목사 청빙을 반대하는 비율은 33퍼센트나 되어, 여성이 반드시 여성 편은 아니라는 사실이 드러난다. 따라서 교회 내 성 차별의 문제가 해결되기 위해서는 무엇보다 교회에서 차별을 당하고 있는 교회 여성 자신의 의식부터 바뀌어야 한다.

교회와
여성의 관계

일반적으로 말하면 여성의 종교성이 남성보다 강하고, 개신교인의 종교성이 다른 종교인의 종교성보다 강하다. 따라서 모든 종교인 가운데서 교회 여성의 종교성이 가장 강하다고 할 수 있다. 교회 여성은 교회생활, 신앙생활을 매우 적극적으로 하며, 교회 구성원의 다수를 차지하고 있고, 교회 행사나 프로그램을 실질적으로 이끌어 가는 역할을 한다. 교회생활과 신앙생활은 교회 여성에게 매우 중요한 결과를 가져온다. 다소 보수적(특히 윤리문제)인 경향이 있지만, 여성의 교회 및 신앙생활은 그들로 하여금 적극적이고 긍정적인 삶을 살게 함으로 삶에 대한 만족도를 높여 주고 있다. 분명히 한국 교회는 여성에게 신앙생활과 교회생활을 통해서 심리적·정신적 도움을 줌으로 그들을 위로하고 격려하며 희망과 용기를 가질 수 있게 하는 기능을 수행하고 있다고 하겠다.

그러나 교회 내 성차별의 실상은 매우 심각한 수준이다. 대부분의 교단에서 여성에게 성직은 말할 것도 없고 평신도 지도자의 지위도 매우 제한적으로 인정하고 있을 뿐이다. 교회 여성은 이러한 교회 내 성차별에 대하여 세 가지 입장을 보인다. 보수적인 교회 여성은 성 불평등 구조를 신앙적으로 정당화하는 가부장적 이데올로기에 물들어 있다. 중도적인 교회 여성은 문제의식은 가지고 있으면서도 현실에 순응하려는 경향이 있다. 그러나 적극적으로 교회 내 성 차별을 극복하려는 교회 여성은 아직 소수이며, 또한 그 주장이나 입장의 급진성 때문에 많은 교회 여성으로부터 동조를 받지 못하고 있다.

오늘날 사회는 급변하고 있다. 그러한 변화 상황 가운데 하나는 세계적으로 여성의 지위와 역할이 향상되면서 성 평등 사회로 나아가고 있는 것이다. 여전히 차별구조가 남아 있기는 하지만, 2008년 현재 우리나라의 여성 공무원 비율은 45퍼센트, 전문/관리직 종사자가 20퍼센트다. 여검사 비율은 14퍼센트로 10년 사이 8배로 늘어났고, 여성의 합격자 비율은 외무고시 68퍼센트, 행정고시 48퍼센트, 사법고시 35퍼센트로 매우 높아졌다. 그러나 여성의 지위와 역할에 있어 한국 교회에는 여전히 별다른 변화의 조짐이 보이지 않는다. 물론 사회에서 가장 변화 속도가 느린 것이 종교 영역이기는 하지만, 성 평등이라는 일반적인 사회 가치를 외면하고 있는 교회 집단이 자칫 문화적 게토(ghetto) 집단으로 전락하지 않을까 염려된다.

과거에도 그랬듯이 교회에서 여성이 차지하고 있는 비중은 절대적이다. 종교적인 활동이나 신앙 면에서도 한국 교회를 지탱하고 있는 힘의 원천은 교회 여성이다. 따라서 한국 교회 안에서는 여성의 역할에 상응하는 지위가 부여되어야 한다. 이를 위해서는 무엇보다 가부장적 종교 전통의 틀에서 벗어나지 못하고 있는 남성 교인의 자성과 아울러 자신의 권리를 찾기 위한 여성 교인의 의식 변화가 필요하다.

마지막으로 지적해야 할 중요한 문제가 또 하나 있다. 앞에서 우리는 여성이 보다 심각한 박탈을 경험하기 때문에 더 종교적이라는 것을 보았다. 그렇다면 만일 사회에서 여성의 지위가 향상되고 성

평등이 이루어져서 여성의 박탈감이 줄어든다면 그들의 종교성은 어떻게 변할까? 당연히 그들의 종교성은 약화될 것이다. 실제로 교회의 성쇠 문제에서 여성의 지위 수준과 종교적 참여 사이에는 부정적 상관관계가 있다는 것이 밝혀졌다. 구체적으로 한 연구에 따르면 세계 188개국 가운데서 남녀평등 지수와 여성 권한 척도가 높게 나타나는 나라일수록 교회는 쇠퇴하는 반면에, 그것들이 낮은 나라일수록 교회가 성장하고 있다는 사실이 입증되었다.[35] 즉, 성 평등이 이루어질수록 여성의 종교 의존도는 약해지고, 이에 따라 교회는 정체되거나 쇠퇴하기 쉬운 것이다. 한국 교회의 경우에도 이러한 상황이 적용될 가능성이 있다. 사회적으로 여성의 지위가 향상되고 여성의 지적·경제적 수준이 높아질수록 신앙이 약화되고 교회를 떠나는 여성이 증가할 것이며, 이것은 교회 위기의 한 요소로 작용하게 될 것이다. 따라서 성 평등 사회에서 교회 안의 성차별이 극복되면서도 여성의 종교성이 약화되지 않도록 할 수 있는 방안이 마련되어야 하겠고, 이를 위한 진지한 노력과 준비가 한국 교회에서 이루어져야 할 것이다.

5
이단종파,
왜 그리 많은가

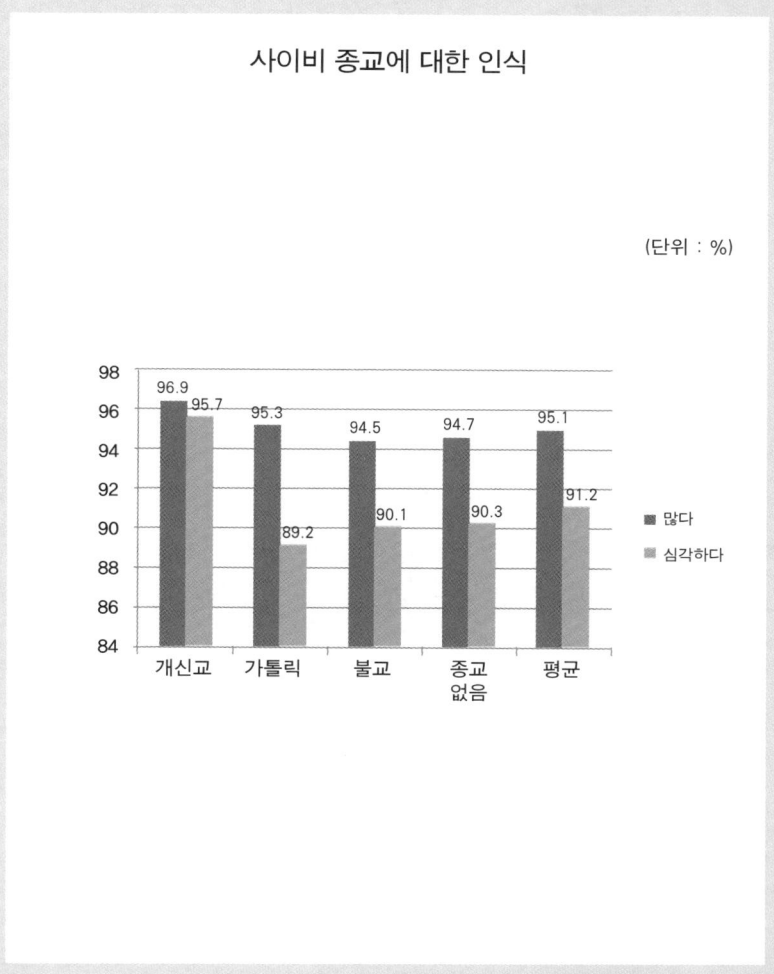

사이비 종교에 대한 인식

(단위 : %)

■ 많다
■ 심각하다

*출처: 한국 갤럽, 《한국인의 종교와 종교의식》(2004).

이단종파는
어떤 특징이 있는가

이단(異端: heresy)이란 "특정 종교나 이데올로기의 교의(教義)를 정통적인 입장과는 달리 해석하는 자나 집단"을 말한다. 어느 시대, 어느 종교에도 이단은 항상 있어 왔지만, 그것이 특히 기독교 안에서 성행했다. 더욱이 우리나라의 경우 선교 역사가 짧은 데도 불구하고 많은 이단이 기독교의 탈을 쓰고 횡행하고 있다.

기독교 이단종파의 기본적인 특징은 전통적인 기독교 교리를 부정한다는 것이다. 예를 들면, 이단은 삼위일체의 하나님, 창조주이며 섭리자이신 하나님에 대한 교리, 예수가 하나님의 아들로서 신성을 가지고 있으며 동시에 인간으로 세상에 오셨다는 교리, 예수 그리스도에 의한 속죄와 십자가 사건 및 부활에 대한 믿음을 부정한다.

이단종파에서 나타나는 구체적인 특징은 여러 가지다.[36] 우선 자신의 교리를 '새 진리'라고 주장한다. 하나님이 자기 종파에게만 특별한 내용의 계시를 새로 주었다고 허튼소리를 한다. 예를 들어 문선명은 예수님이 하나님의 사역을 완성시키지 못했기 때문에, 자신이 그 일을 하고 있다고 주장한다. 이단은 성경을 편협하게 해석하거나(예를 들면 성경의 몇 구절을 인용하면서 언제 세상이 끝난다고 주장하는 '다미선교회'와 같은 시한부 종말론), 성경보다 더 큰 권위를 가지고 있다고(예를 들면 모르몬교의 몰몬경) 한다. 예수 그리스도의 인격에 대한 그릇된 주장을 한다(예를 들면 '여호와의 증인'은 예수는 영원부터 계시던 하나님 아들이 아니라 하나님의 첫 피조물이라고 가르친다). 하나님의 은혜를 과소평가하고, 믿음에 의한 구원을 무시한다. 미래에 대한 거짓 예언을 일삼는다. 이단종파의 지도자는 하나님의 사자로서 스스로 영적 능력이 있다고 하면서 자신을 교주로 떠받들게 한다.

우리나라에는 안식교, 여호와의 증인, 모르몬교와 같은 수입된 이단종파도 많지만 자생적인 이단이 훨씬 많다. 자생적 이단은 공식 집계된 것만도 JMS(애천교회), 천부교, 장막성전, 천국복음전도회, 영생교, 새일수도원, 다미선교회, 디베랴선교회, 만민중앙교회, 성화선교교회, 신천지 등 약 92개에 이르는 것으로 알려져 있다.

우리나라에서 생겨난 이단은 나름대로의 공통점을 가지고 있다. 세계의 종말을 강조하면서 세계 멸망에 대한 위기의식을 고조시키는 경향이 있다. 그리스도 중심적이 아니고 교주 중심적이다. 즉, 그리스도를 믿게 하기보다는 자신을 믿게 만든다. 자신이 신과 직접 소통하고 계시를 받았다고 주장하며, 심지어는 자신을 신격화하기까지 한다. 자기 집단은 선택된 특별한 집단이며, 이 집단을 통해서만 구원받을 수 있다고 주장한다. 다른 종교 집단은 모두 이단이라고 말한다. 마지막 환란에서 살아남으려면 이 집단에 들어와야 한다고 주장한다. 보이지 않는 사후 천국보다는 보이는 생전의 지상천국을 강조한다. 외부 세계와는 최대한 단절하도록 만들어 폐쇄적인 집단이 되게 한다. 미신적, 주술적, 무속적 신비 체험을 강조하는 경향이 있다. 통일교 같은 경우에는 기업과 결합하여 물질적 재화를 축적하여 경제기반을 확립하며 교세 확장을 꾀하고 있다. 심지어는 정치권

력과 밀착하여 경제적으로 후원을 하는 대신에 보호와 특혜를 받기
까지 한다.

이단종파,
어떻게 문제인가

이단종파는 나름대로 어떤 기능을 수행
하기도 한다는 주장이 있다. 자신에게 당면한 문제를 해결할 능력이
없는 소외계층, 하류계층, 빈민계층에게 그들만의 공동체성, 연대감
을 마련해 준다는 것이다. 기존 사회의 도덕적 · 문화적 체계의 모순
에 대한 하나의 대안으로 사회에 경종을 울릴 수 있다는 것이다. 세속
화되고 중산층화되고 있는 기성 종교에 대한 비판의 계기를 만들어
준다는 것이다.

그러나 이단종파가 사회에, 그리고 기성 종교에 미치는 역기능은
매우 심각하다. 교리적으로 기독교 신앙의 근간을 흔들어 놓을 뿐만
아니라 사회적으로도 많은 문제를 야기한다. 자기 집단에 대해서만
절대적인 충성을 요구하기 때문에, 사회 성원으로서의 의식이 약화
되어 그 멤버들은 사회적 적응력이 떨어진다. 광신적 복종과 무조건
적인 의존을 요구함으로 그 구성원의 심리상태를 유아기 단계로 퇴
행하게 만든다. 말세론의 가르침을 강조함으로 현실로부터 도피하
게 만드는 경향이 있다. 사회를 부정함으로 반동세력이 될 수 있다.
건설적 비판이 아니라 파괴적 거부를 통해 종교적 · 문화적인 갈등을

유발한다.

그리고 심한 경우에는 여러 가지 반사회적 행동을 자행하거나 조장하기도 한다.[37] 우선 성적으로 일탈행위가 빈번하게 일어난다. JMS의 정명석처럼 교주의 권력으로 여신도에게 성폭력을 저지르는 경우가 적지 않다(정명석은 강간 혐의로 구속되었다). 교주를 정신적 남편으로 대상화하여 여신도를 농락하는 일이 자주 일어나고 있다. 음양도수 교리, 피가름 교리, 생수가름 교리 등 궤변으로 혼음행위를 자행하기도 한다. 과도한 안수와 안찰, 무리한 금식기도 등으로 신도들의 육체에 치명적인 결과를 초래하기도 한다. 경우에 따라서는 집단 내부의 비밀을 유지하기 위해 폭력을 행사하고, 심지어는 살인을 자행하기도 한다(영생교 사건이 그 예가 될 것이다).

이단종파는 교인들의 재물을 수탈하기도 한다. 특히 시한부 종말론이나 현세적인 기복신앙을 앞세워 신도들에게 과도한 헌금을 요구하고, 재산을 모두 바치도록 강요하기도 한다. 그 집단에 가입하기 위해 때로는 개인적인 일을 모두 포기하게 만들기도 한다. 그래서 가정을 버리고 직장을 포기하고 학교를 떠나가게 하는 경우도 많다. 예를 들어 미국에서는 통일교에 빠진 젊은이들이 가정과 직장과 학교를 모두 버리고 집단생활을 하며, 거리에서 꽃과 초콜릿을 팔아 교주인 문선명에게 바치는 모습을 자주 목격하게 된다. 이것을 위해 빼놓을 수 없는 것이 교인들에게 세뇌를 지속적으로 감행한다는 사실이다.

이단종파는 교묘한 논리로 기존 사회질서를 거부하게 만든다.

그래서 병역을 기피하고, 수혈을 거부하게 한다. 국기나 국가에 대한 예도 거부한다. 때로는 일부다처제를 용인하고, 혼음을 조장하기도 한다. 집단생활이 집단 히스테리로 발전하게 되면 미국의 '천국의 문'(Heaven's Gate)이나 '인민사원'(People's Temple), 그리고 우리나라의 '오대양'의 경우처럼 집단 자살도 불사한다.[38]

물론 이단종파라고 해서 모두가 극단적인 행태를 보이는 것은 아니다. 그리고 이단이라는 기준도 다분히 주관적인 것일 수 있다. 그러나 신앙적인 교리에 앞서 이단종파는 사회적 결과를 보면 알 수 있다. 가정과 직장과 학교를 파괴하는 것이라면, 기성 사회의 규범과 질서를 무너뜨리는 것이라면, 사람들의 육체와 정신을 망가뜨리는 것이라면, 기성 종교에 대하여 적대적인 태도를 보이는 것이라면 어찌 그것을 종교라 할 수 있으며, 신앙이라 할 수 있겠는가.

이단종파는 왜 생겨나나

이단종파가 생겨나는 것은 사회적·종교적 요인 때문이라고 할 수 있다. 우선 사회적으로 보면 이단 사설은 급격한 사회 변동과 사회 구조의 불안정 시기에 많이 발생한다.[39] 즉, 안정된 사회에서는 이단이 생겨날 가능성이 적다는 말이다. 사회가 급격하게 변하면 사회 내부에 긴장과 모순이 생겨나기 쉽고, 그것은 기존 질서의 붕괴를 초래할 수 있다. 이렇게 되면 가치관의 혼란이 일어나게 된다. 무엇이 옳고 그른지에 대한 판단이 흐려질 수 있다. 특히 경제적으로나 심리적으로 고통을 당하는 사람들이 사회 변화에 적응하기 어렵다고 느끼게 되면 정체성의 혼란이 생긴다. 따라서 사회의 급격한 변화 상황에 대처할 능력이 부족한 사람은 이단의 사설(邪說)에 쉽게 빠져들게 된다.

어떤 의미에서 이단종파의 발생은 '병든 사회'의 산물일 수 있다. 바꾸어 말하면 건전하고 건강한 사회에서는 이단 사상이 뿌리내리기 어렵다. 그러나 비인간화 현상이 만연하고 비상식과 부정의가 득세하는 사회 분위기에서는 상식적인 규범이 통하기 어렵게 된다. 특히 물질주의, 물량주의, 개인주의, 경쟁주의, 업적주의, 성공주의, 출세주의가 지나칠 정도로 사회의 지배적인 가치가 될 때, 소외계층은 이단종파에 빠져 돌파구를 마련하려고 할 가능성이 많아진다.

상대적 박탈감의 증대도 문제다. 자신에게 내면화된 기준에 비추어 볼 때 현실 조건이 뒤떨어지게 되면, 사람들은 심한 좌절감을 갖게 된다. 버림받았다고, 무시당하고 있다고 느끼는 사람에게는 이단 집단이 접근하는 것이 용이해진다. 왜냐하면 그 집단은 소외된 사람에게 선택받았고 구원받은 특별한 사람이라는 자신감을 갖게 해주기 때문이다. 사회에서 인정받지 못하던 사람이 특정 집단에서 인정을 받게 된다면 왜 그 집단에 빠져들지 않겠는가.

급속한 산업화와 도시화는 사람들에게 소속감과 공동체성을 빼앗아가 버렸다. 소위 근린집단(neighborhood)이라는 것이 약화되었다. 오늘날의 사회에서 힘이 있고, 돈이 있고, 많이 배운 사람은 나름대로 이런저런 그들만의 집단을 형성해서 소속감을 가지게 된다. 그러나 가진 것이 없는 사람은 어느 곳에서도 환영받지 못하고, 어느 모임에도 끼지 못하는 것이 현실이다. 그를 따뜻하게 하나의 구성원으로 받아주는 집단이 있다면 왜 그 집단에 매력을 느끼지 않겠는가.

물론 이러한 산업화와 도시화와 같은 사회 변동은 우리만 겪고 있는 현상은 아니다. 이미 서구 사회에서는 오래전부터 이러한 변화를 겪어 왔다. 그럼에도 불구하고 특히 우리나라에 이단종파가 많은 것은 그 변화에 대한 적응력이 낮기 때문이다. 서구 사회는 이미 19세기부터 산업화와 도시화와 같은 근대화 과정을 경험해 왔다. 그러나 우리나라는 서구 사회가 100년 넘게 겪었던 일을 불과 수십 년 만에 겪고 있다. 너무도 급격한 변화 때문에 그것에 적응할 여유나 틈이 없었다. 특히 모든 면에서 능력을 갖추지 못한 사람은 그 변화에 적응하기가 더욱 어렵다. 따라서 사회 변화에 대한 적응력이 떨어지는 사람이 쉽게 이단 사설에 빠져들게 되는 것은 당연한 결과라 하겠다.

이단종파가 생겨나는 데 기여한 또 하나의 요인은 종교적인 것이다. 즉, 기성 종교가 사회 문제를 흡수하지 못하고, 상황의 절박성을 인식하지 못하게 되면 문제가 생긴다. 이단종파에 빠져드는 사람의 상당수가 이미 기성 종교를 가졌던 적이 있다. 그럼에도 그들은 기성 종교에 실망하여 그것을 떠나 이단종파를 찾아가는 것이다. 왜 그럴까? 그것은 기성 종교가 소외되고 좌절하고 박탈감을 느끼며 힘들어

하는 그들에 대하여 무관심하고, 그들의 현실적인 문제에 무감각하기 때문이다. 기성 종교는 대체로 중산층, 가질 만큼 가지고 있고 배울 만큼 배웠고 사회생활에 대한 적응력이 있는 사람들의 종교가 되어 버렸다. 따라서 기성 종교는 사회에서, 그리고 주류 사람들에게서 배제된 이들의 종교가 되지 못했던 것이다.

더욱이 기성 종교는 건강하지 못한 사회의 문제투성이의 가치관이나 규범을 그대로 답습하는 경향이 있다. 즉, 기성 종교도 사회와 마찬가지로 물질주의, 물량주의, 업적주의, 경쟁주의, 개인주의, 성공주의, 권위주의에 물들어 있다. 이것이 바로 이단종파에 빠지는 사람들이 기성 종교로부터 희망을 발견하지 못하는 중요한 이유가 된다. 가난한 자를 돌보지 않고, 민중의 고통과 한을 나누지 않으며, 소외된 자의 친구가 되지 못하고, 박탈감과 좌절감을 느끼는 사람에게 희망을 주지 못하고 있기 때문에, 그들은 기성 종교에서 해답을 찾지 못한다. 즉, 그들이 기성 종교를 버렸다기보다는 기성 종교가 그들을 버린 것이다.

그렇다면 이단종파의 출현을 돕는 것은 '병든 사회'와 '병든 종교'라고 할 수 있다. 사회가 변하지 않는 한, 기성 종교나 특히 교회가 (경제적, 육체적, 정신적 그리고 영적으로) 병든 사람을 돌보지 않는 한, 이단종파는 우리 사회에서 사라지지 않을 것이다.

이단과 사이비는
어떻게 다른가

'이단'이란 말과 함께 자주 쓰이는 것은 '사이비'(似而非)라는 용어다. 종교계에서 이단이라고 부르는 집단을, 사회에서는 흔히 '사이비 종교'(pseudo religion)라고 부른다. 왜냐하면 이단이란 용어는 전통 종교 입장에서 정통 신앙에 위배되는 경우에 사용되지만, 사회적으로는 특정 종교의 교리에는 관심이 없고, 그것이 사회에 끼치는 역기능 혹은 그것의 반사회적 성향에 초점을 맞추기 때문이다. 물론 모든 이단은 사이비라고 할 수 있지만, 사이비는 기성 종교에서도 발견될 수 있다. 이단의 문제와 함께 또하나의 심각한 한국 교회의 문제는 사이비 신앙의 문제다.

이단의 문제가 '믿음'과 관계된 것이라면, 사이비의 문제는 '생활'과 관계된 것이다. 기독교적으로 말해서 예수를 잘못 믿는 것을 이단이라고 한다면, 그의 뜻 혹은 그의 가르침과는 반대로 살아가는 것은 사이비라고 할 수 있다. '사이비'란 사전적 의미로는 "겉으로는 비슷하나 본질은 완전히 다른 것" 혹은 "진짜처럼 보이나 실은 가짜"란 뜻을 가지고 있다. 따라서 예수를 말하면서 예수처럼 살지 않는 것, 예수를 증거하면서 예수의 가르침대로 살지 않는 것, 이것은 모두 사이비 신앙의 모습이다. 그렇다면 오늘날 한국 교회에는 사이비 신앙이 얼마나 만연하고 있는가?

예를 들어보자. 주님은 멸시, 천대를 감내하고 십자가를 지라고 하시지만, 우리는 얼마나 존귀, 영광, 면류관만을 추구하는가. 주님은 이름 없이 빛도 없이 섬기며 살라고 하시지만, 우리는 얼마나 이름을 날리고 유명해지고 섬김받기를 원하고 있는가. 주님은 낮아지라고, 마지막이 되라고 하시지만, 우리는 얼마나 높아지려고, 첫째가 되려고 하는가. 주님은 소유를 나누어주라고 하시지만, 우리는 얼마나 더 많이 소유하려고 하는가. 주님은 재물보다 하나님을 섬기라고 하시지만, 우리는 얼마나 하나님보다 재물을 더 밝히고 있는가.

주님은 원수까지도 사랑하라고 하시는데, 우리는 얼마나 우리의 이웃까지 미워하고 있는가. 주님은 하나 되라고 하시는데, 우리는 얼마나 싸우고 갈라지고 있는가. 주님은 끝없이 용서하라고 하시지만, 우리는 얼마나 남을 정죄하는 데 몰두하고 있는가. 주님은 소자 하나의 생명을 소중히 여기라고 하시지만, 우리는 얼마나 힘 있는 사람만을 귀하게 여기고 있는가. 주님은 십자가를 지고 따르라고 하시는데, 우리는 얼마나 복주머니를 짊어지고 그를 따라가고 있는가. 주님은 의롭게 살라고 하시지만, 우리는 얼마나 불의에 눈감고 이에 동조하며 살아가고 있는가.

이렇게 본다면 많은 기독교인들(평신도뿐만 아니라 목회자도 포함하여)이 정도의 차이는 있을지언정 사이비 신앙을 가지고 있다고 할 것이다. 왜냐하면 예수 그리스도를 주로 고백하면서도, 실상은 그의 말을 듣지 않고 그의 뜻을 따르지도 않기 때문이다. 그래서 한국 기독교인들은 믿음(belief)은 매우 좋지만, 삶(life)은 다른 사람과 다를 것이 없다는 평가를 받는 것이 아닐까? 예수를 믿기는 하면서도 그의 가르침대로 살지 않는 것, 이것이 바로 사이비 신앙이며 한국 기독교인(특히 개신교인)에게서 흔히 보이는 모습인 것이다.

그런데 기이한 것은 한국 교회 내에서 이단 문제에는 모두가 나서서 척결하자고 하면서도, 사이비 신앙에서 돌아와 예수의 삶을 닮고, 그의 뜻대로 살자고 하는 회개운동, 갱신운동은 찾아보기 힘들다는 사실이다. 왜 그럴까? 이단 문제는 문제를 남에게서 발견하는 것이고, 사이비 신앙 문제는 문제를 나 자신에게서 발견해야 하는 것이기 때문이다. 남의 눈에 있는 티는 보기 쉬워도 자신의 눈에 있는 들보는 깨닫기 어렵기 때문이다. 물론 이단 사설은 추방되어야 한다. 그러나 동시에 사이비 신앙도 사라져야 한다. 참 그리스도인, 그는 예수를 주님으로 믿을 뿐만 아니라, 예수를 닮고 예수의 외롭고 힘든 길을 따라가는 사람이다. 이런 의미에서 오늘날 우리에게 절실히 요구되고 있는 것은 예수 믿음뿐만 아니라 예수 실천인 것이다.

6
성탄절,
더 이상 축제가 아니다

젊은이들의 절기

1월	2월	3월
다이어리 데이(14) 핫 데이(19)	밸런타인 데이(14)	삼겹살 데이(3) 삼치 데이(7) 화이트 데이(14)

4월	5월	6월
블랙 데이(14)	오이 데이(2) 로즈 데이(14)	키스 데이(14)

7월	8월	9월
추어탕 데이(5) 실버 데이(14)	그린 데이(14)	구구 데이(9) 포토 데이(14)

10월	11월	12월
와인 데이(14) 사과 데이(24)	빼빼로 데이(11) 무비 데이(14)	허그 데이(14)

*출처: 〈주간조선〉 2009년 2월 16일자.

아련한
성탄절의 추억

　　　　　　　성탄절이 다가오고 있다. 한 해를 마감하는 시점에 즐거운 축제의 성탄절이 어김없이 다시 찾아오고 있다. 그러나 요새는 왠지 과거와 같은 기대와 흥분이 사람들 사이에서 생겨나지 않는다. 이러한 감정은 기성세대만 느끼는 것이 아니라 모든 사람, 심지어는 젊은이와 어린이들까지도 어느 정도 공감하고 있는 것 같다.

　　오래전 성탄절은 감격과 환희의 날이었다. 이날은 교회에 다니는 사람이든 교회와 거리가 먼 사람이든 모든 이에게 일 년 중 가장 즐겁고 신나는 날이었다. 이날은 그야말로 모든 이에게 "즐거운 성탄절"(Merry Christmas)이었다.

　　교회에서는 한 해 가운데서 가장 커다란, 그리고 의미 있는 행사를 하는 절기가 성탄절이었다. 가장 흥분하는 건 아이들이었다. 아이들은 오래전부터 연극을 준비했다. 이 연극에서는 누가 마리아와 요셉 역을 맡느냐, 동방박사, 목자들, 천사들 그리고 헤롯왕의 역할은 누구에게 돌아가느냐가 관심사였다. 옛 유대인들의 의상을 입고 분장을 하면서 아이들은 신이 났고, 연극 대사를 외우며 그들은 한없이 진지했다. 그들의 연극을 보는 모든 교인들은 때로는 웃기도 하고, 때로는 감동을 하면서 아기 예수 탄생의 의미를 마음속으로 되새기곤 했다.

　　크리스마스트리를 장식하는 것도 커다란 즐거움이요 보람이었다. 직접 색종이, 금종이, 은종이를 오리고 붙이면서 별, 종, 방울, 지팡이, 초를 만들어 나무에 매달고 흰 솜을 붙이고 화려한 오색등을 장식하고 성탄을 축하하는 글귀를 오려 붙였다. 아이들, 청년 모두가 오래전부터 성가 연습을 하며 성탄절의 특별찬양을 준비했다.

성탄 전야제에는 산타클로스가 등장하여 아이들에게 여러 가지 선물을 나누어주었다. 아이들은 성탄 전날 양말을 머리맡에 매달아 놓았다. 밤새 산타할아버지가 와서 선물을 주고 갈 것이라는 꿈에 부풀어 단잠을 잤으며, 성탄절 아침에는 머리맡에 놓인 선물을 보며 감격했다.

성탄절 새벽에는 성가대가 집집마다 돌며 새벽송을 부르고 메리 크리스마스를 외쳤다. 성가대의 방문을 받은 교우들은 대문을 활짝 열고 이들을 반갑게 맞아들였다. 성탄절 아침에는 온 교우들이 교회에 모여 "기쁘다 구주 오셨네"를 힘차게 찬송 부르며 주의 오심을 축하한다. 특히 오랫동안 준비해 온 성가대의 성탄 찬양을 들으면서 은혜를 맛보게 된다. 그뿐만 아니라 성탄절 즈음에는 교인들이 교회에 함께 모여 여러 가지 선물을 마련해서 정성스럽게 포장한 다음 군부대와 고아원, 양로원으로 보낸다.

이렇게 성탄절은 교인들에게 환희와 축제, 감격과 희망의 날이요 절기였다. 성탄절 무렵에 흰 눈이 펑펑 쏟아진다면 그것은 금상첨화(錦上添花)였다.

그러나 성탄절을 기다리는 것은 교인들만이 아니었다. 구세군의 자선냄비 종소리와 함께 시작되는 절기의 축제는 기독교인들만의 것은 아니었다. 모든 이에게 성탄절은 즐거운 날이었다. 거리마다 징글벨 소리가 울려 퍼지고 팻 분의 화이트 크리스마스(White Christmas) 노래가 흘러나왔다. 가게마다 화려한 성탄장식으로 치장했다. 카드 가게와 선물 가게는 대목을 맞았다.

교회에 나가지 않는 사람들 사이에서도 성탄절은 서로 선물과 카드를 교환하는 거의 유일한 날이었다. 이때 카드에서 흔히 볼 수 있는 그림은 흰 눈으로 덮인 들판이나 거리, 초록빛 혹은 눈 덮인 소나무, 방울 달린 말이 끄는 눈썰매, 산타클로스와 사슴이 이끄는 썰매, 눈 덮인 시골 마을과 뾰족탑이 있는 교회당과 같은 것들이었다. 아니면 동방박사나 목자들의 모습이었다. 카드에 그려진 이러한 정경들은 교회를 나가지 않는 사람들에게도 정다운 것들이었다.

하지만 교회에 나가지 않는 사람들에게 성탄절은 또 다른 특별한 의미가 있었다. 제야(除夜)의 경우를 제외하고는 유일하게 통행금지가 해제되는 날이 바로 성탄절 전야였기 때문이다. 특히 젊은이들은 밤을 새며(이른바 '올 나이트all night') 파티를 하고 즐길 수 있는 절호의 기회가 바로 성탄절 전날 밤이었던 것이다. 굳이 파티를 하지 않더라도 모처럼 통금에서 벗어나 밤새워 거리를 쏘다니며 소위 스트레스를 풀던 밤이 바로 그날이었다. 성탄 전야에서 성탄절 새벽까지 명동거리를, 종로거리를 메우던 수많은 젊은 인파가 기억날 것이다.

본의 아니게 성탄절은 교회와 관계없는 사람들에게도 신나는 축제의 날이었다. 선물과 카드를 주고받으며 연인 사이에서는 애정을,

친구 사이에서는 우정을, 가족과 친지 사이에서는 관심과 호감을 표시할 수 있는 공인된 날이었다.

　이와 같이 성탄절은 기독교인들에게는 그 나름대로, 그리고 비기독교인들에게는 또 다른 의미로 일 년 중 가장 행복하고 즐거운 명절이요 축제의 날이었다.

세상의 화려함 속에 사라진 감격

　　　　　　　그런데 성탄절의 모습이 달라지고 있다. 성탄절에만 볼 수 있던 일들이 이제는 일상화되었고, 성탄절의 의미는 특별한 감흥을 불러일으키지도 못하고 있다. 거의 유일하게 선물이나 카드를 주고받는 성탄절의 의미가 사람들에게서 사라져 가고 있다. 이제 사람들은 수시로 선물과 카드를 주고받는다. 선물과 카드를 주고받는 기회는 생일, 밸런타인데이(Valentine's Day: 여자가 남자에게 선물을 주는 날), 화이트데이(White Day: 남자가 여자에게 선물을 주는 날), 설날, 추석, 입학, 졸업, 취업 등 때를 가리지 않을 정도로 흔해졌다.

　카드의 종류도 이제는 생일카드, 입학 축하 · 졸업 축하 · 결혼 축하 카드, 건강 기원 · 행복 기원 카드, 사랑의 표시와 고백을 나타내는 카드 등 수많은 경우를 위해 마련되어 있고, 카드의 전시와 판매는 일 년 내내 이루어지고 있다. 그리고 동양화풍의 산수화, 풍경화,

정물화가 인기를 끌고, 동양적인 꽃, 나무, 동물들의 그림, 그리고 글씨가 환영을 받게 되었다. 심지어는 영화의 장면이나 유명한 연예인의 모습이 카드에 그려지고 있다. 성탄절과 관계된 카드 가운데서도 토착화된 한국식 풍경이나 인물들이 등장하고 있다. 게다가 이제는 음악과 시를 곁들인 전자 카드를 인터넷으로 주고받는 것이 일상이 되었다.

거리에는, 그리고 건물들(특히, 유흥, 오락 및 요식업소들)에는 성탄절이 아니라 일 년 내내 호화찬란한 네온사인 장식들로 빛나고 있다. 이러한 화려한 불빛은 사시사철 밤을 밝히고 있다. 그러므로 특별히 성탄절에만 거리가 화려해지는 것은 아니다. 성탄의 절기를 맞아서도 교회보다는 일반 업소들이 더 치장하는 경향이 있다. 성탄절의 거리의 화려함은 이제 오색등으로 거리가 수놓아지는 초파일(석가탄신일)만도 못하게 되었다.

이제는 성탄절 전야의 통금해제도 의미가 없어졌다. 통금 자체가 사라져 버렸기 때문이다. 젊은이들은 언제라도 마음만 먹으면 모여서 밤새껏 미팅도, 파티도 할 수 있다. 따라서 모처럼 함께 모여 밤새워 즐거운 시간을 갖기 위해 성탄절 전야를 특별히 기다릴 필요가 없다.

요즈음의 아이들은 산타클로스의 존재를 믿지 않는다. 그는 가짜이며 새벽에 머리맡에 놓은 선물도 그가 실제로 주는 것은 아니라는 사실도 빤히 알고 있다. "탄일종이 땡땡땡…"이란 노래를 부르기도 쑥스럽다. 왜냐하면 이제는 종소리 울리는 교회도 없고, "그 깊고 깊은 산골 오막살이"라는 것을 찾기도 어렵게 되었기 때문이다. 도심에 사는 아이들은 푸른 소나무를 보기 힘들게 되었고, 심지어는 소나무가 어떻게 생겼는지도 잘 모른다. 눈썰매라는 것도 겨울에 용인의 에버랜드에나 가봐야 이해할 수 있을 뿐이다.

이제는 새벽송도 사라졌다. 복잡한 도시 공간에서 새벽의 합창은 소음일 뿐이다. 아파트 단지에 몰려가 새벽에 합창을 했다간 동네 사람들에게 수면방해로 고발당하기 십상이다. 성탄절 크리스마스 트리 장식도 이제는 신이 안 난다. 전에는 색종이, 금종이, 은종이를 사다가 일일이 그리고 오리고 붙이고 매달곤 했다. 이제는 가짜 나무에 걸 장식들은 정교하고 화려하고 다양하게 제품화되어 있어서 그것들을 사다가 걸기만 하면 된다. 편리해지기는 했지만 정성이 없는 성탄장식이 되고 말았다. 어찌 된 것인지 요새는 성탄절 무렵에 눈이 오는 일도 별로 없어 흥이 더욱 안 난다.

교회의 성탄절 행사도 점점 간소화되고 있다. 성탄절 전야에 간단한 교회학교 프로그램, 성탄절 아침예배, 특별히 마련된 성가합창 프로그램 등이 고작이다. 성탄절 행사에서 느끼는 감동도 시들고 있다. 이렇게 교회의 안과 밖에서 오늘의 성탄절은 무미건조해지고 있다. 죽어 가고 있는 것이다. 성탄절의 환희와 영광, 즐거움과 감격이 사라져 가고 있는 것이다.

상업주의 속에
흐려진 성탄절

왜 성탄절은 이와 같이 죽어 가고 있는가? 여러 가지 사회적, 교회적 이유가 있을 것이다.

먼저 사회적 이유에 대하여 생각해 보자.

첫째, 지나친 상업주의가 성탄절의 의미를 약화시킨다. 성탄절을 상업적 대목이라고 생각하는 사람들에 의해 성탄절의 의미는 점차 상품화되어 가고 있다. 예수 그리스도의 탄생이 인류에게 주는 의미, 그의 탄생이 오늘날 우리 사회에 주는 의미, 근본적으로는 성육신 사건이 지니고 있는 신앙적 의미, 거룩한 종교적 명절로서 성탄절이 지니고 있는 신학적 의미를 밝히고 알리려는 의도는 사회적으로 점점 퇴색되어 가고 있다. 성탄절은 이제 대중들에게는 하나의 오락적인 축제의 날로 인식될 뿐이다. 가게나 백화점은 대목을 기대하는 날로 성탄절을 생각하고 있다. 사람들을 현혹하는 현란한 장식과 요란한 선전으로 한몫 잡을 것만 생각한다. 백화점을 위시한 상점들이 세일(sale)을 실시하는 좋은 구실이 되는 날로 성탄절을 생각하고 있다. TV 방송은 성탄절 행사를 쇼와 같은 대중적인 오락성 프로그램 중심으로 진행한다. 인기 연예인들이 동원되어 대중적이고 유흥적인 분위기, 그저 신나게 즐길 수 있는 분위기만을 조장한다. 이렇게 본말(本末)이 전도된 사회 풍조 속에서 성탄절의 본래 정신은 흐려지고, 그날은 종교적 축제일이 아니라 이제는 단지 세속적 휴일에 불과하다는 인식마저 생겨나고 있는 것이다.

둘째, 성탄절의 의미가 약화되고 성탄절의 감격이 사라져 가는 이유는 놀이문화의 확산이라고 할 수 있다. 여가산업, 유흥산업의 발달은 놀이문화를 광범위하게 확산시켰다. 이제는 다양한, 기발한, 신나는, 즐거운 놀이를 일 년 열두 달, 언제 어디서나 즐길 수 있게 되었다. 급속히 발달된 여가산업은 수많은 휴양지와 놀이 공간을 만들어 냈고, 갖가지 휴식·오락·여흥을 위한 수단들을 개발했다. 이제는 성탄절이 휴식이나 휴양을 위해 특별히 의미 있는 절기는 아닌 것이다. 오히려 성탄절 휴가에는 다른 휴일과 마찬가지로 집에서 TV를 즐기거나 극장가를 찾거나, 혹은 국내나 해외로 여행을 떠나게 하는 의미를 줄 뿐이다.

셋째, 성탄절의 의미가 퇴색되어 가는 다른 이유는 세속화, 혹은 신비감의 상실이라는 시대적 변화상황 때문이다. 동방박사라든가 들판의 목자, 밤하늘의 별에 대한 신비감이 사라지고 있다. 사슴이 끄는 썰매를 타고 날아다니는 산타클로스도 눈 덮인 시골 풍경도 별로 감흥을 일으키지 못한다. 동화가 사라져 가고 있는 세대이다. 아이들은 오히려 전자오락이나 컴퓨터 게임을 더 즐긴다. 오늘날의 세상에서는 성(聖), 초자연, 초월, 신비라는 의미나 개념은 버려지고 있다.[40] 소위 초자연의 상실이라는 현대 상황은 성탄절이 지니고 있는 거룩하고 신비스러운 경외감을 느끼지 못하게 만들고 있는 것이다.

넷째, 경제적 생활수준의 향상이 성탄절의 의미를 약화시키고 있다. 가난하고 배고팠던 시절, 정치적으로 억압되고 찌들었던 시절, 하나의 희망과 용기를, 삶의 환희와 의미를 줄 수 있는 날이 흔치 않았던 시절에 성탄절은 중요한 날이었다. 평화와 사랑, 정의와 자유의 메시지가 퍼져나갈 수 있는 날이 성탄절이었다. 예수가 가난한 목수의 아들로 궁색하게 마구간에서 태어난 것에 많은 공감을 할 수 있었던 날이 성탄절이었다. 그러나 이제는 그러한 가난의 모습은 궁상맞아 보인다. 잘 먹고 잘살게 되면서 화려함, 배부름, 거대함의 가치를 더욱 소중히 여기게 되었다. 사람들은 풍요를 누리면서 마구간의 초라함을 회피하게 된 것이다.

다섯째, 급격한 도시화의 결과도 성탄절의 의미를 약화시켜 왔다고 할 수 있다. 성탄절의 분위기는 아무래도 농촌적이고 전원적이며 자연적이다. 그야말로 고요하고 거룩한 밤이 성탄절의 정서다. 그러나 도시생활은 시끄럽고 복잡하고 화려하다. 사람들의 삶은 바쁘고 급하고 여유가 없다. 차분하게 성탄절의 의미를 되새기고 경건하게 그 절기를 맞을 경황이 없고, 그렇게 할 정신적 여유도 없으며, 그러한 분위기도 조성되기 힘들다.

그러나 이러한 상황적 변화는 사실상 부차적인 문제이다. 성탄절을 기껏해야 먹고 마시고 놀고, 선물 주고받고 즐기는 명절 정도로 생각하는 세속적인 분위기가, 놀이문화의 발달이나 경제수준의 향상 등으로 약화되는 것은 오히려 다행스러운 일이라고 할 수도 있다. 정작 문제는 성탄절의 의미가 교회 안에서조차 퇴색하고 있다는 데 있다.

교회에서도
죽어 가는 성탄절

　　　　　　　왜 교회에서조차 성탄절이 죽어 가고 있
는가? 여러 가지 이유가 있을 것이다.

　첫째, 오늘날 교회에는 너무도 많은, 다양한 행사가 있고, 성탄절
은 단지 그 가운데 하나일 뿐이다. 과거에는 교회의 일 년 행사(그나
마도 몇 안 되는) 가운데 최고는 성탄절 행사였다. 이제는 송구영신,
부활절, 감사절, 성탄절 이외에도 창립주일, 부흥회, 야유회, 수련회,
체육대회, 바자회, 세미나, 총동원주일 등 수많은 교회 행사들이 있
다. 그리하여 교회의 관심은 분산되고, 성탄절과 같은 절기는 타성에
젖어 형식적으로 치러지게 되었다. 오히려 교회는 실속 있는 행사에
더 치중하는 모습을 보여주고 있다.

　둘째, 교인들의 참여도가 낮아지고 있다. 그들은 바쁘고 힘들고
지치는 사회생활을 하면서 성탄절 행사의 준비와 참여에 점점 소극
적이 되어 가고 있다. 또한 평상시 교회 밖의 놀이문화, 여가문화에
깊이 젖어 있어서 교회의 웬만한 성탄절 행사에서는 감동을 받지
않는다. 그것은 단지 구태의연한 프로그램의 반복일 뿐이다. 새롭게
변하는 사회 상황을 전혀 고려하지 않은, 매해 똑같은 행사만이 되풀
이되면서 교인들은 은혜를 받지 못하고 있다.

　셋째, 오늘날 교회에서 결여되어 있는, 성탄절에 대한 올바른 신
앙적·신학적 해석의 문제가 있다. 요즈음 한국 교회의 문제점 가운
데 하나는 지나치게 성령만을 강조하고 있다는 점이다.[41] 삼위일체

하나님 가운데 성령에만 의지하다 보니 아버지 하나님, 아들 하나님에 대한 깊은 이해와 신앙에 결함이 생겨나고 있는 것이다.

성탄절의 참된 의미를 회복하기 위해서는 무엇보다 교회 안에서부터 성탄절 회복운동이 일어나야 한다. 우선 교회는 성탄절을 맞아 형식적인 행사 위주보다 그 의미(신학적, 신앙적, 실천적)를 바로 이해할 수 있도록 훈련과 교육을 해야 한다. 일 년 중 가장 중요한 절기로 교회에서 지켜야 한다. 요즈음 많은 교회들이 성탄절보다는 교회 창립기념일을 더욱 화려하고 거창하게 지키는 경향이 있다. 예수님의 생일잔치보다 교회의 생일잔치를 더 '화끈'하게 치러서야 말이 되겠는가. 성탄절은 전 교인의 축제요, 잔치여야 한다. 아동부만의 행사, 성가대만의 행사가 아니라 모든 교인이, 모든 가족이 총동원되는 기쁘고 즐거운 날이 되어야 한다.

성탄절은 또한 교인들만의 잔치가 아니라 모든 이의 잔치가 되어야 한다. 요즈음 고아원, 양로원, 장애인 수용시설 등은 매우 썰렁하다. 성탄절은 무엇보다 불우한 이웃에 대한 사랑과 책임성을 재확인하는 절기가 되어야 한다. 지역사회의 사람들을 초청하여 함께 축하하는 잔치가 되어야 한다. 그 절기는 받는 것이 아니라 나누어주는 절기임을 실천으로 보여주어야 한다. 그러나 일회적인 전시용 행사가 아니라 이웃 사랑 실천에 대한 새로운 각오와 결단, 그리고 노력이 지속될 수 있는 계기로 삼아야 한다.

상업화되고 세속화되는 사회적 경향 가운데서 성탄절은 사회 속에서 그 의미가 퇴색하고 있다. 무관심과 형식주의 가운데 성탄절은 교회 안에서도 그 중요성이 약화되고 있다. 그러나 성탄절은 교회의 존재 근거라고 할 수 있다. 하나님이 인간 세계에 오신 날, 그리하여 교회의 머리되시는 예수님이 인류의 구원과 해방을 위해 세상에 오신 날, 그날은 평화와 자유의 날이다. 이 기쁜 소식이 널리 퍼져나갈 수 있는, 그리고 이 소식에 감격하는 모든 이에 의해 신나는 한마당 잔치가 열릴 수 있는 성탄절이 다시 한 번 찾아오면 좋겠다.

기독교,
한국 사회 발전에 기여했다

개신교의 사회 발전 기여도

기여 내용

1. 한국 사회에 이로운 활동을 했다.
2. 독립운동(민족운동)에 기여했다.
3. 인권확립에 기여했다.
4. 시민운동에 기여했다.
5. 자선사업 부문에 기여했다.
6. 의료사업에 기여했다.
7. 교육/육영사업에 기여했다.
8. 가정윤리 확립에 기여했다.

(단위: 백분율)

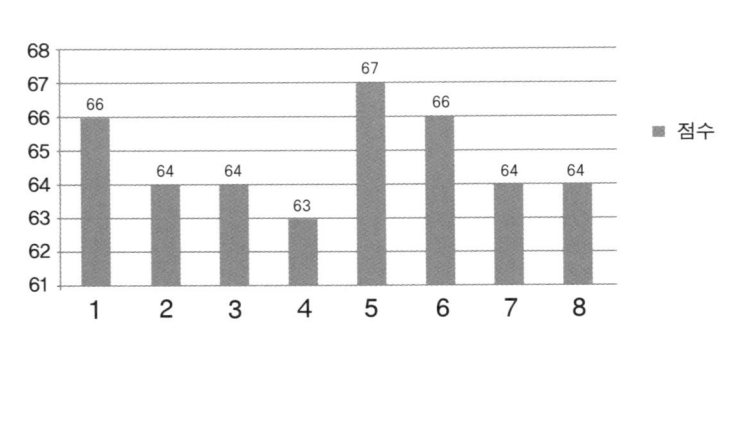

*출처: 한신대 학술원 신학연구소, 《한국 개신교와 한국 근현대의 사회문화적 변동》(한울, 2003).

한국 기독교의
사회적 기능

　　　　　　　　　종교가 수행할 수 있는 사회적 기능은 크게 두 가지로 구분된다. 하나는 사회의 질서와 안정에 기여하는 사회 통합(social integration)의 기능이다. 종교는 현존하는 사회적 가치와 규범을 정당화함으로 사회 구성원들을 결속시킬 수 있다. 이것은 체제 유지를 돕는 경향이 있기 때문에 보수적인 종교 기능이라 할 수 있다. 이 기능은 사회적 수준에서 화해와 중재를 통해 공동체의 결속을 이루어낸다는 점에서 사제적 기능(priestly function)이라고도 불린다. 종교가 수행하는 또 하나의 사회적 기능은 사회 변동(social change) 혹은 사회 변형의 기능이다. 이것은 사회를 변혁하는 혹은 비판하는 역할을 수행함으로 사회의 구조나 제도를 변화시키는 기능이다. 특히 사회적 부정과 모순의 현실을 바꾸려는 시도를 하기 때문에 예언자적 기능(prophetic function)이라고도 불린다.

　　이러한 사회적 기능을 가장 잘 수행해 온 종교가 바로 기독교다. 이것은 한국의 상황에도 그대로 적용된다. 예를 들어 복음이 들어온 처음 몇 십년간 기독교(이제부터 쓰는 '기독교'는 '개신교'를 지칭한다)는 한국 사회의 근대화나 개화에, 그리고 사회 발전에 커다란 공헌을 했다. 한국 기독교는 문맹퇴치운동, 계몽운동에 앞장섰고, 의료·교육·복지 문제에서도 그 개선과 향상에 중요하게 기여했다.[42] 기독교는 또한 농민운동, 여성해방운동, 절제운동, 물산장려운동을 주도하기도 했다. 개인의 존엄성, 인간의 권리와 자유, 평등과 정의와 같은 근대화 가치를 제공하여 계층 갈등, 성 갈등, 세대 갈등의 문제 해결에도 공헌했다. 나아가서 기독교는 민족의식을 고취시키고 독립운동을 전개하여 이 민족에 사회의식과 역사의식을 일깨워 주기도 했다. 이렇게 한국 기독교는 선교 초기에 사회를 통합시키고 변형시키는 사회적 기능을 적절히 수행했다.

그러나 일제 치하 36년은 한국 기독교의 암흑기라고 할 수 있다. 일제의 탄압이 심해지면서 한국 기독교는 사회적 기능을 더 이상 제대로 수행할 수 없게 되었다. 그뿐만 아니라 한국 기독교가 점차 종말 지향적, 말세 지향적, 내세 지향적 성격을 띠면서 교회는 일종의 도피처나 안식처로 바뀌었고, 신비주의에 빠져들었다.[43] 심한 좌절의식, 무력감, 패배의식은 한국 기독교를 탈사회적이고 몰역사적인 종교로 만들어 버렸다.

1945년 해방을 맞으며 가장 기뻐한 것은 기독교인들이었다. 독립운동, 민족운동, 사회운동에 가장 앞장섰던 관계로 일제로부터 가장 탄압을 받았기 때문에, 기독교인들은 해방을 가장 감격스럽게 받아들였다. 해방 후 남한 단독정부가 수립되자 많은 정치 지도자들이 기독교인으로 충원되었다. 그러나 집권층이 기독교를 비호했던 것에 발맞추어 기독교는 부패한 독재 정권을 옹호했다. 이에 따라 점차 한국 기독교는 반민주적이고 반민족적이라는 비판을 받기 시작했다. 게다가 해방 후 교회는 신앙 문제로, 지역 갈등과 주도권 문제로 심한 분열을 일으키며 사회적 공신력을 잃어버렸다. 한국 기독교는 이념 문제, 민족 문제 등으로 심하게 갈등을 일으키던 한국 사회를 하나로 응집시키는 힘이 되지 못했고, 6·25 전쟁으로 초토화된 국가와 사회를 재건하는 변형의 원동력도 되지 못했다.

한국 기독교가 다시 사회 발전에 기여하기 시작한 것은 1960년 대 이후부터였다. 본격적인 근대화·산업화 과정이 이루어지면서 한국 사회는 두 가지 중요한 사회적 과제를 안게 되었다. 하나는 정치 적 민주화의 문제이고, 다른 하나는 경제 발전의 문제였다. 한국 기 독교가 이러한 문제에 관심을 갖고 그 해결에 크게 기여할 수 있었던 것은 몇 가지 신학적 발전과 그 실천적 운동에 힘입은 바 크다. 예를 들면 복음은 개인 영혼 구원뿐만 아니라 사회 정의를 수립하는 것이 어야 한다는 사회 복음(Social Gospel)에 대한 관심, 오늘날의 선교 는 신앙의 부흥운동뿐만 아니라 세계에 자유와 평등, 사랑과 평화, 그리고 정의가 실현되도록 함으로 세상에서 하나님의 나라를 이루 어 가는 것이 되어야 한다는 '하나님의 선교'(Missio Dei) 이해, 그리 고 불평등한 권력과 경제체제 아래서 착취와 억압으로 고통당하는 사람들을 해방시켜야 한다고 주장하는 급진신학, 행동신학이 한국 기독교가 정치적 민주화와 경제적 평등화에 기여할 수 있는 중요한 이념적 토대가 되었다.

정치 발전과
한국 기독교

1960년대 이후 한국의 정치 상황은 민

주주의와는 거리가 멀었다. 쿠데타로 정권을 장악한 군사정부가 출현하면서 한국 사회는 경제성장과 안보라는 명분 아래 정치권력이 집중화, 절대화, 장기화되어 갔다. 특히 유신체제에서 의회 민주주의, 언론·집회·결사의 자유와 인간의 기본권 등이 보다 근본적인 정치적 이념과 여건 속에서 유보되었고, 이에 저항하는 세력에게 물리적인 억압이 가중되면서 정치적 불안과 공포, 긴장과 갈등의 상황이 심화되었다.

1960년대, 자체 역량을 재정비한 한국 기독교에는 두 가지 흐름이 형성되기 시작했다. 하나는 보수 성향을 가진 다수의 교회들에 의해 사회 통합의 역할이 수행된 것이었다. 이들은 국가 재건과 경제성장을 주도한 군사정권의 정치적·경제적 노선을 지지했다. 이들은 사회 통합을 지향하는 도덕적 근거가 되었고, 결과적으로 국가 재건, 민족 화합, 사회 안정을 뒷받침하는 작용을 했다. 개인에게는 심리적 만족과 복지감을 제공하는 역할을 함으로써 사회 발전에 기여하기도 했다. 그러나 이 흐름은 체제 유지와 안정에 집착하여 군사정권의 독재에 대하여 암묵적으로 동조함으로 정치적 민주화에 오히려 걸림돌이 되었다.

기독교 내에서 생겨난 또 하나의 흐름은 정치적인 비판 세력의 태동이었다. 기독교의 일부 진보 세력은 비민주적인 정치 상황에 대하여 비판하고 도전하기 시작했다.[44] 그들은 장기집권의 독재체제에 근거를 마련해 준 3선 개헌과 유신헌법 제정에 반대했다. 1970년대 이후에는 유신체제에 저항했다. 노골적인 정치적 탄압에도 불구하고 이들은 여러 민주화 세력과 연대하여 민주주의를 확립하기 위한 운동을 폭넓게 전개했다.

1980년 광주민주화운동을 무력으로 제압한 신군부 세력은 유신 체제의 정치적 성향을 이어 받아 권위주의적인 독재정권을 재창출 했다. 기독교 내에서 다수를 차지하고 있는 보수집단은 개인에게 심리적 안정과 마음의 평화, 위안과 희망을 주는 치유적인 기능을 수행하기도 했지만, 여전히 민주화 운동에 역행하는 체제의 수호자 역할을 했다. 따라서 1980년대 이후의 정치적 민주화에 주도적인 역할을 한 것은 기독교 내의 진보 집단이었다. 개헌과 인권 문제가 그 시기에 주요 정치 문제로 등장함에 따라 그들은 1987년 민주화와 개헌을 위한 6월 민주항쟁을 주도하는 하나의 중심적인 세력이 되었 다. 이를 위해 성명서 발표, 기도회, 집회, 시위 등의 모든 방법이 동원되었다. 따라서 직선제 개헌을 통한 정치적 민주화에 끼친 이들 의 공헌은 매우 크다고 할 수 있다.

1990년대 이후 문민정부, 국민의 정부, 참여정부로 이어지면서 정치적 민주화가 상당히 진척되었고, 이에 따라 기독교의 정치적 투쟁의 의미는 약화되었다. 그러나 감시와 견제의 기능은 계속되어 야 하리라고 본다. 오늘날 한국 기독교는, 여전히 변하지 않고 있는 관주도형 정부 정책, 국민에게 희망을 주지 못하는 정치 구조, 보스 중심의 비민주적 정당 체제에 대한 비판 세력으로 활동해야 하는 정치적 과제를 여전히 가지고 있다고 하겠다.

경제 발전과
한국 기독교

　　　　　　　　이번에는 경제 발전에 끼친 한국 기독교
의 영향에 대하여 생각해 보자. 경제 발전은 두 개의 축으로 이루어져
있다. 하나는 성장이고 다른 하나는 분배다.

　먼저 성장의 문제에 대하여 알아본다. 한국 경제는 1960년대 이
후 눈부시게 발전해 왔다. 비록 박정희 군사정권이 정치적으로는
비민주적 독재의 전형을 보여주었지만, 경제 성장에 있어서는 크게
기여했다. 새마을운동의 확산이나 경제개발 5개년계획의 수행 등
일사불란하게 경제 성장을 위한 정책을 펴왔고, 온 국민이 이에 참여
할 수 있도록 독려했다. 국가 재건이라는 거시적 목표에 국민적 공감
대가 형성되었고, 모든 국민은 "잘살아 보자"는 일념으로 열심히 일
했다. 그 결과 기적과 같은 고속 경제 성장을 이루었고, 이것은 오늘
날 한국이 경제 대국의 대열에 합류할 수 있게 만든 밑거름이 되었다.
그리하여 1인당 국민소득이 1961년 83달러에 불과했으나 이제는
20,000달러에 이르게 되었고, 수출도 1960년 3,200만 달러였으나
지금은 4,000억 달러를 넘어섰다. 2008년 현재 경제규모는 세계 13
위로 올라섰다.

　한국의 경제 성장에도 기독교는 나름대로 중요하게 기여했다.
원래 기독교(특히 개신교)에는 경제 발전에 기여할 수 있는 윤리적
요소가 있다. 그래서 일찍이 사회학자 막스 베버(Max Weber)는 개
신교의 이 세상적 금욕주의 윤리가 서구의 근대 자본주의 발흥에

크게 공헌했다고 밝힌 바 있다.[45] 즉 개신교가 '직업은 천직으로서 하나님의 영광을 나타낼 수 있는 길'이라는 직업윤리의식을 만들어 냈다는 것이다. 개신교 윤리는 모든 직업 혹은 일을 하나님의 선물이 요 은사로 보기 때문에, 모두가 청지기로서 소명의식을 가지고 성실 하게 일하되 게으름과 태만을 배격하며 근검절약의 생활을 해야 한 다고 가르쳤다. 그 결과 부가 축적되었다. 이렇게 축적된 부가 사회 로 환원되었고, 그것이 자본이 되어 근대 자본주의가 태동할 수 있었 다는 것이다. 나아가 이렇게 형성된 모든 이윤은 직업에서의 성공 징표로써, 소명의 충실한 실천에 대해 하나님이 부여하시는 은총으 로 이해하였다.

1960년대 한국의 경제 성장 원동력은 바로 일에 있어서 근면과 성실, 그리고 생활에 있어서 검소와 절제의 정신이었다. 바로 이러한 가치와 태도는 기독교적인 직업윤리와 상통하는 것이다. 사실상 한 국 교회는 경제 성장의 가치에 대하여 윤리적인 의미를 부여해 왔다. 특히 보수적인 성향의 기독교는 경제적으로 잘사는 것을 하나님의 축복으로 가르쳤고, 이것을 이루기 위하여 열심히 믿을 뿐만 아니라 열심히 일하고 절제하는 삶을 살도록 권장했던 것이다. "하면 된다" 고 하는 '적극적 사고방식'(positive thinking)을 경제적 성취의 중요 한 방편으로 강조하면서 교인들에게 적극적인 경제활동의 동기를 부여했다.[46] 더욱이 경제 성장 제일주의를 표방했던 국가적 목표에 대한 강력한 후원자로서 기독교는 교인들에게 경제 성장의 주역이 될 것을 은연중에 일깨워 주었다. 이러한 기독교 경제윤리 덕분에 한국 기독교인은 다른 종교인들보다 경제적 성취에 있어 성공적일 수 있었다. 한국 기독교는 사회경제적 지위가 상대적으로 높은 중산층의 종교가 되었다. 실제로 기독교인은 타 종교인이나 무종교인보다 높은 사회경제적 지위를 누리고 있다.[47]

물론 한국 사회에 경제 성장의 부작용도 크게 작용했다. 가장 심각한 것은 나라 전체, 국민 전체가 경제 성장만을 최고의 가치로 삼아 이를 위해 달려가면서 어느덧 우리 사회에는 정신 가치, 도덕 가치는 도외시되고 물질 가치, 금전 가치만이 주요한 사회적 가치와 규범이 되었다는 사실이다. 결과적으로 천민적 물욕주의, 배금주의, 물질만능주의 풍조가 만연하고 있다. 불행하게도 이러한 풍조는 한국 교회를 크게 오염시켜 한국 기독교마저도 맘모니즘(Mammonism, 물신주의)에 빠져들게 되었다.[48]

이번에는 경제 발전의 또 다른 축으로 분배의 문제에 대하여 살펴보자. 지금까지 한국 경제가 성장이라는 측면에서는 성공한 것이 사실이지만, 분배라는 측면에서는 실패했다. 1960년대 이후 국가가 선 성장 후 분배 정책을 채택해 왔으나, 성장이 이루어진 후에도 그 열매는 골고루 돌아가지 못했다. 우리나라가 외형적으로는 '기적적인 고도성장'을 이루어냈지만, 관주도형 수출 중심의 경제 성장 정책은 저임금, 저곡가 정책을 기조로 한 노동집약적 수출산업을 택하게 했다. 이에 따라 농촌의 낙후와 이농, 도시빈민의 증가, 열악한 노동조건에 따른 양극화의 심화, 엄청난 외채의 누적, 해외 의존도의 심화 등 어려운 문제들에 봉착했다. 노동자 문제, 도시빈민 문제, 농민 문제가 심화되었는데, 그 문제들의 핵심은 경제적 불평등이었다.

한국 기독교의 진보세력은 1960년대부터 경제적 불평등의 문제에 주목했다. 그들은 노동자, 농민, 도시빈민과 같은 소위 민중계층의 편에 서서 그들을 위해 투쟁했다.[49] 그리하여 도시산업선교회, 기독교농민회, 민중교회 등을 통하여 노동운동, 농민운동, 도시빈민운동을 주도하는 역할을 담당했다. 사실상 경제적 모순과 부조리를 시정하기 위하여 몇 십 년간 투쟁한 사회운동의 중심 세력은 기독교 진보 집단이었다. 많은 탄압에도 굴하지 않았던 이들의 수고와 노력으로 노동자, 농민, 도시빈민의 권리와 자유의 폭이 상당히 넓어졌으며, 극단적인 경제적 불평등의 구조도 많이 개선되었다.

그러나 1990년대 이후에는 경제적 평등화의 문제를 위한 노력은 경실련이나 참여연대와 같은 시민단체들, 그리고 그 밖의 많은 NGO(비정부기구) 단체들로 그 주도권이 넘어갔다. 오늘날 한국 기독교의 경제적 불평등, 즉 분배 문제에 대한 역할은 크게 축소되었다. 그러나 포퓰리즘(populism, 대중영합주의)에 편승하여 성장보다는 분배에 초점을 맞춘 참여정부의 사회주의적 노선과 귀족화한 대기업 노동자들의 무분별한 집단 이기주의로 인해 국가경쟁력이 크게 약화되었다. 따라서 하향평준화(가난한 평등)가 이루어지고 있는 작금의 경제적 위기에 대한 기독교의 비판과 시정 노력이 새로운 시대적 과제라 할 수 있다.

해방 후, 특히 1960년대 이후 한국 기독교는 한국의 정치적 민주화와 경제발전에 기여한 바 크다. 그러나 그러한 사회 변동에 중심적 역할을 했던 것은 일부 기독교 집단의 힘이었다. 이제 한국 기독교에는 두 가지 과제가 주어지고 있다. 하나는 신앙 노선이나 이념을 초월하여 모든 교회가 하나 되어 정치적 민주화와 경제 발전을 위해 함께 매진하는 일이다. 또 하나는 자유 민주주의의 틀 안에서 정의사회, 복지사회를 건설하는 일에 기여하는 일이다. 이를 위해 우선 교회부터 권위주의를 청산해서 민주적인 신앙공동체를 만들고, 교회 내에 만연하고 있는 맘모니즘을 극복하며, 극심한 교회 간 빈부격차를 해소하는 일부터 시작해야 할 것이다.

8

민족문화,
선교적 과제다

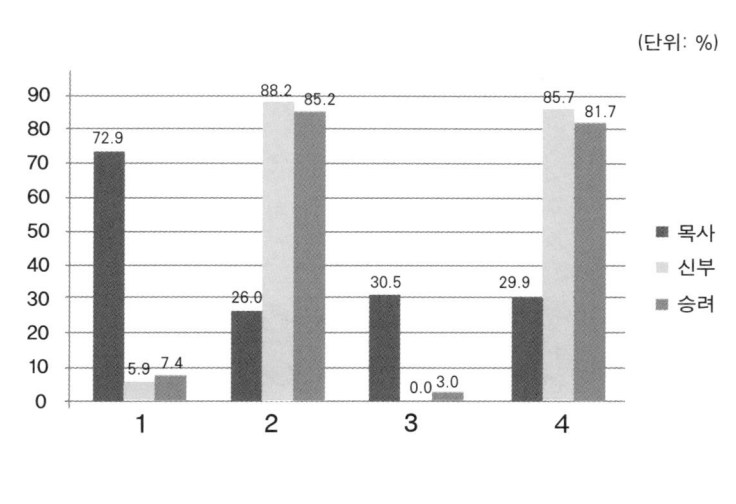

종교지도자 대상 타 종교에 대한 의식 조사

귀하가 전도 혹은 포교하려는 사람이 다른 종교를
믿고 있는 사람이라면 어떻게 하시겠습니까?

1. 개종토록 설득한다.
2. 다른 종교를 믿도록 권유하면서 자기 종교를 설명한다.
3. 타 종교는 철저히 배격해야 할 대상이다.
4. 타 종교는 "인류사회를 위해 공존해야 할 대상"이다

(단위: %)

■ 목사
■ 신부
■ 승려

*출처: 류성민, 《우리나라 종교지도자들의 의식에 대한 조사연구》(현대사회연구소, 1990).

민족문화와
선교

　　　　　　문화는 매우 광범위한 뜻을 가지고 있
다. 지식, 믿음, 예술, 도덕, 법, 관습, 규범 등을 포함하는 사회의
모든 정신적·물질적 내용들을 담고 있다. 사람들은 문화를 사회
유산으로 물려받아 그 안에서 살고 있다. 그리고 배움의 과정을 통해
문화생활을 하게 된다.

　민족문화는 한 민족이 전통적 유산으로 지켜 내려온 고유의 문화
형태를 말한다. 민족문화에는 물질적, 규범적, 인지적, 심미적 요소
가 모두 포함된다. 한국에는 고유의 전통문화라고 할 수 있는 민족문
화는 있는가? 있다면 그것은 무엇인가? 한국 사회에서의 전통적인
민족문화는 주로 종교문화라고 할 수 있다. 따라서 여기서는 주로
한국의 전통적인 종교문화에 대하여 살펴볼 것이다.

　한편 선교의 의미도 다양하다. 크게 보면 선교에 대하여 두 가지
입장이 있다.[50] 하나는 개인 영혼을 구원하기 위한 목적으로 교회가
사람들에게 복음을 전하는 전도 혹은 복음화(evangelization)이다.
다른 하나는 모든 인간, 특히 가난하고 약하고 억압당하고 고통당하
며 인간다운 삶을 살지 못하는 모든 이웃을 사랑으로 돕고, 부조리한
사회의 구조적 모순을 제거하려는 노력을 의미하는 인간화(hu-
manization)를 뜻할 수도 있다. 신학적으로 전자는 '교회의 선
교'(Missio Ecclaesiarum), 후자는 '하나님의 선교'(Missio Dei)라고
부른다. 참된 선교는 복음화와 인간화가 함께 이루어지는 총체적

혹은 통전적(holistic) 선교이어야 한다. 다만 여기서는 주제의 성격상 선교는, 주로 복음화를 의미하는 것으로 쓰일 것이다.

한국의 전통적인 민족문화로서의 종교문화는 한국 사회에 커다란 영향을 미쳐 왔고, 중요한 기능을 수행해 왔다. 예를 들어 한국의 전통적인 물질(material)문화는 대부분 불교적인 것이다. 그래서 한국의 대표적인 물질문화를 소개할 때 사찰이나 불상, 불교적 조각이나 건축 등을 내세운다. 한국의 전통적인 규범(normative)문화는 다분히 유교적인 것이었다. 전통적인 한국 사회에서는 유교적인 가치와 규범이 지배적인 영향을 미쳤다. 위계서열적인 인간관계와 사회관계가 이루어지는 권위주의, 개인보다는 집단적인 가치를 중요시하는 집합주의, 그리고 보편적 원리보다는 특수적 원리에 따라 관계가 형성되는 특수주의가 모두 유교적인 규범으로서 한국 사회에서 지배적인 가치관이 되어 왔다. 한국의 전통문화를 말할 때 빼놓을 수 없는 것이 무교(巫敎)문화다. 무교적인 문화는 한국인의 의식구조에 결정적인 영향을 미쳤다. 그러므로 민족문화와 선교의 관계에 대하여 논의할 때 우리는 한국의 전통적인 종교문화에 대한 이해로부터 출발해야 한다.

우리나라의 종교문화

한국의 가장 오랜 종교문화 전통은 무교

다. 무교는 정령신앙과 자연신앙에 뿌리를 둔 원시종교 전통이다. 주술적이고 기복적인 색채가 강하기는 하지만, 한국에서 무교는 복을 빌어주는 사제적 기능, 병을 고친다는 치유적 기능, 앞일을 예고해 주는 예언적 기능을 해왔고, 독특하게는 가무를 즐기는 오락적 기능을 해왔다.[51] 한국에서 무교문화는 한국인의 심성을 결정하는 데 중요한 작용을 했다. 예컨대 신적 존재에 대한 지나친 의존은 숙명주의적, 현실주의적, 기복적인 태도를 만들어 냈다. 비록 무교문화가 이기적인 생활태도와 탈사회적이고 몰역사적인 의식을 조장하고 윤리의식의 부재를 초래했으나, 사회적으로 보면 무교문화는 사람들에게 현실을 운명으로 보고 순응하는 태도를 배양했다.

삼국시대에 들어온 불교는 처음부터 호국적인 성격이 강했다. 그것은 한국에 들어온 불교가 개인의 수양과 구도(求道)를 목적으로 하는 소승불교(Hinayana Buddhism)가 아니라 중생을 널리 구한다는 대승불교(Mahayana Buddhism)였기 때문이기도 했으나, 또한 삼국시대와 고려시대에 불교가 국교로 됨으로 국가 질서와 사회생활의 정신적인 밑거름이 되었기 때문이다. 불교가 조선시대에 와서 공식적으로 배척을 받았으나, 여전히 민간인들에게는 중요한 신앙으로 남아 있었다. 불교문화는 사회적으로는 현존하는 질서를 유지하도록 하는 보수적인 역할을 수행했고, 서민들에게는 마음의 평화와 안정을 가져다주는 심리적인 기능을 수행했다.

유교는 원래 주로 철학적이고 학문적인 사상체계로 받아들여졌지만, 조선시대에 들어와서는 국교로 채택됨으로 사회생활 전반에 결정적인 영향을 미치게 되었다. 삼강오륜 등에서 보이듯이 사회관계, 인간관계의 원리는 철저하게 전통주의적이고 권위주의적인 것이었다. 유교문화는 사회적으로 보면 전통적인 사회질서를 정당화하고 전통적 규범과 가치를 보존하는 작용을 했고, 사람들 가운데서는 행위와 태도를 통제하는 방식으로 도덕성을 유지하는 데 공헌을 했다.

민족문화와
기독교의 갈등

한국의 전통적인 민족문화 혹은 종교문화는 선교와 어떤 관계를 가지고 있는가? 이 문제를 알아보기 위해서는 기독교와 한국 전통문화와의 관계에 대한 이해가 필요하다. 이만열은 서구 사회로부터 들어온 기독교가 한국 전통문화와 접촉하면서 생겨난 세 가지 모형을 제시하고 있다.[52] 그는 문화를 물질문화, 행동문화, 정신문화로 구분하면서, 한국 문화와 기독교가 접촉하면서 생겨난 반응을 적응형, 충돌형, 몰입형으로 구분하여 설명한다. 한국 문화와의 접촉에서, 기독교와 함께 들어온 물질문화는 '적응'하였고, 행동문화는 '충돌'하였으며, 정신문화(기독교의 가치관)는 도리어 한국 문화에 '몰입'되어 갔다는 것이다. 한국 문화의 측면에서 본다면 기독교의 물질문화는 수용하였고, 행동문화에 대해서는 반발하였으며, 정신문화에 대해서는 오히려 정복해 버렸다고 본다.

실용성과 효용성을 특징으로 하는 서양의 의술, 교육, 기술 등 기독교 물질문화는 마찰 없이 한국에 이식, 정착했다.(적응형) 한국의 습관, 제도와 관련된 끽연, 음주, 제사에 반대하는 기독교 행동문화는 전통문화와 심각한 갈등을 야기했다.(충돌형) 정신문화에 있어서는 기독교가 한국 문화를 변혁했다기보다는 한국 문화와 접촉하면서 오히려 기독교적 인간관, 가치관이 한국 문화에 동화되었다.(몰입형) 이와 같이 한국의 전통적인 민족문화는 기독교와 복잡한 관계를 맺어 왔고, 따라서 민족문화와 관계된 선교 문제도 복잡한 양상을 띨 수밖에 없다.

한국의 민족문화와 선교의 관계를 바르게 정립하는 데 우선적으로 고려해야 할 문제는 문화 갈등, 특히 기독교 문화와 한국의 전통문화 혹은 민족문화와의 갈등 문제이다. 기독교가 우리나라에 들어오기 이전의 모든 종교문화를 전통문화라고 한다면, 분명히 기독교 문화는 한국의 전통문화와 심각한 갈등을 일으키고 있다.

기독교 문화는 나름대로의 우월성과 독특성을 가지고 있다. 그러나 초기 선교사들은 서구적인 것과 동일시되는 기독교 문화의 우월성을 강조한 나머지 한국 고유의, 혹은 한국 전래의 모든 문화는 미신적인 것으로, 열등한 것으로 손쉽게 매도해 버렸다. 그 결과 한국 교회는 오래전부터 한국적인 것, 전통적인 것을 천하게 여기고 거부하거나 멸시하는 경향이 나타났다. 그리고 이러한 태도를 가지고 교회의 선교적 사명을 감당하려고 했다. 이것은 전통문화를 존중하는 비기독교인들에게는 도전과 모욕으로 받아들여졌고, 이에 따라 비기독교인들은 기독교 문화에 대하여 부정적인 태도를 갖게 되었다. 그 결과 문화 충돌, 그리고 기독교인과 비기독교인 사이의 상호 적대감과 배타성이 생겨나게 되었다.[53] 특히 한국의 개신교는 배타성이 유달리 심하여 한국 사회에서 문화 갈등을 조장하고 있다.

한국 교회가 전통문화와 갈등을 빚어 온 대표적인 예는 제사의 문제다. 교회에서는 오랫동안 제사 자체를 조상숭배요 미신이라고 거부해 왔다. 제사의식(祭祀儀式)이 지니고 있는 일종의 효 사상, 그리고 그 의례를 통하여 가족, 친족이 연대감을 확인하게 되는 공동체 의식 등 긍정적인 측면은 모두 무시한 채, 제사를 반기독교적 의례라고 무조건 매도하는 것은 다수의 문화적 정서에 맞지 않는 일이라고 할 수 있다. 제사의식 자체를 부정하기보다는 그 의식을 기독교적으로 승화시키려고 하는 가톨릭의 노력은 시사하는 바가 크다.

자신의 전통문화를 열등한 것으로 보는 것은, 신앙적 태도라기보다는 사대주의 사상의 발로일 수 있다. 한국 교회의 문화적 우월감은, 무리하게 전통문화를 배격하려는 시도로 나타날 때 위험한 결과를 초래한다. 그것은 한(韓)민족으로서의 정체성을 포기하게 하며, 열려진 기독교 진리를 폐쇄적인 것으로 만들기 때문에 바람직하지 않다.

민족문화선교,
어떻게 할 것인가

　　　　　　　　그러면 한국 교회는 민족문화에 대하여 어떠한 선교적 입장을 취해야 하는가? 우선 우리가 현실적으로 받아들여야 하는 엄연한 사실이 있다. 우리나라는 종교적으로 다원화된 사회다. 즉, 기독교, 불교, 유교, 천도교, 원불교 등 다양한 종교가 공존하고 있다. 법적으로 정교분리의 원칙 아래 종교의 자유가 보장되어 있고, 이에 따라 사람들은 다양하게 원하는 종교를 택하고 있다. 종교뿐만 아니라 교파 혹은 종파도 다양하여 그야말로 종교의 전시장이라 불릴 만큼 종교적으로 다원주의 상황이다. 2005년 통계청에서 실시한 인구센서스 조사 결과 기독교인은 한국인의 29.2퍼센트(개신교 18.3%, 가톨릭 10.9%)이다. 한국인 열 명 가운데 일곱은 종교가 없든가 다른 종교들을 가지고 있다.

　　또한 한국 인구의 다수가 민족문화의 영향을 받고 있다. 어떤 의미에서는 혼합주의적인 종교 성향을 가지고 있다고도 할 수 있다. 예를 들어 한국 갤럽의 조사 결과[54] 우리나라 인구의 52퍼센트가 유교적인 의식구조를 가지고 있고, 28퍼센트가 불교적인 의식구조를 가지고 있으며, 46퍼센트는 무교적인 의식구조를 가지고 있는 것으로 드러나고 있다(이상은 복수 응답). 심지어 개신교인의 약 절반이 유교적인 의식구조를 가지고 있으며, 약 1/3은 무교적인 의식구조를 가지고 있다. 결국 한국의 전통적인 종교문화를 민족문화라고 본다면, 그러한 문화 성향은 한국인의 생활 가운데서 여전히 중요한 부분이 되고 있는 것이다.

　문화와 문화의 만남에서 주의해야 할 부분이 있다. 그것은 하나의 문화가 자신의 우월성을 내세워 일방적으로 다른 문화를 지배하거나 억압하는 것은 바람직하지 않다는 것이다. 이렇게 자신의 문화를 강제로 타 문화권에 이식하려는 것을 우리는 문화적 제국주의(cultural imperialism)라고 부른다. 이것은 과거에 서구 기독교 국가들이 아시아, 아프리카, 라틴 아메리카 등을 식민지화하면서 선교라는 이름으로 그 행위를 교묘하게 위장해 왔던 전형적인 행태였다. 실제로 서구 기독교 국가들은 아시아, 아프리카, 라틴 아메리카 지역에 먼저 선교사를 보내고는 곧이어 군대를 파견하여 힘으로 그 지역의 문화를 지배하곤 했다. 이렇게 많은 서구 기독교 국가들이 비서구 세계의 토착문화를 말살하고 비자발적으로 기독교 신앙을 강요했다. 종교적 제국주의는 기존의 토착종교는 물론 모든 다른 종교를 말살하고 그 위에 자신의 종교적 체계를 세우려고 한다. 이러한 제국주의적인 선교 전략은 오늘날 비서구 국가와 민족들로부터 거센 반발을 일으키면서, 국가 간, 민족 간, 종교 간 갈등을 만들어 내고 있다.

　한국 사회에서는 요즈음 개신교가 민족문화에 대하여 문화적 제국주의식으로 선교하려는 경향을 보이고 있다. 이것은 특히 타 종교 문화에 대한 태도에서 두드러지게 나타나고 있다. 신학에서는 흔히 타 종교 문화와의 관계에 있어서 "기독교만이 진리를 가지고 있다"는 입장을 배타주의(exclusivism), "타 종교에도 진리가 있으나 기독교 진리는 독특하며 최종적인 것이다"라고 보는 입장을 포용주의 (inclusivism), "모든 종교는 결국 비슷한 진리를 가지고 있다"고 보는 입장을 다원주의(pluralism)라고 한다. 여기에 한국 교회와 타 종교 사이의 딜레마가 있다.[55] 즉, 타 종교 문화와의 관계에서 다원주의적인 입장을 취하게 되면 종교 간의 갈등은 없어지지만, 기독교적인 구원의 의미가 퇴색하고 선교의 동력도 약해진다. 한편 배타주의적인 입장을 취하게 되면 신앙의 순수성을 유지할 수 있으나, 그 배타적인 태도 때문에 종교 간의 갈등이 생겨날 수 있는 것이다.

그러나 분명한 것은 문화적 혹은 종교적 제국주의는 앞에서 말한 배타주의적 태도의 산물이라는 점이다. 교회가 배타주의적인 입장을 고수하는 한 종교문화 갈등은 사라질 수 없다. 문제는 한국 교회가 타 종교 문화에 대하여 매우 배타적이라는 사실이다. 한국 종교 가운데서 배타성이 가장 강한 것은 개신교다. 목회자나 평신도 할 것 없이 타 종교인보다 훨씬 강한 배타성을 보이고 있다. 타 종교에 대하여 불교나 가톨릭에서는 "공존해야 할 대상"이라고 보는 경향이 강한 반면에(목사 30%, 신부 86%, 승려 82%), 개신교에서는 "철저히 배격해야 할 대상"이라고 보는 경향(목사 31%, 신부 0%, 승려 3%)이 강하다.[56] 그리하여 개신교의 공격적인 적대감과 타 종교의 방어적 거부감이 충돌하면서 매우 심각한 긴장과 갈등이 생겨나고 있다.

물론 한국 교회는 다원주의적인 입장을 취해서는 안 된다. 자칫 그런 입장이 한국 교회의 존재 기반을 흔들어 놓을 수 있기 때문이다. 그러나 분명한 것은 한국 개신교의 지나친 배타주의가 민족문화 선교에 걸림돌이 되고 있다는 점이다. 2005년 통계청 조사에 따르면 한국인의 약 47퍼센트가 무종교인이다. 그런데 그 가운데 약 절반이 과거에 종교를 가졌던 적이 있다고 답했다. 그리고 그들 가운데 대다수가 과거의 종교는 개신교였다고 답했다. 또한 하나의 종교에서 다른 종교로 개종한 경험이 있는 사람들 가운데는 개신교인이 가장 많았다. 종교에 대한 호감도가 개신교의 경우 가장 낮으며, 개신교로의 개종율도 가장 낮다.[57] 오늘날 한국 교회는 선교 위기를 맞고 있다. 그런데 선교의 가장 큰 걸림돌의 하나는 개신교가 "신앙을 너무 강요하고, 타 종교인과 무종교인에 대해 배타적"이라는 것이다.

타 종교인이 선교 대상일 때는 그 종교에 대하여 공격적이고 배타적인 태도를 보여서는 안 된다. 그들의 종교를 존중하면서 기독교의 특성과 우월성을, 대화를 통하여 설득하고 전달하도록 해야 한다. 개신교인의 종교적 배타성은 타 종교인이나 무종교인들에게 상당히 부정적인 인상을 주고 있다. 또한 그들에게 전도할 때는 말에 앞서 행실로 모범을 보여야 한다. 그들은 기독교인의 말보다는 그의 삶의 모습을 보고 그를 평가하고 영향을 받기 때문이다. 한 조사 결과 전도를 받아 본 경험이 있는 비신자가 교회에 나가지 않는 가장 중요한 이유는 "기독교인의 행위나 태도가 마음에 들지 않아서"라고 지적된 바 있다.[58]

한국 교회는 전통적인 민족문화 혹은 종교문화에 대하여 열린 자세를 가질 필요가 있다. 우리 고유의 전통문화에 대하여 무조건 거부하거나 무조건 수용하는 것은 문제다. 그러나 그 가운데서 긍정적으로 이해할 것은 이해하고 권고할 것은 권고하고 때로 시정할 것은 시정하되, 열린 마음으로 수용적이고 개방적인 태도를 보일 필요가 있다. 우선 문화적 다양성의 현실을 받아들여야 한다. 우리만 사는 것이 아니다. 기독교만 있는 것도 아니다. 따라서 우리 민족문화에 담겨 있는 아름다운 전통적인 얼은 승화시키되 기독교적으로 새롭게 이해하려는 자세가 필요하다. 선교는 강요에 의해 강제적으로 되는 것이 아니라, 감동과 감화에 의해 자발적으로 이루어져야 하는 것이다.

시민사회,
교회가 만들어 가자

비기독교인들이 교회가 활동하기를
희망하는 사항(중복 응답)

1. 고아원/양로원 방문
2. 이웃돕기 바자회
3. 지역 환경운동
4. 탁아소/놀이방 운영
5. 주차장 개방
6. 자원 재활용 운동
7. 독서실 운영
8. 취미 교실
9. 야학

(단위: %)

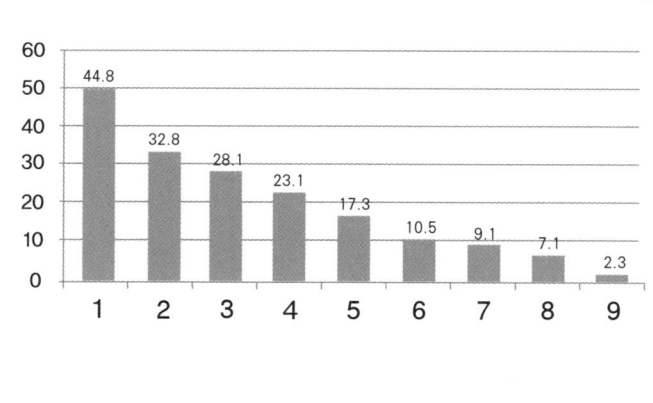

*출처: 한미준, 한국 갤럽, 《한국교회 미래 리포트 》(두란노, 2005).

기독교인의
사회적 책임

　　　　　　기독교인이 사회에 대하여 책임을 가지고 있다고 하는 것은 성서적, 신학적 명제의 하나다. 이 세계는 하나님의 창조물로서 선하신 하나님의 뜻에 따라 아름답게 창조되었다. 비록 인간에 의해 온갖 불의와 부정, 그리고 범죄와 비행이 만연하고 있다 하더라도, 이 세계는 여전히 하나님이 섭리하신다. 하나님은 이 세상을 그의 뜻에 맞게 질서를 회복하기 원하신다. 이 세상을 여전히 사랑하셨기에 그 구원을 위하여 독생자까지 보내셨던 것이다. 하나님은 이 세상에 하나님의 사랑과 의가 회복되기 원하신다. 그의 뜻이 하늘에서 이루어졌듯이 땅에서도 이루어지기 원하신다. 하나님은 기독교인이 이 세상에 살면서 그의 나라와 그의 의를 구하도록 하신다.

　　예수님도 그를 따르는 무리들에게 세상의 빛과 소금이 되라고 하셨다. 그래서 온갖 종류의 문제로 인해 어둡게 되었고, 맛을 잃었으며 썩어 가고 있는 사회 현실 가운데서, 그 사회를 새롭게 할 책임이 교회에, 기독교인에게 있는 것이다.

　　그러나 불행하게도 그동안 한국 기독교인(개신교인)은 잘 믿기는 하지만, 사랑을 실천하는 일에 있어서는 소극적이었다. 교회에 잘 나오기는 하지만, 교회 밖에서는 생활에 있어서 모범이 되지 못했다. 말로 하는 전도는 잘하면서도 몸으로 증거하는, 즉 행동으로 선함과 의로움을 실천하는 일에서는 비기독교인보다 나을 것이 없었다. 결

국 한국 사회 문제의 근원인 도덕성의 붕괴라는 위기를 맞도록 교회
가, 기독교인이 방치한 셈이 되었다. 만일 그동안 6만 개에 달하는
한국 교회가, 그리고 9백만 명에 달하는 개신교인이 사회의 빛과
소금의 역할을 제대로 감당해 왔더라면, 지금과 같은 경제 위기, 공
동체성의 위기, 도덕성의 위기가 생겨날 수 있겠는가 반성해야 하리
라고 본다.

성숙한 시민사회의 성격

'시민사회'(civil society)란 "한편으로는
국가에 대해 자율적이고 자발적이고 자립 자족적이며, 다른 한편으
로는 개인적, 사적 관계의 수준을 넘어서 이들의 공동의 문제를 통하
여 어우러지며 창출해 내는 사회적 그물망"을 말한다.[59] 그러나 시
민사회는 개인적인 삶의 세계(사적인 영역)와 시민들이 만들어 내는
공동의 세계(공적인 영역)로 구성되어 있다. 시민사회는 다양한 가치
와 지향을 기반으로 하면서도 연대감을 매개로 형성된다.

그동안 우리의 시민사회는 권위주의 체제 아래서 자본주의 산업
화의 결과로 급성장했다. 시민사회의 다양한 이익 · 가치 · 요구는
권위주의 국가의 억압 · 통제 · 개입을 통하여 이루어졌다. 그리고
국가의 이익, 민족의 이익, 사회 전체의 이익 또는 목표라고 국가가
규정하는 여러 가지 이데올로기적 장치에 의해 강제된 합의를 토대

로 하나로 통합되었다. 그러나 참된 시민사회는 구성원들 사이에, 그리고 사회 전반에 걸쳐 자율적이고 자발적인 합의에 기초하여 이루어져야 한다. 이때 그 가치는 공동선과 사회 발전이라는 목표를 지향해야 한다.

성숙한 시민사회가 되기 위해서는 성숙한 시민의식이 선행되어야 하며, 이에 따라 바람직한 시민사회 건설을 위한 인적·물적·정보·사회관계 자원이 동원될 필요가 있다.[60] 이렇게 의식과 자원이 충족되면 시민사회 형성을 위한 시민운동이 뒤따르게 된다. '시민운동'(civil movement)이란 "시민들이 사회에서 발생하는 공공의 문제를 해결하려는 집합적 행위"를 말한다. 시민운동에서 중요한 것은 그 운동이 추구하는 목표다.

근대화된 사회에서 보편적으로 추구되고 있는 시민운동의 목표 혹은 가치는 몇 가지로 요약될 수 있다. 첫째는 정치적 민주화다. 여기서는 민주주의 확립이 결정적으로 중요하다. 민주주의는 모든 개인이 권력이나 제도에 의해 억압받거나 그 권리가 침해되지 않는, 그리고 모든 개인의 자유와 권리가 충분히 보장되는 정치 구조, 정치 권력이 정당성과 합법성에 의하여 형성되는 정치 구조를 의미한다. 민주주의는 시민사회의 가장 중요한 목표다. 왜냐하면 정의, 자유, 평등과 같은 인간의 최고 가치는 민주주의 체제에서 가능하기 때문이다.

둘째는 경제적 평등화다. 경제적인 측면에서 시민운동의 목표는 가능한 한, 경제적 불평등을 최소화해야 한다는 것이다. 이것은 분배

정의에 관한 것이다. 물론 경제적 착취와 억압이 없어야 하겠지만, 또한 소득 분배의 부조리나 모순으로 인한 박탈감이 생겨나지 않아야 한다. 노력과 수고에 대한 정당한 대가가 지불되어야 하지만, 가진 자들에 대한 특혜는 지양되어야 한다. 특히 부유층의 윤리적 부도덕성이 견제되어야 한다.

셋째는 사회적 복지화다. 이것은 누구든지 쾌적한 환경에서 생계, 건강, 교육, 가정, 신변안전 문제에 있어서 국가나 사회의 보호를 받으며, 어떠한 계층적·지역적·성적·연령적 차별도 없이 동등하게 사회적 대우를 받을 수 있는 것을 의미한다. 특히 사회에서 힘없고 소외된 계층에 대한 정책적인 배려가 있어야 하며, 이들을 위한 공공 서비스가 확충되어야 한다. 사회적 약자에 대한 복지 서비스는 인간의 삶의 질을 향상시키는 주요 방편이 된다.

넷째는 문화적 성숙화다. 문화적으로 무엇보다 물질주의, 배금주의, 한탕주의, 집단 이기주의, 향락주의와 같은 천민적 가치관 확산을 막으려는 노력이 필요하다. 그리고 과학기술의 발달이 생명을 위협하거나 환경을 파괴하는 일이 없도록 통제하는 일도 중요하다. 시민운동은 고급 문화의 창달과 확산에 기여하는 역할을 해야 한다.

다섯째는 평화통일이다. 이것은 세계에서 유일하게 하나의 민족이 분단되어 있는, 우리나라만의 독특한 과제다. 그러나 그 통일은 평화를 통해 추구되어야 하되, 어디까지나 자유 민주주의와 자본주의 시장경제 체제를 전제로 하는 것이어야 한다.

이러한 가치와 목표는 우리 시민사회가 지향해야 할 중심적인 과제라고 할 수 있다.

성숙한 시민사회를 위한
기독교 운동

　　　　　　　　　　기독교인의 사회적 책임 가운데 하나는
바람직한 시민사회를 세우는 데 앞장서야 한다는 것이다. 이를 위해
기독교인은 적극적으로 한국의 시민사회적 과제를 수행해야 한다.

　첫째, 정치적 문제를 생각해 보자. 우리는 그동안 비민주적 정치
구조 아래서 살아왔다. 오랫동안 군부독재 정권은 안보와 성장 이데
올로기를 무기 심아 국민의 기본권을 유린했다. 정치권력은 집중화,
절대화되었다. 역대 정권들은 상층 자본가와 결탁하여 정경유착의
전횡을 일삼았고, 국민 위에 군림하며 언론을 통제해 왔다. 물론 문
민정부 이후 독재의 틀은 벗어났으나, 여전히 정치 영역에서는 개혁
이 이루어지지 않고 있다. 국민을 위한 정치가 아니라 정치인을 위한
정치, 당리당략을 위한 정치만 있다. 여야 정치인들은 이전투구(泥
田鬪拘: 진흙탕에서 싸우는 개라는 뜻)로 날 새는 줄 모르고, 국회에서
는 시정잡배의 난투극이 그치지 않는다.

　정부 수립 60주년을 기념하며 수행된 한 국민의식 조사 결과,
우리나라의 수준에 대하여 "높다"고 응답한 비율이 스포츠 분야에
서는 67퍼센트, 과학기술 분야에서는 60퍼센트로 높았지만, 정치
분야에 있어서는 9퍼센트에 불과해 부끄러운 수준을 보이고 있

다.[61] 최근 실시된 '직업별 신뢰도' 조사에서 정치인은 33개 직종 가운데 최하위로 나타났다.[62] 직업인들에 대한 정직/윤리 수준 평가에서도 긍정적 평가 비율은 국회의원의 경우 8퍼센트로 20개 집단 가운데 최하위였다.[63] 한마디로 우리나라에서 가장 낙후된 부분은 바로 정치 영역인 것이다.

따라서 기독교인은 위정자를 바로 뽑는 운동을 전개할 필요가 있다. 부패하고 무능한 정치인을 뽑은 것이 바로 국민 자신이 아니었던가? 이제는 출신 지역이나 정당, 지명도를 볼 것이 아니라, 청렴하고 능력 있는 정치 지도자를 뽑아야 한다. 그리고 주권의식을 가지고 비판세력으로 정치를 감시하고 여론을 만들어 가야 할 것이다. 인권이 유린된다든지 정치적 비리가 드러난다면, 그래서 비민주적인 정치 상황이 전개된다면, 기독교인은 과감히 "아니오"라고 말할 수 있어야 한다.

둘째, 경제적 문제에 대하여 살펴본다. 한국 사회는 지난 1960년대 이래로 7차에 걸친 경제개발 5개년계획을 실시하며 양적으로 경제가 크게 성장했다. 경제 성장의 궁극적 목적은 대다수 사람의 삶의 질을 향상시키고, 문화를 창달하는 것이어야 한다. 그러나 한국에서는 많은 사람이 분배 과정에서 소외되어 빈부격차가 심화되었고, 이에 따라 상대적 박탈감이 커졌다. 또한 경제가 성장하면서 장인정신이 점차 결여되어 직업적인 소명감이 약화되었다. 근검절약 정신이 퇴조되면서 과소비와 사치 풍조가 만연하게 되었다.

경제 영역에서 기독교인의 과제는 무엇보다 청지기의식과 소명의식을 가지고 하나님의 영광을 위하여 주어진 일에 최선을 다하는 일이다. 사치와 낭비를 배격하고 절제와 검소의 생활을 해야 한다. 기독교인이 지나치게 호화롭고 사치스럽다는 비판을 받아서는 안 된다. 호화혼수 거부 운동, 국산품 애용 운동, 투기 안하기 운동 등도 전개해 볼 만한 운동이다. 바로 벌고 바로 쓰는 운동을 전개할 수도 있다. 자신과 남의 영혼과 육체를 해치지 않게 돈을 벌고, 이렇게 번 돈은 값지게 쓸 수 있어야 한다. 이것은 사랑과 봉사의 실천을 통해 나누는 삶이라 할 것이다. 절대 빈곤층, 소년소녀 가장, 무의탁 노인, 결식아동, 노숙자 등 가난하고 어려운 삶을 사는 이웃에 대한 도움이 필요하다. 상대적 박탈감을 느끼며 좌절하고 있는 사람에게는 참된 용기와 희망을 줄 수 있어야 한다. 비양심적이고 부도덕한 기업에 대해서는 기업윤리의 회복을 촉구하는 운동을 실천할 수 있다.

셋째, 산업화와 도시화에 따른 사회문제에 대하여 살펴보기로 한다. 1960년대 이후 한국 사회는 산업화 과정을 겪으면서 급격한 도시화가 이루어졌다. 이에 따라 다양한 문화적·지역적 배경을 가진 사람들로 구성된 도시에서는 공동체 의식을 찾아보기 어렵게 되었다. 윤리적인 사회 통제력은 약화되어 개인주의, 이기주의적인 삶을 살고 있다. 도시로 이주한 사람들 가운데서 제대로 고용기회를 얻지 못한 사람들은 도시빈민이 되었다. 급격한 사회 변동은 아노미 상황을 초래해서 범죄 문제, 청소년 문제, 가족 문제, 노인 문제, 노동자 문제, 농민 문제, 도시빈민 문제 등 많은 사회문제들을 만들어 내고 있다.[64] 또 하나의 심각한 문제는 여러 가지 사회 갈등(지역 갈등, 계층 갈등, 노사 갈등, 이념 갈등, 세대 갈등, 성 갈등 등)이 우리 사회에 만연하고 있다는 사실이다.

이러한 사회문제들에 대하여 기독교인이 해야 할 일은 많다. 우선 사회적으로 공동체성 회복을 위해 힘써야 한다. 사귐, 나눔, 섬김의 삶을 살면서 더불어 사는 삶의 지혜를 보여주어야 한다. 교회는 특히 도시인에게 연대감과 소속의식을 마련해 주는 사랑의 공동체가 되어야 할 것이다.[65] 기독교인은 노인, 청소년, 장애인, 도시빈민에 대한 복지활동에 적극 참여해야 한다. 다양한 사회 갈등의 문제를 치유하는 일도 중요한 과제로 남아 있다. 그 밖에도 질서 지키기 운동, 건전한 놀이 운동, 인사하기 운동 등도 밝은 사회를 만드는 데 도움이 될 것이다. 한편 농산물 수입, 늘어나는 부채, 농약 공해 등으로 위축되고 삶의 의미를 잃고 있는 농민들에 대해서도 관심을 가지고, 이들을 돕는 운동(우리 농산물 먹기 운동, 과잉 농작물 소비운동, 직거래 장터 개설 등)에 참여하면 좋겠다.

넷째, 문화적 성숙의 문제에 대하여 살펴보자. 문화의 여러 요소들 가운데서 특히 규범 문화와 기술 문화의 경우를 생각해 보기로 한다. '규범 문화'란 한 사회의 지배적인 가치관이나 규범으로서, 이것은 사회의 도덕성, 윤리성의 토대가 되기 때문에 중요하다. 한국 사회의 지배적인 가치, 즉 많은 사람들이 최고의 가치라고 보는 것은 어떤 가치인가? 그것은 무엇보다 물질주의 가치관이다. 경제성장만을 추구해 온 지난 몇 십 년간 우리 사회에서는 물질 가치, 금전 가치가 모든 것을 판단하고 결정지어 주는 최고의 기준이 되어 왔다. 이러한 배금주의, 물질만능주의 가치관은 수단과 방법을 가리지 말고 돈 벌고 신나게 쓰자고 하는 한탕주의, 편법주의, 요령주의, 오락주의를 만연시켰다.

'기술 문화'의 경우에는 공해와 오염의 문제가 심각하다. 그동안 무책임하고 무절제한 산업정책은 자연의 훼손과 자원의 남용을 초래했다. 산업 폐기물, 공장 매연, 인공 화학물질의 배출로 인하여 공기가 오염되고 있고, 쓰레기, 공장 폐수, 화학 물질 등으로 하천과 바다가 오염되고 있다. 비료와 농약을 남용하여 토지가 오염되고 있고, 인간의 생명이 위협받고 있다.

기독교인은 무엇보다 올바른 가치와 규범이 우리 사회에 자리잡을 수 있도록 해야 한다. 즉 물질을 최고의 가치로 여기는 사회 풍토 속에서, 정신 가치 · 도덕 가치 · 영적인 가치가 더 중요하고 필요하다는 것을 일깨워 주고 그러한 가치 실현에 앞장서야 한다. 교회부터, 기독교인부터 물질주의에 물들지 말아야 한다. 돈 귀신 추방 운동, 촌지 거절 운동, 뇌물 거부 운동 등을 통해 돈이면 다 될 수 있다는 의식을 바로 잡으면 좋겠다. 기독교인은 오늘날 이 사회에 만연하고 있는 저질 문화를 고급문화로 변화시켜서 도덕성을 회복하고, 건전한 가치관이 확산될 수 있도록 해야 할 것이다. 자연 보호, 생태계의 보존 운동에 있어서도 기독교인이 앞장설 것이 기대된다. 기독교인은 문화 변형에 노력을 기울여야 한다. 문화 변형이란 과학기술이 모든 생명을 죽이기보다 살리고〔생명 문화〕, 파괴하기보다 건설하는 데(평화 문화) 기여하는 것이다. 천민적인 세속적 가치관(예를 들면 물질주의, 성공주의, 성장제일주의, 출세주의, 한탕주의, 요령주의)을 극복하여 보다 높은 차원의 사회적 가치(정의, 평등, 자유 등)를 추구하는 것(정의 문화, 평등 문화, 자유 문화)이다. 사람들의 태도나 행위가 더불어 살고(상생 문화), 도와주며 사는 데(복지 문화) 기여하는 것이다.[66]

성숙한 시민운동은 사회 선교다

성숙한 시민운동은 일종의 사회 선교라고도 할 수 있다. 왜냐하면 사회 선교는 교회가 세계 속으로, 사회 안으로 들어가서 신앙 실천 운동을 통해 하나님의 뜻을 전하고 하나님의 나라를 이 땅 위에 세우는 일에 동참하는 것을 의미하기 때문이다. 교회가 참으로 세상의 빛과 소금으로서의 역할을 감당하는 일, 이것이 사회 선교의 진정한 의미다. 사회를 하나님의 선하신 뜻에 맞게 변화시키는 작업이 사회 구원, 사회 복음의 내용이며, 사회 선교의 목표요 과제인 것이다. 이러한 사회 선교를 성공적으로, 효과적으로 전개하기 위해 필요한 일은 하나님의 의와 사랑이 이 땅 위에 실현되는 데 걸림돌이 되는 요소를 찾아내고, 그것을 제거하고 극복하는 일에 교회가 앞장서는 일이다. 따라서 사회 선교는 성숙한 시민운동의 방법으로 이루어질 수 있을 것이다.

성숙한 시민운동(신앙적으로 표현하면 사회 선교)의 기본적 과제,
그것은 우리나라에서 진정한 정치적 민주화, 경제적 평등화, 사회적
복지화, 문화적 성숙화, 그리고 평화적 민족통일을 이루는 것이다.
우리가 꿈꾸는 사회는 인권 탄압이 없는 사회, 참된 민주질서가 유지
되는 사회, 지나친 경제적 불평등이 없는 사회, 가난과 착취에 시달
리는 사람이 없는 사회, 계층 간의 갈등과 위화감이 없는 사회, 절제
와 검소가 생활신조가 되는 사회, 소외감과 비인간화가 극복되는
사회, 공동체성이 회복되고 개인주의와 이기주의가 극복되는 사회,
청소년이 보호받고 노인이 대접받는 사회, 농민 · 노동자 · 도시빈민
도 존중받는 사회, 성차별 · 지역차별 · 연령차별이 없는 사회, 고아와
과부가 돌봄을 받고, 교도소 · 소년원 · 부녀 복지원에 있는 이들이
사랑으로 감화받을 수 있는 사회, 물질주의 · 한탕주의 · 요령주의
가치관이 극복되는 사회, 질서와 준법정신이 뿌리내리는 사회, 인격
이 존중되고 생명이 중시되는 사회, 세대 간의 갈등이 극복되는 사
회, 자연이 보호받고 공해가 추방되는 사회, 그리고 남과 북이 하나
되어 평화롭게 통일을 이루는 사회, 바로 이러한 사회는 하나님의
정의와 사랑이 구체화되는 사회일 것이며, 이러한 사회가 되도록
노력하는 것이 기독교 시민운동 혹은 사회 선교의 시대적 과제일
것이다.

이제 새로운 세기에 한국 교회는 성숙한 교회로, 한국 기독교인
은 성숙한 기독교인으로 거듭나야 한다. 성숙한 기독교인이 될 수
있는 하나의 조건은 신앙적인 사회인, 사회적인 신앙인이 되는 것이

다. 청지기로서 하나님으로부터 위임받은, 이 세상에서의 역할 수행을 잘 감당해야 하는 것이다. 오늘날 우리 사회는 시민사회라고 할 수 있으나, 여전히 미성숙한 사회의 모습을 보여주고 있다. 정치적, 경제적, 사회적, 문화적으로 너무 많은 문제들이 산적해 있다. 따라서 기독교인은 정치적 민주화, 경제적 평등화, 사회적 복지화, 문화적 성숙화, 그리고 평화통일을 지향하는 삶을 살고, 그러한 문제들이 해결되는 시민사회가 될 수 있도록 기독교 운동을 펼쳐나갈 수 있어야 할 것이다.

10

한국 교회,
희망을 말하자

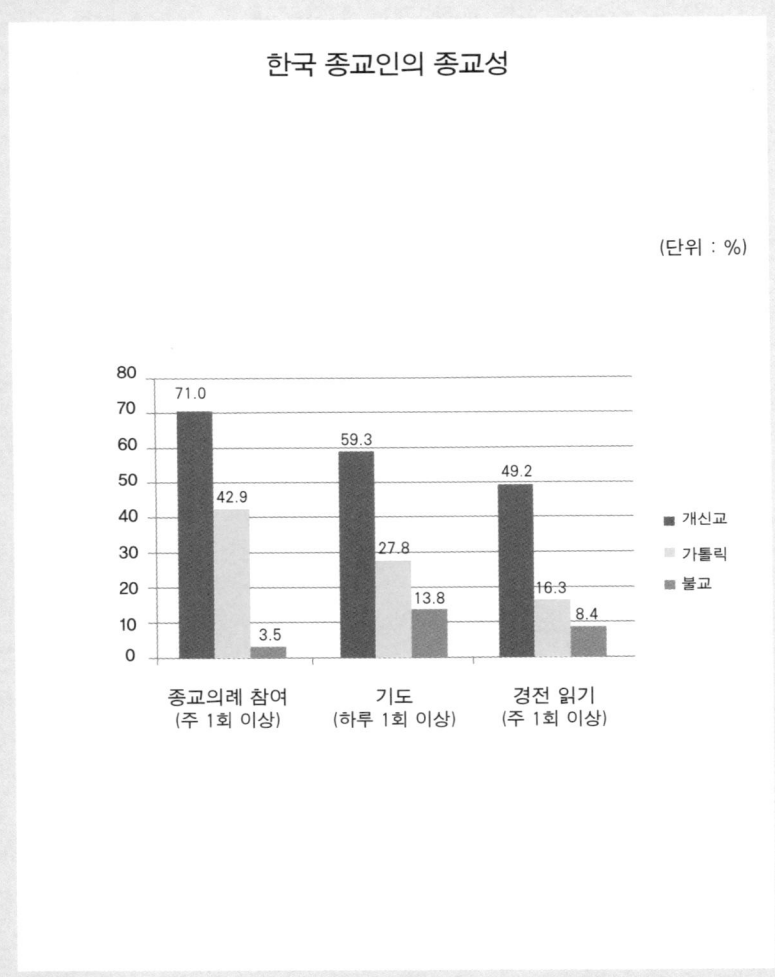

한국 종교인의 종교성

(단위 : %)

- 개신교
- 가톨릭
- 불교

*출처: 한국 갤럽,《한국인의 종교와 종교의식》(2004).

빨간 불이 켜진
한국 교회

　　　　　　　요즈음 반기독교 정서가 심상치 않다. 기독교를 '개독교', 목사를 '먹사'로 부르는 등 인터넷을 중심으로 '안티 기독교' 운동이 네티즌들 사이에서 확산되고 있다. 이제는 단순히 인터넷에 올라온 기독교 관련 기사에 대하여 악성 댓글을 달면서 기독교(주로 개신교)를 비방하고 악담을 하는 수준에 그치는 것이 아니라 수많은 '안티 기독교' 사이트가 생겨났고, 급기야 반기독교 운동을 조직적으로 전개하는 양상으로까지 나아가고 있다. 2003년 안티 기독교 운동의 기치를 들고 반기독교시민운동연합(반기련)이 출범하면서 내건 창립 선언문에는 "이 사회에서 기독교가 패악질을 일삼지 못하도록 기독교를 박멸하겠다"고 밝히고 있다. 안티 기독교 운동을 하는 네티즌들 사이에 기독교는 마치 모기나 바퀴벌레처럼 우리 사회에서 박멸해야 할 해충처럼 여겨지고 있는 것이다.

　　급기야 2007년 11월 23일에는 한국교회언론회가 서울 연동교회에서 안티 기독교 관련 토론회를 열었다. 여기서 이찬경 반기련 회장은 "물질적 축복과 기복을 파는 종교업자들이 수많은 선량한 사람들을 '예수천당 불신지옥'으로 협박하고, 공룡화된 교회는 거대한 기업처럼 돌아간다"면서 "천민자본주의가 판을 치고, 교회의 외적 성장과 신도의 양적 팽창이 목사의 성공으로 치부되는 현실에서 신도들은 결국 현금 지급기 노릇만 죽어라고 하고 있다"고 질타했다. 이어 그는 "기독교가 배타적이고 독선적인 교리로 다른 문화와 다른 종교에 대한 멸시와 폄하를 일삼는 것은 어제 오늘의 일이 아니다"면서 불상과 단군상을 부수고 장승을 훼손하며, 수만의 신도가 모여 모든 사찰이 무너지라고 통성기도를 했던 사례 등 타 종교에 대한 기독교의 배타성을 지적하고 "존중받기를 원하면 먼저 존중하라"고 경고했다.

이에 대하여 지성수 목사는 "한국 교회의 무분별하고 무차별적인 선교활동의 부작용이 '기독교 박멸'이라는 부메랑으로 되돌아왔다"고 자성하면서도 "한국 개신교의 문제는 교회의 정치권력화, 대형화, 세속화에 있는 만큼 안티 진영은 그런 문제를 가지고 있는 몇몇 대형 교회와 달리 찬송가 구절처럼 '이름 없이 빛도 없이' 일생을 고결하게 목회에 바치고 있는 다수의 성직자가 있다는 사실을 간과해서는 안 된다"고 당부했다. 한편 정강길 '세계와기독교변혁연대' 실장은 "안티 기독교의 성장은 기존 기독교의 폐해와 오류에서 나왔다는 점에서 기독교인이라면 이 문제를 회피하려 해서는 안 된다."면서 "안티 진영의 '기독교 박멸주의'는 기존 기독교의 배타성과 폭력성을 똑같이 보여준다는 한계는 있지만 한국 교회는 이를 계기로 새롭고 건강한 대안 기독교 운동을 펼쳐야 한다"고 주장했다.

우리는 이러한 안티 기독교 운동의 확산을 어떻게 봐야 할 것인가? 물론 그러한 운동을 전개하는 이들의 주장이 무례하고 몰상식한 것이라고 간단히 일축할 수 있을 것이다. 혹은 그들은 우리 사회에서 몰지각한 극히 일부 세력이라고 무시할 수 있을 것이다. 혹은 그들의 주장과는 달리 대부분의 교회들은 건강하다고 강변할 수 있을 것이다. 그러나 우리는 두 가지 점에 주목할 필요가 있다. 첫째는 요즈음과 같은 본격적인 반기독교 운동이 생겨난 적이 과거에는 없었다는 사실이다. 둘째는 뒤에 다시 거론하겠지만, 한국 교회에 대한 비기독교인들의 일반적인 시각이 매우 부정적이고 비판적이라는 사실이다. 따라서 안티 기독교 세력의 말에 일일이 대꾸하거나 반박할 필요는 없겠지만, 적어도 왜 이러한 일들이 일어나고 있는지에 대한 반성과 평가는 필요하다고 본다. 왜 한국 교회는 사회의 길잡이가 되지 못하고, 사람들의 존경과 신뢰를 받지 못하고 오히려 조롱거리가 되고 있는가?

한국 교회에 대하여 한번 돌이켜 보자. 어둡고 맛을 잃고 썩어 있는 오늘날의 정치, 경제, 사회 상황에서 한국 교회는 과연 빛과 소금의 역할을 제대로 했던가? 국민에게, 사람들에게 희망과 용기와 믿음을 심어 주고, 사랑과 평화를 실천하는 책임을 감당했던가? 물론 섬김과 나눔의 실천을 통해 사회적으로도 모범을 보인 교회들의 아름다운 이야기도 있기는 하지만, 전반적으로 보면 한국 교회는 돈과 권력과 명예를 놓고 끊임없이 다투고 헐뜯고 갈라지는 모습을 보여주었고, 이권과 파벌과 금권으로 얼룩진 교단 정치의 구태를 벗어나지 못하고 있다. 교단 간의 이합집산과 갈등, 되풀이되는 이단 시비와 사이비 교회 집단의 출현도 문제가 되어 왔다. 타 종교와 전통문화에 대한 무차별적 공격을 끊임없이 시도해 왔다. 일부 대형 교회의 목회 세습과 재정 비리도 자주 언론의 도마 위에 올랐다. 이렇게 하여 이제는 교회가 사회를 염려하는 것이 아니라 사회가 교회를 염려하는 지경에 이르게 되었다는 자조적인 목소리가 교회의 안팎에서 들려오고 있다. 그래서 한국 교회는 위기를 맞고 있다고들 한다. 그 위기의 근원은 한마디로 한국 교회가 신뢰를 잃어버렸다는 것이다.

한국 교회에 대한 위기의식은 이미 오래전부터 있어 왔지만, 그것이 교계에 결정적인 충격으로 다가온 것은 2005년 통계청의 인구 조사 발표가 있은 후였다. 그동안 한국 교회는 커다란 성장의 열매를 맺으면서 성공이라는 자찬을 해왔다. 한국 교회가 놀라운 일을 이루어 낸 것은 사실이다. 기독교는 세계 인구의 1/3인 21억 명의 신도를 가지고 있는 세계 최대의 종교다. 그러나 20세기 후반부터 유럽의 기독교는 급격히 쇠퇴하고 있고, 미국의 기독교도 세속화되어 갔다. 반면에 아프리카와 아시아 대륙은 기독교가 급성장하면서 새로운 희망으로 떠올랐다. 그리고 그 중심에 한국 교회가 있었다. 지난 40년간 한국 교회는 교회 수가 5천 개에서 6만 개로 늘어나 12배가 되었고, 교인 수는 같은 기간 동안 60만 명에서 860만 명으로 증가해 14배 이상 많아졌다. 그래서 가장 성공적인 성장 모델로 한국 교회가 세계적인 주목을 받았다. 그런데 최근에 빨간 불이 켜졌다.[67]

통계청 조사에 따르면[68] 우선 개신교 교인 수가 1995년의 876만 명에서 2005년의 862만 명으로 10년 사이 14만 명이나 감소하여 우리나라 전체 인구의 20퍼센트에서 18퍼센트로 그 비율이 줄어들었다(그동안 교인 수가 천 수백만 명이라고 발표해 온 개신교 교단들의 교인 통계는 이중 등록자, 수평 이동자, 교회 이탈자 등을 고려하지 않아 크게 과장된 것이다). 이 숫자는 같은 기간 동안 교인 수가 220만 명이나 증가한 가톨릭과는 너무 대조적인 것이다. 한국 교회의 성장이 이제 멈추어 버렸다는 것은 개신교 입장에서는 충격이 아닐 수 없다 (물론 지금도 꾸준히, 때로는 놀랍게 성장하고 있는 교회들도 있다. 그러나 이 경우 대부분은 교인들의 수평 이동으로 인한 성장이다).

신뢰를 잃은 한국 교회

한국 교회의 위기의식을 일깨워 준 것은 단순히 양적으로 교회가 더 이상 성장하지 못하고 있다는 사실만이 아니다. 보다 심각한 문제는 한국 교회에 대한 부정적인 인식이 사회에 크게 확산되고 있다는 현실이다. 역시 이 문제도 오래전부터 제기되어 왔던 것이지만 결정적으로 교계에 충격을 준 것은 2008년 11월 기윤실(기독교윤리실천운동)이 글로벌 리서치에 의뢰해 조사 발표한 〈한국 교회의 사회적 신뢰도 여론조사〉 결과다. 이 조사에 따르면 조사 대상자 가운데 한국 교회에 대하여 "신뢰한다"는 응답은 18퍼센트에 불과한 반면에, "신뢰하지 않는다"는 응답은 48퍼센트에 이르고 있다. 100점 만점으로 환산하면 한국 교회에 대한 신뢰도 점수는 41점에 불과하다. 더욱이 비기독교인 가운데서는 한국 교회를 "신뢰한다"는 응답 비율이 8퍼센트에 불과한 반면에, "신뢰하지 않는다"는 응답 비율은 57퍼센트나 된다. 종교 기관의 신뢰도 평가에서도 가톨릭은 35퍼센트, 불교는 31퍼센트인데 비하여 개신교는 18퍼센트로 가장 낮은 비율을 보이고 있다. 특히 종교를 가지고 있지 않은 사람들의 신뢰도 평가 비율은 더 차이가 나서, 가톨릭이 38퍼센트, 불교가 29퍼센트인 데 비하여 개신교는 8퍼센트에 머물고 있다. 따라서 지난 10년간 가톨릭은 성장한 반면에, 개신교가 쇠퇴한 것은 전혀 놀랄 일이 아닐 것이다. 한국 교회에 대한 불신은 젊은 층일수록, 응답자의 교육 수준이 높을수록, 수입이 많을수록 그 수준이 높다는 것도 염려스러운 부분이다.

한국 교회의 양적인 성장의 정체는 한국 교회에 대한 사회적 불신의 확산, 다시 말하면 한국 교회의 질적 수준의 저하와 밀접한 관련이 있다. 교회가 성장하지 못하는 것은 새 신자가 늘지 않고, 기존 신자가 이탈하기 때문인데, 그 요인은 바로 교회가 교회답지 못하고 교인이 교인답지 못하기 때문이라고 할 수 있다. 실제로 기윤실의 조사 결과 "기독교인(개신교)의 말과 행동에 믿음이 간다"는 응답은 14퍼센트에 불과했고, "개신교 목사의 설교와 행동에 믿음이 간다"는 응답은 23퍼센트, "개신교회의 활동이 사회에 도움이 된다"는 응답은 38퍼센트로 나타나고 있다. 점수로 환산하면 100점 만점에 교회활동은 51점, 목사는 44점, 교인은 39점을 받은 셈이다(개신교인만의 평가는 물론 이보다는 좋아서 신뢰 비율이 교회활동에 대해서는 74퍼센트, 목사에 대해서는 65퍼센트, 교인에 대해서는 41퍼센트이다. 그러나 이것이 위로가 될 수 있는 것일까?). 이렇게 교회, 목사, 교인에 대한 불신과 불만이 팽배해 있는 상황에서 교회가 성장할 수 있기를 기대하는 것은 무리가 아니겠는가?

그러면 왜 사람들은 교회, 목사, 교인을 존경하거나 신뢰하지 않는 것일까? 왜 한국 교회는 사회적 공신력을 잃고 있는 것일까? 그 이유에 대하여 한미준(한국 교회 미래를 준비하는 모임)과 한국 갤럽의 조사는 다음과 같이 지적하고 있다.[69] 한국 교회는 양적 팽창/외형에 너무 치우친다는 것이다. 물량주의에 너무 물들어 있다는 것이다. 세속화되어 세상 사람들과 다를 것이 없다는 것이다. 사회봉사와 이웃 사랑의 실천에 인색하다는 것이다. 교파가 너무 많고 단합이 안 된다는 것이다. 전도 활동이 지나쳐서 혐오감을 준다는 것이다. 타 종교인과 무종교인에게 너무 배타적이라는 것이다. 너무 시끄럽고 요란하다는 것이다. 헌금을 지나치게 강요한다는 것이다. 도덕적으로 사회에 물의를 일으키는 경우가 많다는 것이다. 목회자의 사리사욕/이기심 등 그 자질이 떨어진다는 것이다. 지나치게 자기 교회 중심적이라는 것이다. 한국 교회에 대한 이러한 부정적 인상이 확대 재생산되고 있는 한, 앞으로 비신자들이 교회를 찾게 될 가능성은 매우 낮아 보인다.

또 한 가지 우려되는 점은 기존 신자의 이탈이 늘고 있다는 점이다. 한국 갤럽의 통계조사에 따르면[70] 교회를 떠나간 인구는 모두 760만 명에 이른다. 이 가운데 200만 명은 타 종교로 개종했고, 560만 명은 무종교인이 되었다. 왜 이렇게 많은 사람들이 교회를 떠나간 것일까? 그 이유는 한마디로 교회에, 목회자에, 교인에 실망했기 때문이다. 한국교회성장연구소의 조사 결과에 따르면[71] 그 구체적인 이유는 다음과 같다. 한국 교회가 세속주의(돈, 권력, 명예에 대한 집착 등)에 물들어 있다는 것이다. 목회자나 교인들의 사랑, 관심이 부족하다는 것이다. 교회가 돌봄과 나눔의 공동체가 되지 못하고 있다는 것이다. 설교나 권위주의 등 목회자에 대하여 불만이 있다는 것이다. 헌금과 전도에 대하여 지나치게 부담을 주고 있다는 것이다. 교회 내에 파벌싸움과 갈등이 있다는 것이다. 물론 교회 문제에 대한 인식이 과장된 것일 수 있겠지만, 어쨌든 교회를 떠나가는 사람들은 교회에 대하여 좋지 않은 생각을 가지고 있기 때문에 나가는 것이다.

이렇게 본다면 새삼스러운 것은 아니라 하더라도 분명히 한국 교회는 위기를 맞고 있으며, 그 미래에 대하여 어두운 전망을 하게 된다.

그래도 희망은 있다

그러면 한국 교회에는 희망이 없는가? 아니다. 아직 희망이 있다. 그러한 희망의 근거는 무엇인가?

첫째, 한국 교회, 그리고 교인은 세계에서 가장 열정적인 교회요 교인이기 때문이다. 한국 교회는 세계에서 주일 낮 예배뿐만 아니라 주일 저녁(오후) 예배, 수요일 예배를 드리고, 새벽기도회, 철야기도회, 개 교회 부흥집회, 십일조 헌금을 하는 유일한 교회다. 주일 성수, 기도, 성경읽기, 전도, 해외선교에 있어 세계 어느 교회의 추종도 불허할 정도로 한국 교인은 열성적이다.

통계로 비교해 보자. 교회가 쇠퇴하고 있는 유럽의 교회 출석률은 매우 저조하다.[72] 비록 스스로 기독교인이라고 생각하는 비율은 국가별로 60~90퍼센트에 이르지만, 등록 교인 가운데 매 주일 교회에 출석하는 비율은 덴마크(3%), 스웨덴(5%), 노르웨이(6%)의 경우는 매우 낮고, 프랑스(16%), 독일(21%), 영국(22%)도 낮으며, 서구에서 종교성이 강하다는 미국의 경우도 교인의 교회 출석률은 43퍼센트다. 그러나 한국 개신교인의 교회 출석률('주 1회 이상')은 71퍼센트나 된다. 교회에 등록되어 있는 교인들 가운데서 "종교가 생활에서 중요하다"고 응답한 비율은 프랑스 23퍼센트, 독일 16퍼센트, 영국 33퍼센트로 낮고 미국은 70퍼센트로 높지만, 한국 개신교의 경우 그 비율이 89퍼센트에 이른다.

"매일 기도한다"는 응답자 비율도 서구 사회에서 종교성이 강한 미국의 경우 교인의 50퍼센트지만, 한국 개신교의 경우는 그 비율이 59퍼센트로 더 높다. 그리고 한국 교인의 49퍼센트가 '일주일 한 번 이상' 성경을 읽고 있으며, 46퍼센트가 십일조 헌금을 내고 있다. 그뿐만 아니라 한국 교인들의 종교성은 지난 20년간 오히려 강화되는 경향을 보이고 있다.[73] 1984년과 비교해 볼 때 2004년에는 '매주 1회 이상' 교회에 출석하는 비율이 62퍼센트에서 71퍼센트로, '일주일 1회 이상' 성경을 읽는 교인 비율도 45퍼센트에서 49퍼센트로, 십일조 헌금을 내는 교인 비율도 42퍼센트에서 46퍼센트로 증가했다. 그리고 한국 교회는 세계 173개국에 1만 6천 명의 선교사를 파송

하고 있는 세계 제2의 선교사 파송국이다.

이와 같이 한국 교회 교인들의 종교적 성향은 매우 강할 뿐만 아니라 전보다 더 강해지고 있다. 따라서 한국 교회의 이러한 신앙적 역동성은 한국 교회의 미래적 가능성에서 희망 요소의 하나로 볼 수 있을 것이다.

한국 교회에 희망을 가지는 두 번째 이유는 한국 교회가 우리 사회에서 희생과 봉사를 가장 헌신적으로 하는 집단이기 때문이다. 국가의 번영과 민족의 장래를 위해 매주 혹은 매일 눈물로 기도하는 집단이 교회 이외에 어디 있는가? 기도만 하는 것이 아니라 실제로 한국 교회와 교인은 열심히 사랑을 실천하고 있다.

몇 가지 예를 들어본다.[74] 사회복지 시설을 보면 장애인복지 시설의 52퍼센트, 아동복지 시설의 78퍼센트, 노인복지 시설의 44퍼센트, 정신요양 시설의 53퍼센트를 개신교가 운영하고 있다. 구휼활동에 있어 수재의연금(1996~2002년)의 69퍼센트, 대북 인도적 지원(2001~2003년)의 51퍼센트, 해외 인도적 지원(1996~2002년)의 65퍼센트를 한국 개신교회가 담당했다. 2002~2004년 사이 헌혈자의 92퍼센트, 골수 기증자의 41퍼센트, 장기 기증자의 44퍼센트가 개신교인이었다. 재소자 자매결연의 52퍼센트, 불우수용자 및 가족 돕기의 60퍼센트가 개신교인에 의해 이루어지고 있으며, 호스피스 기관의 86퍼센트가 개신교에 의해 운영되고 있다. 태안 앞바다 오염 제거 자원 봉사자의 80퍼센트가 기독교인이었다고 한다.

고아원, 양로원, 모자원, 교도소, 병원 등을 찾아가 위로하고 도움을 주는 교회와 교인은 또 얼마나 많은가? 도시 빈민, 독거노인, 소년소녀 가장 등을 돌보는 교인들도 적지 않다. 가난한 아프리카와 아시아 나라들을 찾아가 의료, 교육, 복지 등 자원 봉사 활동을 하는 사람들이 교인 이외에 얼마나 되겠는가? 그 밖에 불우한 이웃을 위해 드러나지 않게 돌보고 섬기고 나누는 교인들 숫자도 헤아리기 어려울 것이다. 한국 교회, 그리고 교인들의 이러한 봉사와 희생은 실제로 과소평가되고 있는 것 같다. 비록 선행을 드러내지 않는 것이 신앙의 본질이기는 하지만, 산 위에 있는 동네가 숨지 못하는 것처럼 한국 교회와 교인들의 이러한 노고는 언젠가 열매를 맺을 것이다.

한국 교회의 나아갈 길

한국 교회는 오늘날 커다란 위기에 직면해 있다. 한국 교회의 미래에 대하여 희망을 갖게 하는 두 가지 요소에 대하여 살펴보았지만 그것만으로는 부족하다. 사회적 신뢰와 신앙적 본질을 회복하기 위해서는 여전히 몇 가지 과제가 남아 있다.

첫째는 영성의 회복이다. 영성이란 영적인 삶을 사는 것이다. 세상보다 하나님을 사랑하는 것이다. 물질보다 영적인 가치를 소중히 여기는 것이다. 솔직하게 한국 교회는 그동안 하나님보다 이 세상적인 것(물질, 명예, 권력, 성공 등)에 집착하는 과오를 범했다.[75] 이 세상적 가치를 추구했고, 그것으로 교회와 교인을 평가했다. 양적인 성공보다는 영적인 성장을 위해 노력해야만 교회는 신앙의 본질을 회복할 수 있다.

둘째는 도덕성의 회복이다. 도덕성이란 바르고 의롭게 사는 것이다. 정직하고 신실하게 사는 것이다. 교인들의 삶이 사람들에게 모범이 되고 칭송받을 만한 것이 되어야 한다. 세상이 교인을 평가하는 잣대는, 신앙의 수준이 아니라 삶의 도덕적 수준이다. 직장에서, 가정에서, 학교에서, 지역사회에서 존경과 신뢰를 받을 수 있도록 교인들은 솔선수범하고, 법과 질서를 지키며 바른 길을 가야 한다. 특히 성직자가 품위를 잃어 사회의 지탄 대상이 되어서는 안 된다.

셋째는 공동체성의 회복이다. 공동체성이란 더불어 사는 삶의 모습을 의미한다. 앞에서 우리는 한국 교회가 수행해 온 사랑의 실천에 대하여 살펴보았다. 그럼에도 불구하고 한국 교회는, 가지고 있는 것에 비해서는 아직도 충분히 나누지 않고 있다. 한국 교회는 엄청난 물적, 인적, 시설 자원을 가지고 있다. 이것들을 더욱 내어놓아야 한다. 더욱 돌보고 섬겨야 한다. 왜냐하면 세계에는, 그리고 우리나라에는 아직도 배고프고 목마르고 춥고 아프고 외롭고 슬픈 사람들이 많기 때문이다.

한국 교회, 위기인 것이 분명하지만 희망이 있는 것도 사실이다. 그러나 그 희망은 한국 교회와 교인들의 노력 여부에 달려 있다. 희망은 주어지는 것이 아니라 만들어 가는 것이다. 신앙적 열정에 더하여 영성, 도덕성, 공동체성을 회복할 수만 있다면, 한국 교회는 사람들에게 기쁨과 감동을 주는 교회, 세상에 사랑과 믿음과 소망을 심어

주는 교회가 될 수 있을 것이다. 이제 영적으로 충만하고 도덕적으로 온전하며 나누고 돌보고 섬기는 삶을 통해 한국 교회, 한국 교인들이 이 세상을 밝히 비추고 맛을 내어 '멋진 신세계'를 만들어 갈 수 있기를 기대해 본다.

제2부

한국 사회, 희망을 말하자

- 희망의 사회를 만드는 교회

11

낮은 출산율,
대한민국이 사라진다

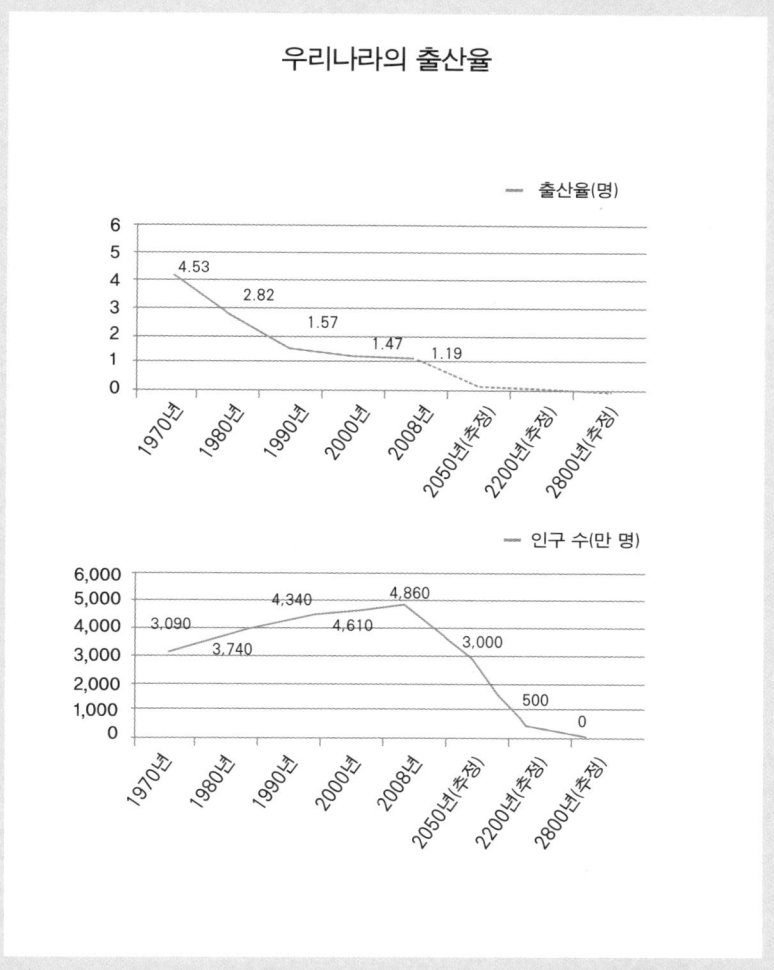

우리나라의 출산율

— 출산율(명)

4.53
2.82
1.57
1.47
1.19

1970년 1980년 1990년 2000년 2008년 2050년(추정) 2200년(추정) 2800년(추정)

— 인구 수(만 명)

3,090
3,740
4,340
4,610
4,860
3,000
500
0

1970년 1980년 1990년 2000년 2008년 2050년(추정) 2200년(추정) 2800년(추정)

*출처: 통계청, 〈인구주택총조사〉, 각 연도 / 박영숙 외, 《UN 미래리포트》(교보, 2006).

지구에서
사라지는 대한민국

　　　　　　세계 인구는 2008년 현재 68억 명으로 꾸준히 증가해 왔다. 그러나 선진국 인구는 출산율이 줄어들어 2030년을 기점으로 감소하기 시작하고, 저개발 국가의 인구까지 포함하더라도 2050년에 94억 명을 정점으로 감소하기 시작할 것이라고 한다. 특히 선진국의 급속한 인구 감소로 결국 미국은 라틴계가, 유럽은 아랍계가, 호주는 동양계가 접수하게 된다. 금세기 말에는 세계에서 백인이 소수 인종이 되고 말 것이다. 그 결정적인 요인은 출산율이다.

　세계 인구는 미래에 점차 감소하여 2100년이 되면 60억, 2150년엔 36억으로 줄어들게 된다. 전 세계에서 아기 울음소리가 가장 빨리 사라지는 나라는 어디일까? 세계미래예측보고서들은 한국이 세계에서 가장 먼저 사라질 나라로 꼽는다. 한국의 경우를 미래 예측 방법으로 추정해 보면 2008년 인구 4,800만 명이, 2050년에는 3천만 명, 200년 후에는 500만 명, 그리고 2800년에는 마지막 한국인이 숨을 거두며 대한민국이란 나라가 없어지게 될 것이라고 한다.[1] 국제사회에서 '사우스 코리아'(South Korea)는 저출산 문제를 언급할 때마다 빠짐없이 등장한다. 전 세계적으로 비교 대상이 없을 정도로 빠르게 출산율이 감소하고 있기 때문이다. 옥스퍼드 인구문제연구소의 데이비드 콜만(David Coleman) 교수는 우리나라의 저 출산 문제를 '코리아 신드롬'(Korea Syndrome)이라고 이름 짓고, "한국이

지구촌에서 사라지는 최초의 국가가 될 것"이라고 말했다. 미국의 인구학자 폴 휴잇(Paul Hewitt) 박사도 "한국이 출산율을 높이는 데 성공하지 못하면 2100년에는 인구의 1/3 이하로 줄고, 2200년에는 140만 명으로, 궁극적으로는 지구에서 한국인의 소멸을 초래할 수 있다"고 경고했다.[2]

우리나라의 인구 감소는 인구성장률 둔화 탓이다. 2005~2010년 세계 인구의 연평균 성장률은 1.18퍼센트이다. 선진국은 0.34퍼센트, 개발도상국은 1.37퍼센트이다. 그러나 같은 기간 한국은 0.30퍼센트인데, 2018년부터는 마이너스 성장을 하게 될 것으로 보인다. 즉, 2018년을 정점으로 우리나라 인구는 급격히 감소하기 시작하는 것이다. 인구성장률 둔화는 무엇보다 낮은 출산율 때문이다.

한국인의 출산율은 얼마나 낮은가? 세계보건기구(WHO)의 〈세계보건통계 2008 보고서〉에 따르면 우리나라의 합계 출산율(여성 1명이 가임 기간 동안 낳는 평균 자녀 수, 이하 '출산율'이라고 함)은 2008년 1.19명으로 세계 193개국 중 최하위다. 그것은 세계 평균 2.54명의 절반에도 못 미치고, 선진국 평균 1.64명과 비교해도 크게 낮은 것이다.

더욱 문제가 되는 것은 가임 여성이 계속 감소하고 있는 현실이다. 즉, 출산율의 하락폭이 점점 더 커지고 있다. 통계청에 따르면 우리나라 가임 여성 인구(15~49세)는 2002년 1,380만 명으로 정점에 도달한 이후 6년째 하락세를 보이고 있다. 특히 출산 가능성이 상대적으로 높은 20, 30대 가임 여성 인구는 1998년 이래 줄어들고 있다. 예를 들어 우리나라 인구는 1995~2005년 사이 4천 5백만 명에서 4천 7백만 명으로 200만 명 늘었지만(+4.4%), 20, 30대 여성 인구는 같은 기간 동안 831만 명에서 764만 명으로 오히려 67만 명이 감소했다(-8.1%). 대한민국의 생존 여부는 이들 20, 30대 여성들에게 달려 있다고 해도 과언이 아닐 것이다.

왜 출산율이 감소할까?

원래 우리나라의 출산율은 상당히 높았다. 1970년만 해도 출산율은 4.53명이었다. 그러나 1980년에는 2.82명으로 크게 낮아졌고, 이후에는 더욱 낮아져서 1990년에 1.57명, 2000년에 1.47명, 그리고 2008년에 1.19명으로 급격히 줄어들었다. 우리나라는 이미 2001년부터 출산율이 1.3명 이하인 '초저출산국'에 진입했다. 출산율은 2.1명은 되어야 현재의 인구 수준을 유지할 수 있다. 그러나 출산율이 1.2명도 안 되니 인구가 줄어드는 것은 당연한 결과라 하겠다.

미련하게도 과거 정부는 미래를 예측하지 못한 채 좁은 땅에 너무 많은 인구가 있다고(인구밀도가 세계 3위니까 틀린 말은 아니다), 그래서 먹고 살기가 어려워진다고 '산아제한'이라는 이름으로 인구 억제 정책을 대대적으로 펴 나갔다. 사실상 1950년대까지만 해도 한국인이 생각하는 이상적인 자녀수는 5명(3남 2녀)이었고, 1960년대에도 3명(2남 1녀)이었다. 그러나 이미 1960년대부터 인구를 억제하려는 구호들이 정부 주도로 난무하기 시작했다. 그 대표적인 것이 1960년대에는 "덮어놓고 낳다보면 거지꼴을 못 면한다", 1970년대에는

"아들딸 구별 말고 둘만 나아 잘 키우자", 1980년대에 와서는 아예 "한 집에 하나라도 삼천리는 초만원"이라고 떠들며 '한 자녀 갖기' 운동을 전개했다. 오죽하면 우스갯소리로 자녀가 "하나면 현대인, 둘이면 문명인, 셋이면 미개인, 넷 이상이면 야만인"이라는 말까지 생겨났을까.

우리나라에서 출산율이 낮아진 것은 정부정책 때문만은 아니다. 급격한 산업화, 도시화 과정을 겪으면서 사람들, 특히 젊은이들의 가족에 대한, 결혼에 대한, 자녀에 대한 가치관이 크게 변한 것도 출산율 감소의 주요인이 되고 있다. 우선 결혼에 대한 가치관이 변했다. 예를 들어 2008년 조사에 따르면 결혼에 대한 견해에 있어 "반드시 해야 한다"는 한국인은 24퍼센트에 불과했다. "하는 것이 좋다"는 응답이 44퍼센트, "해도 좋고 하지 않아도 좋다"는 응답은 27퍼센트나 되었다.[3] 결혼은 "반드시 해야 한다"는 응답 비율은 여성에게서 더 낮았다(남 27%, 여 20%). 그리고 그 비율은 교육 수준이 높을수록, 나이가 적을수록 현저하게 낮아지고 있다. 이제 결혼은 필수 사항이 아니라 선택 사항으로 바뀌고 있는 것이다.

과거에는 혼자 사는 것은 문제가 있거나 바람직하지 않다며 곱지 않은 시선으로 바라보았지만, 요즈음은 '화려한 싱글'이니 '골드 미스'니 하는 말에서 알 수 있듯이 독신으로 사는 것은 당당한 것으로, 심지어는 멋있는 것으로 보는 풍조까지 생겨나고 있다. 당연히 1인 가구가 증가하고 있다. 혼자 사는 가구가 1985년에는 전체 가구의 7퍼센트였지만, 2005년에는 20퍼센트로 세 배 가까이 늘었다.

실제로 결혼 건수도 줄어들고 있다. 1987∼2007년의 20년 간 전체 인구는 4,100만 명에서 4,800만 명으로 700만 명이나 늘었지만(+16.6%), 결혼 건수는 오히려 같은 기간 동안 37만 7천 건에서 34만 6천 건으로 3만 건 이상 줄어들었다(-8.3%). 그만큼 전체 인구는 늘어나도 결혼은 적게 한다는 말이다. 물론 결혼 건수의 감소는 주로 젊은 층 인구가 감소하는 탓도 있으나, 어쨌든 결혼 건수의 감소는 출산율 감소로 이어지게 된다. 그뿐만 아니라 초혼 연령도 늦어지고 있다. 즉, 평균 초혼 연령이 1970년에는 남자 27.8세, 여자 24.8세였으나, 2007년에는 남자 31.1세, 여자 28.1세로 남녀 똑같이 3.3세나 늦춰졌다. 이것은 그만큼 가임 여성의 가임 기간이 짧아져 출산율 감소의 또 다른 요인으로 작용하고 있다.

한편 결혼을 하더라도 젊은 여성들의 출산 기피 현상이 두드러지게 나타나고 있다. 한국보건사회연구원이 전국 미혼 남녀와 기혼 여성 3천여 명 대상으로 실시한 조사 결과[4] "아이는 반드시 가져야 한다"는 응답은 23퍼센트에 불과했다. 이것은 1997년의 74퍼센트, 2000년의 58퍼센트에 비하면 현저하게 낮아진 것이다. 그들이 출산을 기피하는 주요 이유는 자녀교육에 대한 물질적·정신적 부담이 너무 크다고 하는 한국 교육환경의 열악성, 자기개발과 사회적 활동에 자녀 양육이 걸림돌이 된다고 하는 여성의 높아진 자의식, 그리고 희생보다는 삶을 즐기려고 하는 개인주의 가치관의 만연이라 할 수 있다. 그래서 선진국에서 유행하는 딩크족(DINK, double income no kid: 부부가 맞벌이하되 아이는 갖지 않는 가족 형태)이 우리나라에서도 늘어나고 있는 추세다.

　물론 출산율 기피의 가장 큰 요인의 하나는 자녀 양육에 대한 부담이라고 할 수 있다. 전국 거주 15~39세 기혼 여성 1,500명 대상의 조사에서 응답자 10명 중 8명은 "아이를 키우는 데 드는 보육비, 교육비가 부담스럽다"고 답했다.[5] 또한 전체 응답자의 44퍼센트는 "현재 지출하는 보육비가 절반으로 줄어들면 아이를 더 낳을 의향이 있다"고 답했다. 실제로 사교육비가 가계 지출의 10퍼센트를 넘어선 상태에서 1명은 그나마 감당해 보겠지만, 2명의 자녀를 제대로 키우는 것은 여간 어려운 일이 아니다.

　남성보다 여성이 출산에 대하여 더 부정적이다. "결혼 후 자녀는 몇 명을 가질 것인가"에 대한 미혼 남녀 대상의 한 조사에서 남성의 절반 정도는 '2~3명'을 선택했지만, 여성의 경우 절반이 '1명'을 선택했으며, 여성 3명 중 1명은 자녀를 낳지 않을 생각을 하고 있는 것으로 드러났다.[6] 남성보다 여성이 출산에 대하여 더 부정적인 중요한 이유는 출산 후 겪는 불이익 때문이다. 여성은 출산으로 자발적이든 비자발적이든 직장을 그만두는 경우가 많다. 출산은 직장생활에 걸림돌이 되는 것이다. 게다가 부모 세대가 아이를 봐줘서 직장생활이 가능했던 '여성의 희생을 바탕으로 한 여성의 사회생활'도 노년의 즐거운 인생을 추구하는 독립적인 노부모가 많아지면서 점점 어려워지게 되었다.

낮은 출산율,
그것은 재앙이다

세계에서 가장 낮은 우리나라의 인구증가율 및 출산율은 미래 한국에 재앙을 가져올 것이다. 미래 사회에 대한 예측을 보면, 농경시대에는 종교가 권력을 쥐었고, 산업시대에는 국가가, 정보화시대는 기업이, 그리고 다가오는 후기정보화시대에는 개개인이 권력을 가진다고 한다.[7] 그리고 농경시대에는 땅이 많으면 부자, 산업시대에는 자본이 많으면 부자이고, 정보화시대는 접속, 그리고 후기정보화시대는 존재 자체가 부자라고 한다. 즉, 인구가 국력인 시대가 다가오고 있는 것이다. 정보 공유화로 인해 일당백(一當百)이 불가능하고 일당이(一當二)도 불가능한 시대에 1인 발생 에너지가 동일하기 때문에 국력은 바로 인구에서 올 수밖에 없다는 것이다. 국가 차원에서 보더라도, 한 나라를 지탱하는 힘의 원천이 봉건시대에는 땅, 산업시대에는 돈(자본), 냉전시대에는 무기, 후기산업시대에는 기술이지만, 21세기에는 사람(인력)이다. 미래 사회에서는 인적 자원, 즉 인력이 국력의 척도가 되는 것이다. 그런데 그 자원이 우리나라에서는 점차 고갈되고 있는 것이다.

인구 감소는 국가 경제를 크게 위축시키게 된다. 현재는 중국 인구가 세계에서 가장 많으나 2050년에는 인도 인구가 16억으로 가장 많아지고, 다음으로는 중국이 14억 인구를 갖게 될 것이다(중국은 그동안 출산을 억제하는 '한 자녀 갖기' 운동을 해왔기 때문에 인구가 지금보다 별로 늘지 않을 것이다). 2050년 한국의 인구가 3천만 명으로 감소하면, 15년 내로 한국은 중국 경제에 흡수될 것이라고 한다.[8] 왜 그런가? 인구가 감소하면 소비가 줄고 생산이 줄어들며 수출도 감소하게 되어 결국 경제는 파탄에 이르게 되기 때문이다. 출산율이 떨어지면 노동력이 타격을 입을 뿐만 아니라 장기적 경제 전망도 어두워지게 된다. 한국개발연구원(KDI)은 우리나라에서 출산율이 현재와 같은 수준으로 유지된다면, 2020년 경제성장률은 3.9퍼센트, 2030년에는 1.6퍼센트, 그리고 2040년이 되면 0.7퍼센트로 곤두박질칠 것이라는 어두운 전망을 내놓았다.

문제는 15세부터 64세까지 일할 사람 숫자가 줄어든다는 사실이다. 우리나라에서 왕성하게 일할 수 있는 사람을 뜻하는 생산가능인구(15~64세)는 2016년을 정점으로 감소할 것으로 관측되고 있다. 일할 사람이 많아져야 취직하고 결혼하고 아이 낳고 집 사는 과정에서 소비가 늘고 경제성장률도 올라간다. 따라서 일할 사람이 감소하면 취업자가 감소하고, 이것은 소비를 감소시켜 경제가 침체될 수밖에 없는 것이다. 그런데 우리나라의 15~64세 인구는 2010년의 73퍼센트에서 2050년의 53퍼센트로 크게 낮아질 전망이다. 한마디로 노동 인구가 크게 줄어드는 것이다.

출산율 감소와 맞물려 있는 다른 문제는 사회가 고령화된다는 것이다. 전반적으로 세계적 추세는 영양공급 상태가 좋아지고, 의학 기술이 발달하면서 인구의 평균수명이 늘고 있다. 출산율 감소와 평균수명 연장은 자연히 고령 인구의 증가로 이어지게 된다. 65세 이상 인구는 세계적으로 보면 2010년의 8퍼센트에서 2050년의 16

퍼센트로 두 배가 된다. 선진국의 경우도 16퍼센트에서 26퍼센트로 증가한다. 그러나 우리나라는 그 비율이 11퍼센트에서 38퍼센트로 세 배 반으로 늘어난다. 한국인 다섯 가운데 둘이 노인이 된다는 말이다. 한국은 지난 2000년 노인 인구(노인 인구라 함은 65세 이상의 인구를 말하는 것이다)가 전체 인구의 7퍼센트를 넘는 '고령사회'에 진입했고, 2018년이면 노인 비율이 14퍼센트 이상이 되는 '초고령사회'가 될 것이며, 2050년에는 '슈퍼 울트라' 고령사회가 되는 것이다. 그래서 노인 인구 비율이 2010년 세계 27위인 한국은 2050년에는 일본을 제치고 세계 1위가 될 것이다.

노인 인구 비율의 증가는 소년 인구 감소와 맞물려 있다. 2010년 한국의 노령화지수(0~14세 인구 100명당 65세 이상 인구)는 68로 선진국 97보다 낮지만, 2020년에는 126으로 선진국(117)보다 높아지고, 2050년에는 그것이 429에 달할 것이다(선진국은 170). 이것은 2050년에는 노인 숫자가 아이들 숫자의 네 배 이상 된다는 말이다. 2009년 세계 인구의 중위 연령(전체 인구의 한 가운데 있는 사람의 나이)은 평균 29세이지만 한국은 37세이다. 그러나 2050년에는 한국 인구의 중위 연령은 57세(선진국은 46세)에 이르게 된다. 그때에는 나이 50이 되어도 젊은이 취급을 받게 될 것이다.

지나치게 표현하면 앞으로 아이들은 없고 노인만 있는 나라가 될지 모른다. 텅 빈 학교는 경로당으로 쓰일 것이고, 전철 한구석에 있는 경로석은 일반석과 맞바꿔야 할 사회가 도래할 것이다. 노인 인구가 급팽창하면서 '웰빙'을 원하는 노인들의 요구는 갈수록 커질 것이다. 자연스럽게 노인들의 목소리를 대변하는 '노인당'이 출현하게 될 것으로 전망되기도 한다. 정치권도 전체 표의 40퍼센트에 달하는 '노인 표심'을 의식해 노인들을 위한 정책이 크게 늘어날 것이며, 이것은 일하는 사람들의 세금 부담을 엄청나게 가중시킬 것이다.

더 큰 문제는 한국이 고령화되면서 노인부양비(15~64세 인구 100명당 65세 이상 인구)가 점점 높아진다는 사실이다. 2010년 노년부양비는 15로서 선진국 24보다 낮으나, 2050년에는 72로 선진국 평균 45보다 훨씬 높아진다. 다시 말하면 2005년에는 생산 가능 인구 7.9명이 노인 1명을 부양했지만, 2020년에는 4.6명이, 2050년에는 1.4명이 노인 1명을 부양하는 지경에 이르게 될 것이다. 게다가 55세 정년은퇴를 감안하면, 생산인구 1명이 노인 1명을 보살펴야한다는 계산이 나온다. 연금과 의료보험은, 돈 낼 사람은 줄어들고 혜택받을 사람만 느는 것이다. 결국 현재의 국민연금, 의료보험 시스템은 감당할 수 없게 된다. 2060년에는 연금이 고갈될 전망이다. 따라서 생산 인구로부터 세금이나 연금을 훨씬 많이 걷거나, 국민연금 수령액을 대폭 줄이는 수밖에 없게 된다. 이것을 누가 어떻게 감당할 수 있겠는가?

출산율이 나라와 교회의 미래를 결정한다

출산율 감소가 재앙이 될 것을 깨달은 나

라들은 출산장려를 위해 안간 힘을 쓰고 있다. 프랑스는 대표적인 저출산 국가에서 출산장려운동의 성공적 모델로 탈바꿈했다는 평가를 받고 있다. 프랑스 출산장려운동이 성공한 요인은 '출산과 양육은 국가의 책임'이라는 철학이 깔렸기 때문이다. 프랑스에서는 자녀들을 5세까지 국가가 양육을 책임지며, 셋째를 낳은 여성에게는 1년간 육아 휴직과 보조금을 지급하고 있다. 출산장려 지원 예산만 무려 49조 원에 달한다. 이렇게 해서 출산율은 1994년 1.6명에서 2008년 2.1명으로 끌어 올렸다.

1970년대 초반 유럽에서 가장 먼저 인구 감소를 경험한 독일은 이민으로 그 문제를 해결해 왔다. 즉, 인구 감소로 노동력이 부족해지자 인근 국가들(특히 터키)로부터 노동 이민을 대거 받아들였다. 다른 서부 유럽 국가들도 인접 아시아 국가들과 북아프리카 국가들로부터 많은 이민을 받아들여 부족한 노동력을 채웠다. 그러나 이것은 치명적인 결과를 초래하고 있다. 하나는 급격히 늘어난 이민 인구의 대부분이 무슬림이라는 것이고, 다른 하나는 그들의 출산율이 백인의 두 배에 달하고 있다는 점이다. 이렇게 그들 인구가 급증하면서 이제 유럽은 기독교와 이슬람교 사이에서 소위 '문명의 충돌'이 일어나고 있다. 21세기 말에는 유럽을 무슬림이 접수하면서 이슬람권에 들게 될 것이라는 전망도 나오고 있다. 따라서 출산이 아닌 이민 정책으로 인구 감소를 메우려는 시도는 미래에 큰 화를 불러올 가능성이 있다고 하겠다.

바람직한 인구 증가는 출산에 의해 자연스럽게 이루어져야 한다.

결국 출산율 증가가 한 국가의 존폐에 결정적으로 영향을 미치는 것이라면, 출산장려는 이제 더 이상 미룰 수 없는 우리나라의 절박하고 시급한 과제다. 다행히 요즈음 낮은 출산율에 대한 위기의식이 사회의 일각에서 조금씩 생겨나고 있으나, 근본적인 정책적 대안이 없다면 효과가 없을 것이다. 우선 정부는 범국가적 차원에서 우리나라의 인구 문제, 특히 출산율을 높이는 문제에 전심으로 매달려야 한다. 그리고 이 문제의 심각성을 대대적으로 국민들에게 알려야 한다. 특히 아이들의 양육 문제에 대하여 국가가 전향적으로 지원하고, 출산에 따른 사회적·경제적 불이익을 여성이 당하지 않도록 정책적으로 배려하는 방향으로 나아가야 한다. 이런 의미에서 호주에서 벌어지고 있는, '하나는 엄마를 위해, 다른 하나는 아빠를 위해, 또 다른 하나는 국가를 위해'(one for mom, one for dad, one for the country)라는 출산장려운동 구호는 우리에게 귀감이 되고 있다.

출산율의 문제는 종교, 그리고 교회의 미래와도 밀접한 관계를 가지고 있다. 20세기의 전반적인 종교인구 변동 추이를 보면 종교 성장은 개종에 의한 것이라기보다는 대개는 출산에 따른 자연증가에 의한 것이었다.[9] 몇 가지 예를 들어보자. 1900년 세계 인구의 35퍼센트였던 기독교인 비율은 2005년 33퍼센트로 감소한 반면에, 무슬림 인구 비율은 같은 기간 동안 세계 인구의 12퍼센트에서 21퍼센트로 급증했다. 이러한 변화의 결정적 요인은 출산율이다. 무슬림 인구의 높은 출산율로 인해 이슬람 국가의 평균 인구증가율은 2.15 퍼센트인데 비해, 기독교 국가의 평균 인구증가율은 1.14퍼센트로 거의 절반 수준이다. 이런 추세라면 금세기 말에는 무슬림이 기독교인보다 많아져서 이슬람교가 세계 최대의 종교가 될 것이다.

기독교 안에서도 1900~2000년 사이 가톨릭 인구의 비율은 전체 기독교인의 51퍼센트에서 56퍼센트로 증가한 반면에, 개신교 인구의 비율은 26퍼센트에서 22퍼센트로 감소했다. 역시 이 결과의 주요인도 출산율 및 인구증가율이다. 즉, 가톨릭 국가의 평균 인구증가율은 1.27퍼센트인데 비해 개신교 국가의 평균 인구증가율은 1.08퍼센트에 머물고 있다. 유럽의 기독교인 비율이 급격히 줄고 있는 반면에, 아프리카와 아시아 지역에서의 기독교인 비율이 급증하는 것도 주로 출산율 차이에 따른 것이다.

한국 교회는 지난 몇 십 년간 급성장했다. 그 성장 요인의 하나는 자연적인 인구 증가였다고 할 수 있다. 그런데 우리나라 인구 전체가 줄어들고 있다. 2005년 통계청 조사에 따르면 개신교인은 한국 전체 인구의 18퍼센트인 860만 명 정도였다.[10] 이 비율대로라면 우리나라 인구의 감소로 2050년에는 교인 수가 540만 명으로 줄어들 것이고, 그 가운데 거의 절반은 65세 이상의 노인들일 것이다. 그리고 지금의 출산율 추세라면 200년 후에는 한국 교인의 수는 90만 명에 불과하게 될 것이다. 생각만 해도 끔찍한 일이 아닌가.

출산율 감소는 나라뿐만 아니라 교회에 있어서도 재앙이 될 수 있다. 이제 한국 교회는 "자녀를 많이 낳는 것은 나라를 사랑하는 길이요, 교회를 사랑하는 길"이라는 것을 모든 사람에게, 특히 교인들에게 일깨워야 한다. 우리나라의 낮은 출산율은 국가 경제 성장의,

그리고 교회 성장의 가장 큰 걸림돌이다. 따라서 한국 사회와 교회의 미래를 위해서 출산은 적극 장려되어야 한다. 한국 교회는 21세기 최대의 과제로 '세 자녀 갖기 운동'을 전개하며 이를 적극적으로 실천하면 좋겠다. 출산율을 높이는 것이 국가와 교회에 기여할 수 있는 시대적 요청이라는 사실을 외면한다면, 한국 사회와 교회는 미래에 엄청난 대가를 치르게 될 것이다. 그러기에 창세기의 말씀이 21세기에 새삼스럽게 마음에 와 닿는다.

"하나님이 그들에게 복을 주시며 그들에게 이르시되 생육하고 번성하고 땅에 충만하라."(창 1:28)

12

자살,
이대로 방치할 것인가

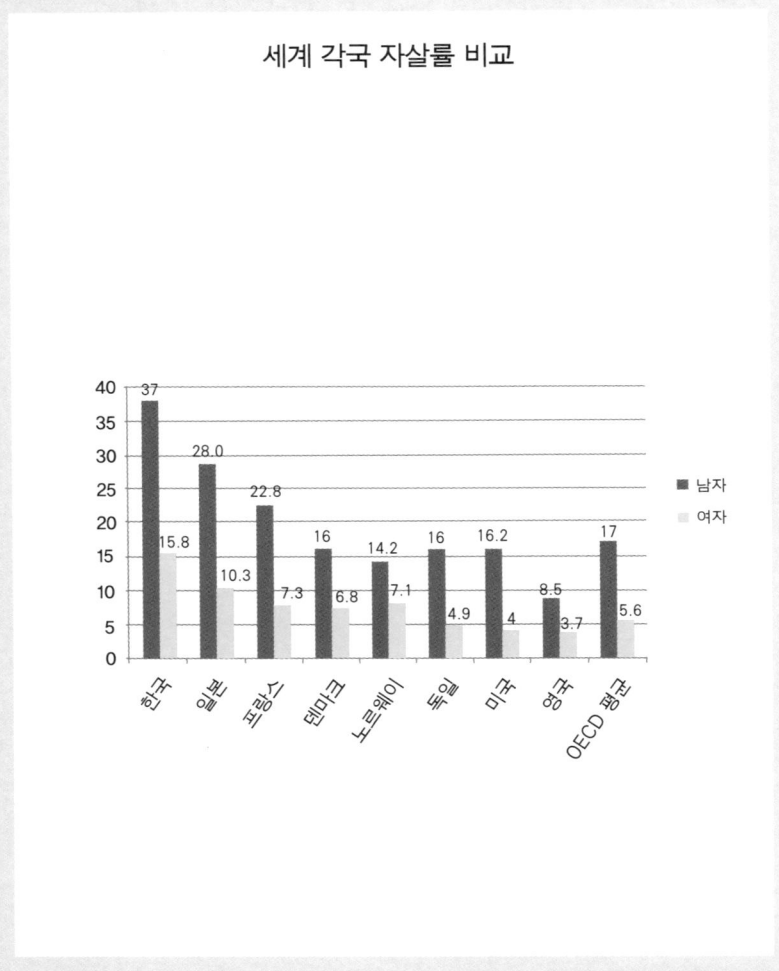

세계 각국 자살률 비교

*출처: OECD(2005).

너무 쉽게
자살하는 한국인

자살이란 행위자가 자신의 죽음을 초래할 의도를 가지고 자신의 생명을 끊는 행위를 말한다. 요즈음 우리 사회는 '자살 증후군'이라 부를 수 있을 정도로 여기저기서, 이런저런 이유로 자살이 너무 쉽게, 그리고 너무 자주 일어나고 있다. 최근 몇 년 사이 유명 연예인들의 잇단 자살에 이어 급기야는 전직 대통령이 자살하는 전대미문의 사건까지 벌어져 온 국민에게 충격을 안겨 주었다.

우리나라에서 자살자는 2007년 1만 2,174명으로 하루 평균 33명, 1시간에 1.4명이 자살하는 것으로 밝혀지고 있다. 이 수치는 2000년에 비하면 두 배로 늘어난 것이다. 자살은 2007년 사망 원인에 있어 암, 뇌혈관 질환, 심장 질환에 이어 4위였다.[11] 특히 사망 원인 가운데 자살이 10대에서는 2위, 20, 30대에서는 1위로 나타나고 있다. 그리고 한국의 자살률은 인구 10만 명당 24.8명으로 경제협력개발기구(OECD) 가입 30개국 가운데서 1위를 차지하고 있다. 그 비율은 OECD 가입국 전체 평균인 11.9명의 두 배 이상이나 되는 수치이다.

자살의 심리적 배경에는 스트레스가 결정적인 요인으로 지적되고 있다. 스트레스의 원인은 성인의 경우 경제적 어려움, 직장생활, 인간관계, 자녀 문제, 질병 등이다. 특히 경제적 어려움이 큰 문제이다. 성인의 자살 원인은 무엇보다 '생활고'를 꼽는다. 즉, 사회적으로는 경기 침체 및 불황, 개인적으로는 파산, 실직, 사업 실패 등 경제적인 요인이 가장 중요하게 작용하고 있다. 그 밖에도 가정 불화, 특히 최근에 나타나고 있는 인터넷을 통한 명예훼손 등도 자살의 중요한 요인이다. 그러나 10대의 자살은 학업 및 진로 문제가 가장 중요한 요인이 되고 있다.

심리학에서는 자살의 일반적 원인에 대하여 개인의 심리 혹은 정신 상태에 초점을 맞추고 있고, 정신분석학에서는 자살을 의도 혹은 동기로 분석하고 있다. 프로이트(Freud)는 인간에게는 근원적인 자기 파괴의 본능, 즉 '죽음으로 향하는 본능'이 있어 만일 그가 내면화된 사랑의 대상을 향한 사랑과 애정의 느낌이 거절되어 좌절을 경험하게 되면 분노와 적대감의 느낌이 생기게 되는데, 바로 그러한 감정이 자아를 향하게 되어 자살을 하게 된다고 보았다. 그러나 사람들은 다수의, 그리고 다양한 심리적 동기에서 자살을 하게 된다. 심리학에서는 증오심, 복수심, 분노, 의존성, 수치감, 죄책감, 두려움, 불안, 희망 없음, 우울증과 스트레스와 같은 갈등적인 심리적 요인을 중요하게 본다.[12]

자살은 개인 문제가 아니라 사회 문제

사회학에서는 누가 자살을 하는가, 어떤 개인적 사유로 자살을 하는가 하는 문제보다는 어떤 상황이 사람들

166

로 하여금 자살을 하게 만드는가, 어떤 사회적 문제가 사람들을 자살로 유도하는가 하는 문제에 관심을 가지고 있다. 즉 사회학적으로 보면 자살의 문제는 개인의 문제가 아니라 사회 구조의 문제이며 사회 상황의 문제이다. 따라서 어떠한 사회적 구조나 상황에서 자살이 많이 발생하며, 그 원인은 사회적으로 어떻게 설명될 수 있는가 하는 문제에 초점을 맞춘다.

자살에 대한 사회학적 연구는 주로 뒤르켕(Durkheim)의 유형론적 분석의 틀이 지금까지 가장 유용한 것으로 이해되고 있다.[13] 그는 어떤 사회에서, 그리고 어떤 상황에서 자살이 많이 일어나고 있는가 하는 문제에 관심을 가졌다. 결국 뒤르켕은 사회적으로 자살률 차이를 설명하는 변수는 사회에 의한 '통합'과 '규제'의 정도라는 사실을 밝혀냈다. 여기서 통합(integration)은 "집합감정이 공유되는 정도"이며, 규제(regulation)는 "사람들에 대한 외부적 제한의 정도"를 말한다. 이러한 통합이나 규제가 사회적으로 너무 약하거나, 또는 반대로 너무 강할 때 자살이 많이 일어나게 된다는 것이다. 따라서 뒤르켕은 자살의 유형을 네 가지로 구분했다.

첫째 유형은 이기적 자살(egoistic suicide)이다. 이것은 사회 통합이 잘 이루어지지 않는 사회적 상황에서 많이 발생하는 자살 유형이다. 가치, 믿음, 전통, 정감이 모든 구성원들에 의해 공유되지 않고, 개인적인 이익만이 무제한적으로 추구되는 상황에서 생겨나는 자살이다. 집합의식이 약화되고 그 대신 개인주의가 팽배한 사회는 개인에게 삶의 의미감이나 집단적인 도움을 마련해 주지 못한다.

집단에 대한 책임과 의존성이 약해지면서 이러한 유형의 자살이 증가하게 된다. 그래서 사회적 연대감이 강한 전통사회에서는 자살이 흔하지 않다. 가족이나 종교 혹은 그 밖의 다른 집단에 강하게 통합되어 있는 사람은 자살을 적게 한다. 반대로 개인주의 가치관이 확산되어 있는 사회에서 자살률이 높다. 집합주의 성향이 강한 가톨릭 국가의 경우 개인주의 성향이 강한 개신교 국가에서보다 자살률이 낮다. 확대가족처럼 가족의 규모가 클수록 자살이 적게 나타난다. 결국 개인주의의 확산이 자살률을 높인다.

둘째 유형은 이타적 자살(altruistic suicide)이다. 이것은 이기적 자살과는 반대로 통합이 너무 강하여 생겨나는 자살 유형이다. 집합의식이 너무 강할 때, 사회 혹은 집단은 개인에게 자살을 강요할 수 있다. 사회의 통합이 너무 강하게 이루어지면, 개인은 집단에 용해되고 개인의 가치가 용납되지 않는다. 그는 집단 이익을 위한 자기희생에의 압력에 저항할 수 없게 된다. 2차 세계대전 당시 전쟁터에서 목숨을 내놓고 적진으로 돌격하여 스스로 죽음의 길을 택했던 일본의 가미가제 특공대, 913명의 집단자살로 막을 내린 인민사원(People's Temple) 교주 짐 존스(Jim Jones)의 추종자들, 그리고 적으로 간주된 집단이나 장소로 폭탄을 안고 돌진하여 자폭하는 이슬람 원리주의자의 자살특공대가 그 예가 될 것이다. 집단(국가이든 민족이든 가족이든)에 대한 지나친 충성심이, 집단 이익을 위한 자기희생으로서 자살을 택하게 만드는 것이다.

셋째 유형은 아노미적 자살(anomic suicide)이다. 이것은 사회적 규제가 너무 약할 때 일어나는 자살 유형이다. 아노미(anomie)란 표준과 가치의 붕괴에서 생겨나는 사회적 불안정, 무규범, 혼란 상태를 뜻한다. 사람들이 표준적인 가치나 규범을 따르지 않아도 이를 통제할 능력이 없는 사회에서는, 사람들이 수단과 목적 사이의 불균형 문제로 어려움을 겪게 된다. 특히 경제적인 문제의 경우 더욱 그러하다. 사회적으로 사람들이 '부'를 추구함에 따라 그것에 대한 열정, 욕망, 목표, 기대 등이 증대된다. 여기에는 정당한 방법이나 수단이라는 제한이 뒤따라야 한다. 그러나 이러한 규제가 이루어지지 않고, 이에 따라 규범이나 가치가 사회에서 사람들에게 영향을 미치지 못할 수 있다. 그러면 사람들은 감정의 노예가 되어 자살을 포함한 파괴적인 행동을 하기 쉽다.

여기서는 특히 상대적 박탈감이 중요하다. 모두가 가난하면 자살하지 않는다. 모두가 잘살아도(사실상 불가능한 일이지만) 자살하지 않는다. 그러나 다른 사람은 잘사는데 나는 잘살지 못하고 있다고 느끼면, 다른 사람은 성공하는데 나는 실패하고 있다고 느끼면 자살할 수 있다. 더욱이 앞으로 잘될 희망이 나에게는 없다고 느끼면 자살할 확률이 높아지게 된다. 우리나라의 경우처럼 산업, 경제가 발전하면서 풍요라는 것을 알게 되고, 남들과 자신의 처지를 비교하면서 상대적 빈곤의식이 발생할 때 문제가 된다. 기대가치에 비해 단기간에 형편이 나아질 것 같지 않고, 사회는 무규범과 무질서와 같은 모순으로 가득 차 있다고 느끼게 되면, 심한 좌절과 절망, 그리고 고통을 경험하게 된다. 결국 희망 없는 사회, 법과 정의가 바로 서지 못하고 있는 사회, 끝없는 탐욕과 소유를 조장하는 사회, 수단과 방법보다는 목적만을 중시하는 사회는 바로 아노미적 자살을 유발할 수 있는 토양이 된다. 이것은 오늘날 우리 사회의 한 전형적 양상으로 나타나고 있다.

넷째 유형은 숙명적 자살(fatalistic suicide)이다. 이것은 아노미적 자살과는 반대로 사회적으로 규제가 너무 지나칠 때 생겨나는 자살이다. 지나친 규제로 인해 미래가 여지없이 봉쇄되고 억압적 훈련에 의해 강제적으로 감정이 차단될 때, 그래서 탈출구가 보이지 않을 때에 이러한 자살이 많이 일어난다. 성적이 모든 것을 결정짓는 학력사회에서 성적 부진으로 고민하는 청소년의 자살, 양가의 반대로 결혼의 뜻을 이루지 못한 젊은 남녀의 동반자살이 그 예가 될 것이다.

이 가운데 이기적 자살과 아노미적 자살이 가장 흔하고 중요한 현대적 유형의 자살이다. 이기적 자살의 근원은 '공동체성의 붕괴'라고 할 수 있다. 이기주의, 개인주의의 만연은 우리 사회에서 공동체 의식과 공동체적인 삶을 크게 약화시켰다. 이제는 가족도, 친구도, 이웃도 내게는 남처럼 느껴진다. 오로지 돌보고 관심을 가져야 할 것은, 그리고 믿을 수 있는 것은 나 자신뿐이라는 생각을 갖게 된다. 공동체적인 삶이란 '더불어 사는 삶'을 말한다. 서로 나누고 돌보고 섬기는 사회가 될 수 있어야 자살은 예방될 수 있다. 따라서 가족의 통합, 집단의 통합, 사회의 통합, 민족의 통합이 절실히 요구된다.

아노미적 자살의 근원은 '도덕성의 붕괴'라고 할 수 있다. 수단과 방법을 가리지 말고 끝없이 자신의 기대와 요구를 충족시키라고 가르치는 사회, 개인적 욕망을 성취하기 위해서는 사회적 규범과 가치를 무시해도 좋다고 느끼게 만드는 사회, 존재보다 소유에 인간의 가치를 부여하는 사회, 성공과 출세라는 목표를 향한 경쟁에서 처진 사람은 패배자로 낙인찍혀 버리는 사회, 경제적 부만이 인생의 최고의 목적이라고 부추기는 사회, 그래서 정말 무엇이 옳고 그른 것인지, 무엇이 참된 것이고 거짓된 것인지, 무엇이 의미 있고 가치 있는 것인지 분명치 않거나 혼란스러운 사회에서 자살은 끝없이 이어질 것이다. 도덕성이 붕괴된 사회에서는 절대적 혹은 상대적 박탈감을 느끼는, 그래서 스스로 인생의 낙오자, 실패자, 약자로 생각하며 희망을 발견하지 못하는 사람들을 양산할 것이기 때문이다.

자살은
하나님의 뜻에 어긋나

자살에 대해서는 오랫동안 두 가지 상반된 견해가 있어 왔다. 하나는 자살긍정론으로, 인간은 누구나 자기의 생명에 관해서 절대적 권리를 가진다는 윤리적 입장이다. 개인주의에 입각해서 자살을 개인적 자율성의 궁극적 표현으로 보며, 따라서 자살은 사회적으로 받아들여질 수 있다. 어떤 경우에는 그것을 명예롭게 생각하기까지 한다. 자살에 대한 또 하나의 견해는 자살부정론으로, 자살은 신과 국왕에 대한 의무를 포기하는 행위라고 보는 입장이다. 특히 기독교에서 자살은 신을 모독하는 행위라 하여 이를 죄악시하고 종교적으로 제재를 가해 왔다.

성서에 자살을 금하는 구절은 없다. 오히려 사울 왕과 삼손의 자살에 대해서는 긍정적으로 평가하기까지 하고 있다. 그러나 많은 이들이 "살인하지 말라"는 계명을 다른 이들뿐만 아니라, 자신에게도 적용되는 것으로 해석하고 있다. 기독교에서 자살을 반대하는 것은, 인간의 생명은 하나님으로부터의 받은 선물이라는 이해에 근거하고 있다. 인간은 하나님의 형상대로 지어졌기 때문에 신성하다는 것이다. 자살은 자신의 삶을 끝내려는 표출된 목적을 가진 의도적 행위다. 그러나 자신의 생명을 취하려는 사람들의 궁극적인 도덕적 판단은 하나님께 속한 것이다. 자살은 모든 생명의 창조자이신 하나님의 통치권에 대한 도전이며, 자신의 생명뿐만 아니라 피조물에게 주신 통제권에 대한 부적절한 수행이다.[14] 나의 생명에 대한 궁극적 책임이 자신에게 있다고 생각하는 것은 하나님의 섭리를 부정하는 것이다.

고통에서 벗어나기 위해 자살할 수밖에 없다는 데 대해서도 기독교는, 고통마저도 하나님의 구속하시는 계획의 일부라고 가르친다. 가족이나 사회적 짐에서 벗어나는 것을 자살에 대한 정당화로 생각하기도 한다. 그러나 가족과 공동체에 대한 성서적 견해는 개인은 집단에 대하여, 집단은 개인에 대하여 그 요구를 충족시키려고 노력해야 할 의무가 있다는 것이다.

신앙적인 눈으로 보면 자살은 하나님을 알지 못하고 하나님의 사랑을 거절하기 때문에, 희망이 없다고 느끼는 사람에게서 나타나는 대안이다.[15] 사람들 개개인에게 하나님의 사랑과 섭리에 대하여 일깨워 주는 것이 교회의, 기독교인의 중요한 과제라고 할 수 있다. 그러나 자살의 사회적 경향성에 대한 처방은, 자살이 예방될 수 있도록 사회적 공감대를 형성하고 공동체적 분위기를 조성하는 것이라 하겠다.

자살 예방에 대한
교회의 책임

자살은 다양한 개인적 요인에 의해 이루어지지만 그 근원은 사회적 상황이다. 무엇보다 사회의 공동체성과 도덕성이 붕괴된 사회적 상황이 자살을 확산시킨다. 사회적으로 공동체성과 도덕성을 마련해 주는 기능을 수행할 수 있는, 그리고 해야 하는 결정적으로 중요한 힘은 교회다. 교회는 무엇보다 우리 사회에 만연하고 있는, 나만을 생각하는 이기적인 개인주의 가치관을 극복하고 공동체성을 확립하는 일에 매진해야 한다. 공동체성이란 공동체의 구성원이 서로 하나 됨을 느끼는 '우리-감정'(we-feeling), 구성원 각자가 공동체 안에서 의미 있는 하나의 몫을 차지하고 있다고 느끼는 '역할-감정'(role-feeling), 구성원이 자신이 소속되어 있는 공동체에 신뢰감을 느끼는 '의존-감정'(dependency-feeling)을 말하는 것이다.[16) 우리 사회에 이러한 공동체성이 되살아날 수 있도록 교회는 선도적인 역할을 할 필요가 있다. 어떤 의미에서 교회는 사회에, 사람들에게 더불어 사는 삶의 지혜를 가르치며, 바르고 착하게 사는 삶의 방식을 가르쳐 줄 수 있는 마지막 보루다.

또한 교회는 돈을 절대시하여 수단과 방법을 가리지 않는 사회 분위기를 쇄신해야 한다. 우리 사회에 깊이 뿌리내리고 있는, 그리고 널리 퍼져 있는 천박한 배금주의 가치관을 극복하는 데 있어 중심적인 역할을 담당해야 한다. 이것이 바로 사회의 도덕성을 회복하는 길이다. 법과 질서가 지켜지고, 원칙과 규범이 받아들여지는 사회, 경제정의가 확립되어 정당하게 벌고 정당하게 쓰는 풍토가 조성되어 있는 사회, 이러한 사회가 바로 도덕적인 사회다. 모든 사람이 각자의 직업, 가정, 학교, 지역사회 영역에서 소명감을 가지고 자신의 일에 최선을 다하는 아름다운 모습이 도덕성이 확립되어 있는 사회다. 도덕성은 또한 자신에게 충실하며, 소속 집단에 책임을 지는 태도로 표출될 수 있다. 도덕성(morality), 이것은 한 사회가 얼마나 건강한 사회인가를 판가름하는 가장 중요한 척도의 하나다. 따라서 사회의 도덕성을 확립하려는 의지와 노력이 교회에 절실히 요구되고 있다고 하겠다.

나아가서 교회는 자살을 예방할 수 있도록 개인이나 집단에 대하여 적절한 통제(control)를 해야 한다. 외적인 통제는 사람들이 집단(가족, 친구, 동료, 이웃 등)에 동조하면서 살아갈 수 있도록 그들에게 도움, 이해, 관심을 갖게 하는 일이다. 내적인 통제는 개인이 적절한

174

이상, 표준, 도덕성, 책임감 그리고 자신감을 가질 수 있도록 격려하고 희망을 주는 일이다. 물론 교회는 개인들에게 생명 존중의 사상을 심어 주어야 한다. 하나의 생명이 천하보다 귀하다는 생각을 가져야 한다. 모든 생명을 지키고 보호하고 유지하는 일도 교회에 맡겨진 책임이다. 교회는 존재의 의미 혹은 삶의 의미를 일깨워 줄 수도 있다. 모든 인간이 존재하는 데는 반드시 중요한 이유가 있으며, 따라서 삶 속에서 그 의미를 찾아야 함을 사람들에게 가르쳐야 한다.

오늘날 우리 사회에는 자살이 너무 쉽게, 그리고 자주 행해지고 있다. 비록 개인적으로는 자살이 '심한 좌절과 절망 또는 어려움을 벗어나려는 마지막 몸부림'으로 보일 수도 있으나, 자살은 개인적 죽음으로 끝나는 것이 아니다. 그것은 가족, 친척, 친구, 이웃, 사회 전체에 돌이킬 수 없는 고통과 슬픔을 안겨주기 때문에 반인륜적, 반사회적 행위다. 특히 우리나라에서는 자녀를 소유개념으로 보는 전통적·문화적 가치관 때문에 자녀와 동반자살을 하는 경우가 많다. 이것은 자살일 뿐만 아니라 동시에 살인 행위다. 왜냐하면 모든 인간의 생명은 하나님께 속한 것으로 개개인은 독립된 개체로 존중되어야 하기 때문이다. 한편 신앙적으로 보면 자살은 하나님의 창조질서를 거부하고, 하나님의 자녀로서의 삶에 대한 책임을 회피하는 것이기 때문에 옳지 않다.

자살의 문제가 해결되기 위해서는 개인에 대한 태도뿐만 아니라 사회의 구조와 가치관이 함께 바뀌어야 한다. 교회는 무엇보다 공동체적 책임의식과 더불어 삶의 지혜를 전해야 한다. 하나의 생명을 귀하게 여기고 모두가 함께 더불어 사는 세상, 정의가 넘쳐흐르는 세상, 그래서 공동체성과 도덕성이 확립되는 세상을 만들어 갈 교회의 책임이 그 어느 때보다 절실히 요구되고 있다.

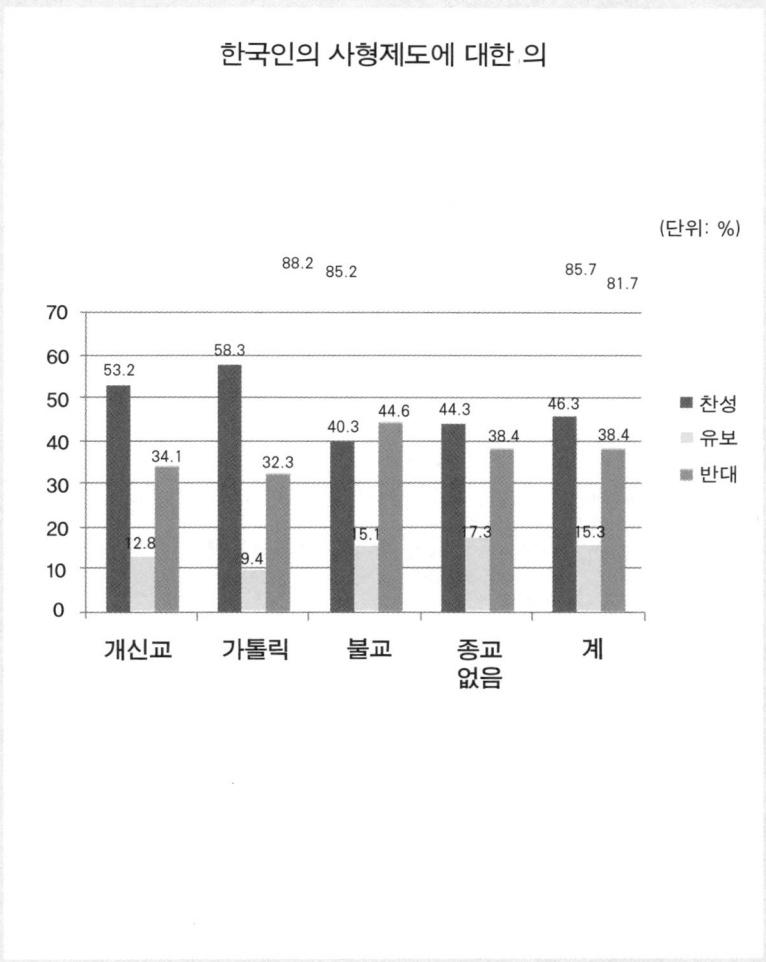

한국인의 사형제도에 대한 의

(단위: %)

*출처: 김재득 외, 《천주교와 한국 근현대의 사회문화적 변동》(가톨릭출판사, 2004).

사형제도
어떤 논란이 있나

사형제도에 대한 논란이 다시 일고 있다. 요즈음 세계적 추세는 사형제도를 폐지하는 것이고, 우리 사회의 일각에서도 이에 동조하고 있음에도 불구하고, 우리나라는 아직도 그 제도를 옹호하는 분위기가 만만치 않다.

국제사면위원회(Amnesty International)의 조사 결과 2006년 한 해 동안 전 세계 25개국에서 1,591명에게 사형이 집행되었으며, 55개국에서 적어도 3,861명이 사형을 언도받았다. 그러나 이 수치는 공식적인 경우만 집계한 것이며, 실제로 사형된 사람의 수는 훨씬 많을 것으로 추산되고 있다. 사형 문제는 한 인간의 생명과 관계된 것이기 때문에, 단순히 법적·제도적 문제로 끝나는 것이 아니라, 윤리적·종교적 문제로서도 논란의 여지가 있는 문제다.

사형(死刑)의 정의는 "범죄자 혹은 범죄자라고 주장되는 사람의 생명을 박탈하여 사회에서 영원히 격리시키는 형벌"로, 생명형(生命刑) 또는 극형(極刑)이라고도 한다. 사형은 역사상 가장 오래된 형벌이다. 모든 사회, 모든 시대에 이러한 형벌이 존재했다. 구약성서에서도 율법은 사형으로 범죄를 응징할 수 있게 했다. 영국에서는 1500~1550년 7만 명 이상이 사형으로 목숨을 잃기도 했다. 이후 18세기 서구 계몽주의 사상이 '인간 존엄성'을 강조하면서 사형은 점차 줄어들기 시작했다. 근대 형법학의 아버지라고 불리는 이탈리아의 베카리아(Casare Beccaria)가 1764년 처음으로 사형제 폐지를 주장했고, 그 후 서구 사회에서 치열한 논쟁을 거치게 된다. "인간은 오류 없는 존재일 수 없으므로 사형을 내릴 만큼 충분한 확실성이 결코 보장될 수 없다. 사형은 국민에 대한 국가의 전쟁이요, 법을 빙자한 살인"이라는 것이 그의 신념이었다.[17] 이러한 믿음은 서구에서 점차적으로 확산되기에 이르렀다.

사형제도는 오래 전부터 여러 가지 이유로 정당화되어 왔다. 범죄자는 사형에 해당하는 범죄 행위로 인하여 국가 구성원으로서의 자격을 상실하였다는 입장(루소), 정의를 확립하기 위하여 불가피하다는 입장(칸트), 범죄는 국가의 법을 부정하는 행위로서 이를 회복하는 방법이 형벌이고, 형벌은 그 자체로서 정당하다고 보는 입장(헤겔) 등이 다양하게 전개되었다.[18] 그러나 인권 문제에 대한 관심이 높아지면서, 사형제도는 폐지되어야 한다는 목소리가 커지고 있다. 대체로 법조계와 보수적 종교단체는 사형제도가 존속되어야 한다는 입장이 강한 반면에, 시민단체와 진보적인 종교단체에는 이 제도를 폐지해야 한다는 입장이 강한 것으로 나타나고 있다.

사형제도의 존속을 주장하는 입장은 국민적 법 감정과 일반 예방적 범죄 억지력을 그 근거로 삼고 있다.[19] 즉 첫째, 사람을 살해하는 등의 흉악한 범죄자에 대하여는 그 생명을 박탈해야 한다는 것이 국민의 도의적 · 법적 확신 또는 국민감정에 합치된다는 것이다.(응보적 관점) 둘째, 법질서의 유지를 위해 흉악범 등의 중대 범죄에 대해서는 사형으로 이를 위하(威嚇)하지 않으면 법익(法益) 보호와 목적을 달성할 수 없으며, 사형은 범죄를 예방할 수 있다는 것이다.(일반 예방적 관점) 셋째, 극악한 범죄자는 사회에 유해하므로 국가 사회의 방위를 위해서는 유해한 존재를 사회로부터 완전히 격리할 필요가 있다는 것이다.(사회 방위론적 관점) 결국 사형존치론자가 주장하는 논지는 극악무도한 범죄자에게는 공익과 다른 생명의 보호를 위해, 사형 외에는 다른 마땅한 처벌 방법이 없다는 것이다. 사형제도는 인면수심(人面獸心)의 범죄 흉포화 추세에서 흉악 범죄를 억제하고, 피해자의 인권을 보호하는 효과가 있다고 주장한다. 따라서 사형은 죽음에 대한 인간의 본능적 공포심과, 범죄에 대한 응보 욕구에 따라 고안된 필요악이라고 본다.

그러나 사형제도 폐지를 주장하는 사람들이 일반적인 논거로 제시하는 것은 국가가 범죄자의 생명을 박탈할 권한이 있는가 하는 법철학적 관점, 사형에 일반 예방적 기능이 있는가 하는 형사정책적 관점, 사형은 잔혹한 형벌을 금지하고 있는 헌법 정신에 위배되지 않는가 하는 헌법론적 관점, 오판의 가능성이 있는 이상 만회할 기회가 없는 사형을 선고하는 것은 적법 절차에 반하는 것이 아닌가 하는 적법 절차적 관점 등이 있다. 특히 사형의 위헌성에 대하여 사형제도 폐지론자는 사형이 인간의 존엄과 가치를 부정하는 것이라고 비판한다. 인간의 절대적이고 최고의 가치인 생명권은 입법권자의 제정 법률에 의해 침해될 수 없다는 것이다. 사형의 범죄 억제 효과에도 문제가 제기되고 있다. 사형은 통계학적으로 의미 있는 범죄 억제의 효과가 없다는 것이다. 사형 존치국인 칠레, 대만, 일본, 한국, 필리핀, 영국, 미국 등의 살인율이 사형 폐지국인 오스트리아, 호주, 벨기

에, 덴마크, 핀란드, 네덜란드, 스웨덴, 스위스 등의 국가보다 오히려 높다는 것이 밝혀지고 있다.[20]

사형제도,
왜 문제인가

　　　　　　　사형제도를 반대하는 입장의 이유는 다음과 같이 요약할 수 있다. 우선 사형이 범죄 억제 효과의 증거가 없다는 것과, 잘못된 판결에 의해 희생되는 생명의 억울함이 적지 않다는 것을 들 수 있다. 또한 사형은 국가에 의한 일종의 살인 행위로서 사형제도는 비인도적일 뿐만 아니라, 국가가 범죄자의 교화 기능을 포기하는 것이라고 지적한다. 때로는 오판 가능성 이외에도 정치적으로 사형이 악용되는 경우가 있다는 것이다.

　또한 아무리 흉악범이라도 인간인 이상 참회와 반성의 기회를 주는 것이 마땅한 일이라는 지적도 있다. 실제로 사형수들 가운데 수감 생활 중 자신의 과거를 참회하고 새로운 사람으로 거듭난 사람이 적지 않다. 심지어는 죽으면서 자신의 장기나 시신을 기증해 속죄를 하는 경우도 있다. 어떻게 보면 죄를 뉘우친 사형수는 새사람이 되는 순간 처형되어 버리는 셈이다.

　사형제도의 순기능보다는 역기능이 크기 때문에, 요즈음 세계적 추세는 사형제도의 폐지 쪽으로 기울어지고 있다. 그러나 사형제도 폐지가 세계적으로 이목을 받게 된 것은 상당히 최근의 일이다.

1961년 국제사면위원회가 출범하였고, 1977년 사형에 무조건 반대한다는 '스톡홀름 선언'을 발표하면서 처음으로 16개국이 이 사안에 서명하게 된다. 30년이 지난 2007년 현재 133개 국가에서는 사형제도를 폐지했거나 10년 동안 사형을 집행한 바 없다. 반면에 미국, 일본, 중국 등 64개 국가에서는 사형제도를 유지하고 있다. 유럽연합(EU)의 모든 가맹국들은 사형제도를 철폐하였으며, 앞으로 어느 국가가 이 기구에 가입하려고 하면, 그 조건의 하나로 사형제도 폐지를 규정하고 있다.

우리나라의 경우 1997년 이래로 사형이 집행되지 않았으며 (2007년 현재 사형 언도를 받고 복역하고 있는 사람은 60명이다), 10년 동안 사형을 집행하지 않게 됨으로써 국제 엠네스티의 규정에 의하여 '실질적 사형 폐지국'이 되었다. 그러나 사형제도 자체가 법적으로 폐지된 것은 아니다. 다만 17대 국회에서 여야의원 182명이 사형 폐지 법안에 서명했고, 현재 헌법재판소에서 사형제도 폐지에 관한 논의가 진행되고 있다. 이와 같이 미국(그러나 사실상 미국도 주州에 따라 사형제도를 시행하는 곳도 있고, 시행하지 않는 곳도 있다)을 제외한 대부분의 서방 선진국들은 사형제도 자체가 하나의 시대적 착오라고 본다. 어떤 의미에서는 사형제도 폐지 여부가 국가나 사회의 인권 수준, 생명존중 수준을 판가름하는 중요한 척도가 되고 있다고 하겠다. 이런 점에서 그 수준이 세계에서 가장 낮은 나라는 바로 북한이라고 할 수 있다. 한국의 인권단체들이 우리나라의 사형제도를 철폐하라고 목소리를 높이면서도 북한의 상황에 대해서는 침묵을 지키는 것은 이해할 수 없는 처사로 보인다.

사형제도와
범죄 문제

교회는 사형제도의 문제를 범죄 문제와 함께 다루어야 한다. 왜냐하면 한편으로는 사형제도가 있는 우리 사회의 범죄 수준이 심각하기 때문이며, 다른 한편으로는 교회가 사회를 정화시킬 책임이 있기 때문이다. 어느 사회든 사회적 안정과 질서를 유지하기 위해서는 정해진 규범(법이든 관습이든)이 지켜져야 한다. 이러한 규범과 가치에서 벗어나는 일탈 행위가 많아지게 되면, 사회는 혼란과 무질서의 아노미 상황이 되어 버린다. 그 일탈 행위의 전형적인 양상이 범죄다. 범죄는 피해 당사자뿐만 아니라 사회 전체에 미치는 해악이 크기 때문에, 철저하게 예방되어야 하고 사후 처리도 잘되어야 한다.

사회에 범죄가 많은 것은 무엇보다 도덕성이 붕괴되고 있기 때문이다.[21] 도덕성이란 사회생활, 인간관계에서 사람이 마땅히 지켜야 할 도리를 말한다. 해야 할 일은 하고, 해서는 안 될 일은 하지 않는 것이다. 범죄는 또한 공동체성이 상실될 때 증가하게 된다. 더불어 살려고 하지 않고 나만을 생각하는 개인주의, 이기주의가 문제다. 따라서 교회는 우리 사회에서 도덕성과 공동체성이 회복될 수 있도록 노력해야 한다.

도덕성과 공동체성이 회복되기 위해 가장 시급한 것은 가치관과 규범이 올바로 정립되는 일이다. 범죄의 근원은 무엇보다 황금만능주의, 배금주의 풍조의 만연이다. 돈이 최고이며 돈이면 안 되는 것이 없다고 보는 천박한 가치관이 문제다. 물질만능주의 풍조는 수단과 방법을 가리지 않고 물질을 획득해서 개인적 욕심을 채우려고 하는 한탕주의를 만들어 낸다. 따라서 교회는 무엇보다 우리 사회에 만연하고 있는 황금만능주의 풍조를 극복하는 영적, 도덕적 가치의 산실이 되어야 한다. 물질 가치보다는 생명 가치를, 성공 가치보다는 성실 가치를 중요시하는 사회적 분위기를 조성해야 할 것이다. 또한 교회는 교인들을 정직하게 노력하고 정당한 대가에 만족하도록 가르쳐야 한다.

사회에 범죄가 많은 것은 범죄를 저지르는 개인의 문제이기도 하지만, 보다 근본적으로는 사회의 구조적인 문제이기도 하다. 사회에 경제적 박탈감을 느끼는 사람들, 절대 빈곤에 고통을 받는 사람들, 사회적으로 소외를 느끼는 사람들, 경제적 불평등이 심하다고 생각하는 사람들, 가진 자들이 너무 사치스럽다고 생각하는 사람들, 힘 있는 자의 횡포가 너무 심하다고 느끼는 사람들이 많은 사회에서는, 그래서 불만과 좌절감이 팽배해 있는 병리적 사회에서는 병리적 일탈 행위가 만연할 수밖에 없다. 따라서 우리 사회에 무엇보다 필요한 것은 분배정의의 확립과 공평한 법 적용이다. 따라서 교회는 정의 사회 구현을 위하여 적극적으로 노력할 필요가 있다.

범죄자 가운데 많은 경우 자라 온 환경이 좋지 않고, 사랑을 받지 못한 경험을 가지고 있다. 교회와 교인들은 특히 불우한 청소년, 소외된 이웃을 돌보아야 한다. 사랑과 도움이 필요한 이들에게 물질적으로, 정신적으로 나누어 주는 일에 교회와 교인들은 보다 열심을 기울여야 하겠다. 전과자에 대한 돌봄도 필요하다. 우리 사회에 재범률이 매우 높은 것은 비행소년 혹은 전과자들의 지난 과오에 대하여 낙인을 찍어, 새롭게 출발할 기회를 제대로 주지 않기 때문이다. 이런 의미에서 교회만큼은 과거에 잘못을 저지른 사람에 대하여 선입견을 버리고, 사랑과 관심으로 그들을 감싸고, 그들 스스로 재활할 수 있도록 도와야 할 것이다.

교회와 교인들은 교도소, 소년교도소, 구치소, 보호감호소, 소년원 등에 수용되어 있는 이들의 교정을 위해서도 힘써야 한다. 그들에게 희망과 용기를 주고 든든한 후견인 혹은 후원자가 되어, 그들이 출소했을 때 올바로 살아갈 수 있는 길을 열어 주고 지켜 줄 수 있으면 좋겠다.

사형제도는
비신앙적인 것이다

우리나라 상황을 보면 대부분의 종교(가톨릭, 불교, 원불교 등)가 사형제도의 폐지를 주장하고 있는 데 반하여, 개신교 보수교단에서는, 그리고 보수적인 신앙을 가지고 있는 신학자, 목회자, 평신도들은 여전히 사형제도의 폐지를 반대하고 있다.

반인륜적인 범죄를 저지른 사람에 대해서는 영원히 사회로부터 격리시켜 본인의 죄과에 대한 책임을 물을 뿐만 아니라, 선량한 다른 사람들을 보호해야 한다는 것이다. 그래서 얼마 전 한국 개신교 최대의 기구라는 한국기독교총연합회의 신학연구위원회에서 사형제도의 존치가 성경적이며 하나님의 명령이라는 궤변과 함께, 성서에 대한 문자적인 왜곡된 해석을 느닷없이 내놓아 우리를 어리둥절하게 만들고 있다.[22]

물론 사회의 법과 규범을 깨뜨리는 사람에 대한 사회적 제재와 처벌은 필요하다. 그러나 그의 생명까지 거두어 갈 만한 권한이 과연 우리 인간에게 있는가 하는 것이다. 율법주의, 권위주의, 자기 의(義)에 도취되어 있는 사람들은, 간음하다 예수 앞에 끌려온 여인을 향해 돌을 들어 치려고 했던 사람들처럼, 항상 돌을 들어 범죄자를, 일탈자를 칠 준비가 되어 있다. 그들은 하나님만이 하실 수 있는 심판의 판정을 내려, 그들이 보기에 불의한 자에 대한 생사여탈권을 행사하려고 한다.

그러나 신학적으로나 신앙적으로 볼 때, 인간이 다른 인간을 판단하는 최후의 심판자가 될 수는 없는 일이다. 하나님 앞에 누가 돌을 들어 다른 인간을 칠 수 있을 만큼 의로운가? 진심으로 죄를 뉘우치고 회개했을 때, 하나님께 용서받지 못할 죄가 있을까? 예수 옆에 십자가에 달린 사형수도 죄를 회개했을 때 용서받지 않았던가?

무엇보다 중요한 것은 인간의 존엄성과 생명의 고귀함이다. 즉, 생명은 신으로부터 부여받은 것으로 그것을 거둘 수 있는 것은 신뿐이라는 종교 사상에 기초해 볼 때, 어떠한 경우라도 인간이 다른 인간의 생명을 빼앗아 갈 권리는 없다.[23] 만일 살인을 저지른 흉악범이 인간의 권리를 남용한 것이라면, 그를 사형시키는 것은 인간 권리의 또 다른 남용일 뿐이다. 인간을 죽음으로 심판할 수 있는 것은 생명의 근원이신 하나님뿐이기 때문이다.

사형제도에 대한 교회의 입장은 하나님 앞에서 우리는 모두 죄인이며, 따라서 범죄를 저지른 사람에 대한 최종 심판은 하나님께 맡겨야 한다는 것이다. 우리가 하나님께 용서받았듯이 우리도 범죄자에 대해 용서하는 마음과 긍휼의 태도를 가져야 할 것이다. 교회, 교인들은 사형제도 폐지를 위해 앞장서야 한다. 모든 죄인에게 자신의 죄를 진정 뉘우치고 하나님 앞에서 용서받을 수 있는 기회를 주기 위해서라도, 죽은 몸으로가 아니라 산몸으로 자신의 죄의 대가를 치르고 새 생명을 얻을 수 있는 길을 열어 주기 위해서라도 사형제도는 폐지되어야 한다. 스스로 완전한 의인으로 죄가 없다고 생각하지 않는 한, 우리에게는 하나님이 주신 생명을 거두어 갈 권리가 없음을 깨달아야 할 것이다.

14

제사,
우상숭배 아니다

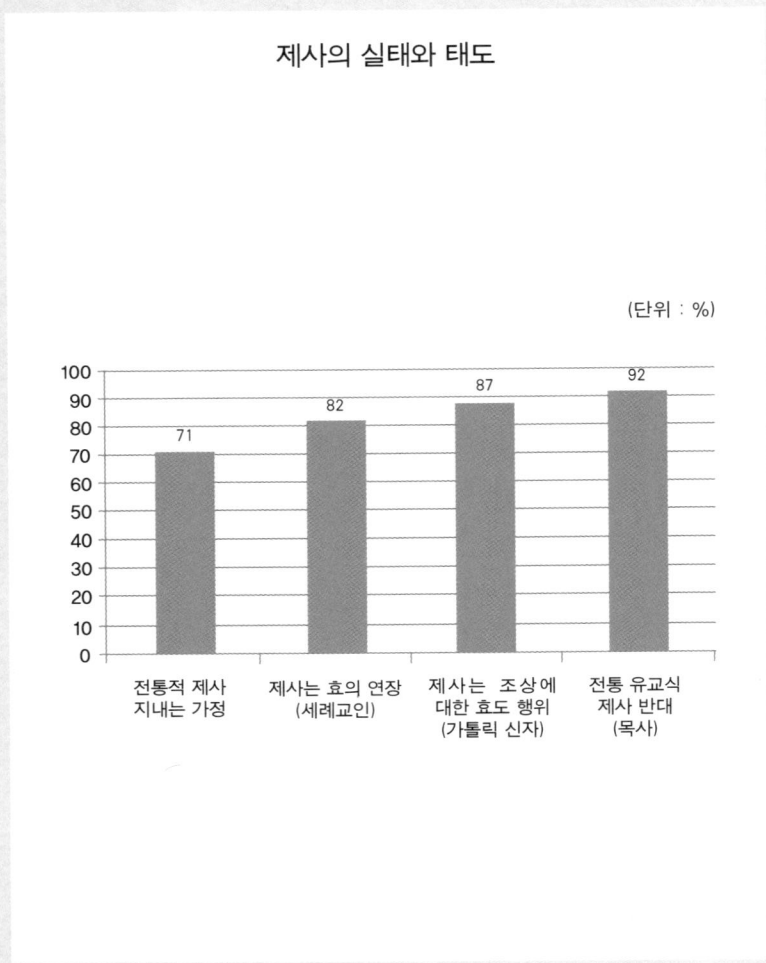

제사의 실태와 태도

(단위 : %)

- 전통적 제사 지내는 가정: 71
- 제사는 효의 연장 (세례교인): 82
- 제사는 조상에 대한 효도 행위 (가톨릭 신자): 87
- 전통 유교식 제사 반대 (목사): 92

*출처: 본문의 여러 자료 참조.

제사는
한국문화의 전통

　　　'제사는 우상숭배인가?', '기독교인은
제사를 드리면 안 되는가?' 하는 물음은 오랫동안 한국 교회 안에서
제기되어 온 것들이다. 제사가 한국의 오랜 유교적 문화전통이었기
에, 이것을 금기시하는 기독교와의 갈등은 불가피한 것이 되고 있다.
문제는 한국 기독교가 처음부터 제사를 우상숭배라 하여 거부해 왔
지만, 아직도 다수의 한국인(심지어는 기독교인)은 제사를 긍정적으
로 받아들이고 있다는 사실이다. 실제로 〈도시 주부들의 가정 생활
관과 제사행위〉에 대한 박순천 교수의 조사에 따르면, 추석이나 설
등에 조상에 대해 전통식 제사를 지내는 가정이 조사 대상자(369명)
의 71퍼센트에 이르고 있고, 기독교 예배와 유교 제사에 대한 류순하
의 조사에 따르면 세례교인 가운데 82퍼센트가 제사를 효의 연장으
로 보고 있다고 밝힌다.[24]

　　노길명, 오경환 교수의 《가톨릭 신자의 종교의식과 신앙생활》을
보면 조상 제사를 우상숭배로 보는 응답자는 단지 7퍼센트에 불과하
고, 그것은 조상에 대한 효도 행위이므로 무방하다고 생각한다고
대답한 이가 87퍼센트나 되고 있다.[25] 특히 가톨릭에서 제사 문제를
거부하지 않는 태도는, 가톨릭이 처음 한국에 들어왔을 때 제사를
우상숭배라 하여 거부했기 때문에 심한 박해를 받았던 것과 비교해
보면 격세지감을 느끼게 한다. 류성민의 《우리나라 종교 지도자들
의 의식에 대한 조사연구》에 따르면 전통 유교식 제사에 대해 승려

의 2퍼센트, 신부의 14퍼센트만이 반대하고 있으나, 목사의 경우 무려 92퍼센트가 반대하고 있어 제사 문제는 특히 개신교에서 심각한 문제임을 알 수 있다.[26]

기독교인은 제사 문제를 어떻게 봐야 할 것인가? 제사(祭祀)라는 말은 국어사전에서는 "신령에게 정성을 표하는 예절"이라고 나와 있고, 영어로는 'sacrificial rites'(희생의례) 혹은 'religious service'(종교적 봉헌)로 표시되고 있다. 원래 제사는 초월적인 절대자에 대한 종교적 의식이다. 제사라는 말은 기독교에서도 흔히 쓰인다. 구약성서에서 제사는 하나님께 대한 일종의 예배 형태로 나타난다. 제사의 종류로는 번제, 소제, 화목제, 속죄제, 속건제 등이 있는데, 이 의식들에서는 동물의 피가 상징적 의미를 띤다. 즉 동물을 잡아 피를 흘리고 불태우는 것은 죄악에 물든 인간의 생명이 죽고 그 몸이 바쳐져 용납되어 속죄됨을 상징한다. 여기에서 중요한 것은 속죄의 개념이다. 즉 하나님과의 재합일, 관계의 회복이 제사를 통해 이루어지는 것이다. 신약성서에서는 특히 예수 그리스도를 대제사장으로 이해하며, 하나님과 인간 사이에 막힌 담을 친히 자신의 몸을 속죄 제물로 바침으로 헐어 버렸음을 강조한다. 그런데 문제는 이러한 초월적 절대자 신앙이 없던 한국 전통에서는 제사의 의미가 기독교적인 것과 근본적으로 달랐다는 데 있다.

한국 민족의 제사 행위가 직접적으로는 유교의 조상 숭배, 효 사상에 뿌리를 두고 있으나, 그것은 정령신앙(animism)의 형태를 가지고 있는 무교의 요소와 깊은 관계를 맺고 있다. 고대 한국인의 우주관, 생사관은 특히 정령신앙에 뿌리를 두고 있다. 이 신앙의 본질은 모든 존재는 형체와 영으로 구성되어 있고, 형체는 사라져도 영은 살아 있다고 보는 것이다. 죽은 사람의 경우에도 마찬가지여서 영혼은 그대로 존재한다고 보았다. 특히 죽음은 단순한 이별이 아니라 이승에서 저승으로의 장소 이동이라고 본다. 따라서 무교적 입장에서 보면 제사는 "선조의 혼백이 와서 후손들의 제물을 흠향하는 일"로 이해된다. 그러나 유교적 입장에서의 제사의 의미는 "부모와 조상을 마치 살아 계시듯 모시는 '효의 표시'인 것"이다. 그래서 실제로 많은 사람들이 제사상을 차리면 조상들의 혼백이 와서 그 음식을 맛보고 즐거워하며 후손들을 돌볼 것이라고 생각했다. 전통적 제사에서는 제수(祭需)를 마련하고, 지방이나 신주의 신위를 모신다. 제사의 절차도 혼백을 부르고 축문을 읽고 술을 바치고 수저를 꽂으며 차를 바치고 혼백을 보내고 상을 치우는 등 매우 복잡하다. 이렇게 돌아가신 분을 신격화하고 그를 상징하는 물질에 절을 하며, 그의 혼백의 강림을 믿는 행위는 확실히 숭배 행위의 일종이라고도 할 수 있을 것이다. 이런 의미에서 제사는 신앙적으로 바람직하지 않은 것일 수 있다. 그러나 실은 문제가 그렇게 간단치 않다.

제사의식의
순기능

전통적인 유교식(그리고 무교식) 제사에

서는 정령신앙과 결부된 세계관, 생사관으로 인해 실제로 죽은 자의 혼백이 와서 음식을 먹고 절을 받을 것이라고 생각했다. 그러나 과연 오늘날 제사드리는 사람들 가운데서 이러한 생각을 가지고 있는 사람이 얼마나 될 것인가?

오히려 오늘날의 제사는 형식이 매우 간소화되었을 뿐만 아니라, 행위도 다분히 상징적 의미만을 갖게 되었다. 즉, 제사 행위를 통하여 다시금 효의 의미를 생각하고, 죽었으나 아직도 후손들과 관계를 가지고 있는 부모 혹은 선조와의 연대감을 느끼는 것이다. 정진홍 교수의 말대로 "제사는 '죽어-살아 있어-아직도 우리와 더불어 사는 분'과의 관계 맺음이 이루어지는, 공동체적 삶의 모습"인 것이다.[27]

이것은 유대-기독교 전통에서도 마찬가지다. 예컨대 믿음의 조상 아브라함, 이삭, 야곱은 죽었으나 그들의 얼은 모든 유대인 후손에게, 그리고 기독교인에게 심어졌다. 이렇게 유대인, 기독교인은 오래전에 죽었던 조상과 영적인, 정신적인 유대관계를 지속하는 것이다. 죽음으로 모든 관계가 단절되는 것은 아니다. 예수의 족보와 혈통도 결국 이미 죽어 간 모든 사람들과의 연계성을 강조한 것이라 하겠다. 그렇다면 오늘날 제사 문제에서도 중요한 것은 그 상징적 의미성이다.

물론 제사가 가지고 있는 역기능이 있다. 때로는 과다하게 준비하느라 가난한 가산을 축내는 경우가 있다. 너무 형식에 치우쳐 참된 의미보다는 격식 차리는 것 자체가 목적이 되는 수도 있다. 또는 미신적 신앙에 사로잡혀 그릇된 사생관(死生觀)을 갖게 하기도 한다. 그러나 수백 년, 아니 수천 년(우리의 가장 오랜 조상들의 정령신앙, 자연신앙까지 거슬러 올라간다면) 동안 뿌리내렸던 제사가 수행해 왔던 중요한 기능도 있었음을 주목할 필요가 있다.

첫째, 제삿날은 귀향의 날(Home-coming day)이다. 흩어져 있던 자손들이 함께 모일 수 있는 날이다. 설이나 추석에 차례를 지내야 한다는 이유로 함께 모인다. 이렇게 하여 가족, 친척들이 소속감과 공동체 의식을 자연스럽게 다시 한 번 느끼면서 혈연의 정을 확인하는 좋은 기회가 된다. 급변하는 사회 상황 가운데서 아무리 바쁘고 멀리 떨어져 있어도 모든 가족이 모이고, 친척과 왕래할 수 있는 거의 유일한 기회는 차례를 지내는 명절이다. 설날과 추석이 법정 공휴일로 지정된 것도 다 이러한 이유를 감안한 것이다. 매해 추석이나 설에 일어나는 2천만의 민족대이동(귀향)을 생각해 보라. 이때 가족들은 말할 것도 없고, 사촌들이 만나고 친척들이 어우러져 서로의 정을 나누는 만남과 사귐의 기회가 주어지는 것이다.

제사의 시간은 또한 함께 모여 음식을 나누어 먹는 축제요 친교의 시간이다. 사실상 제사상을 차려 놓고 조상께 먼저 신고(?)하기는 하지만, 결국 그 음식을 나누어 먹는 것은 후손들이다. 심하게 표현하면 제대로 먹지 못하던 사람들이 조상을 핑계로(?) 이날만은 마음 놓고 잘 먹을 수 있는 것이다(조상에 누가 되지 않게 한다고 정성을 다해 잘 차려 놓으니까). 이렇게 나눔의 공동체 분위기가 조성된다. 밥상 공동체, 그것은 일체감을 줄 수 있는 최선의 방법인 것이다. 많은 사람들이, 어렸을 때 제사의 의미는 몰라도 맛있는 음식을 마음껏 먹을 수 있기에 명절을 기다리곤 했다고 한다. 물론 오늘날 먹는 것에 굶주려 있는 사람은 많지 않다. 그러나 중요한 것은 누구와 함께 어떤 분위기에서 먹는가 하는 것이다. 가까운 혈육들이 모여 함께 먹는 밥상은 단순히 먹는 것이 아니라, 정을 나누는 것이요 즐거움을 나누는 것이다. 추석이나 설날 흩어졌던 가족들, 그 자손들이 모여 시끌벅적하면서 모처럼 마음껏 웃어댈 수 있는 자리가 그 명절의 밥상 공동체가 아닐까?

제사드림의 또 다른 기능은 무엇보다 그 행위를 통하여 조상들의 얼을 기리고, 그들을 기억하면서 옛 정을 되살리는 일이다. 그분들께 잘못했던 일에 대하여는 뉘우치고 반성도 하면서 남아 있는 어른들께 잘해야겠다는 다짐과 각오의 기회를 제공한다. 후손들에게 돌아가신 조상의 업적과 미담을 들려줌으로 가문에 대해 자부심을 갖고 가족에 대해 충성심을 갖게 한다. 특히 부모님께 대한(만일 살아 계신다면) 효심을 공고히 할 수 있는 기능을 수행한다. 제사 문제를 우상숭배라는 시각에서만 보는 것은 너무 단순한 생각이다. 물론 제사를 무조건 인정해야 한다는 말은 아니다. 다만 제사가 지니고 있는 긍정적인 의미는 나름대로 긍정적으로 평가해야 한다는 것이다. 제사드리는 사람을 향하여 우상숭배를 하고 있다고 일방적으로 몰아가는 것은 옳지 않다.

제사의례를
기독교식으로 승화시켜야

아직도 조상들의 실제적인 영이나 혼백이 떠돌아다니고 제사 때 와서 음식을 먹는 것으로 보고, 따라서 제사상에 신위나 신주를 놓고 실제 상황처럼 절을 하는 식의 숭배 행위는 기독교 신앙과 배치되는 일이다. 그러나 만일 제사 행위가 앞에서 말한 중요한 기능들을 수행하는 것이 사실이고, 다만 조상들과의 연대감을 확인하는 상징적 절차에 불과하다면, 이것을 미신적이라 하며 매도할 필요는 없다고 본다. 기독교는 무엇보다 사람들의 더불어 사귐, 나눔, 만남을 강조하고, 혈육의 부모에 대한 공경심을 중요시 여기며, 혈통과 가문의 유지에 관심을 가지고 있다. 물론 부모에 대한 효는 살아 계실 때 해야 한다. 그러나 돌아가신 후에도 그분들을 생각하고 반성하며, 후손에게 교훈적인 권고와 정감을 줄 수 있다면 더 좋은 일이 아닐까?

이렇게 본다면 제사 자체가 문제가 아니라 제사를 어떻게 이해할 것이며, 그것을 어떻게 수용할 수 있겠는가 하는 것이 문제일 것이다. 여러 가지 부작용이나 그릇된 관념과 관계가 있다 하더라도 이미 제사는 대다수의 사람들이 아직도 지키고 있다. 그리고 제사 문제에 대한 기독교적 거부감 때문에 개신교의 경우에는 이 문제가 커다란 '시험'이 되고 있다. 왜냐하면 교회의 공식 입장은 제사 문제에 대하여 부정적이지만, 실제로는 개신교인 가운데 많은 이들이 제사를 수행하고 있기 때문이다. 그리고 제사를 우상숭배로 정죄하는 분위

기 때문에 가톨릭으로 갔다는 사람도 적지 않다.[28]

제사는 나름대로 긍정적인 측면이 있는 것이 사실이다. 그렇다면 제사에 대한 기독교인들(나아가서는 비기독교인들)의 시각을 바로 잡아 주는 일이 필요하다. 즉, 제사는 우상숭배나 정령신앙 형태를 띠어서는 안 된다는 점을 부각시키고, 제사가 가지고 있는 긍정적인 요소들을 기독교적으로 승화시키는 것이 좋을 것이다. 제사를 효의 발로에서 나온 것으로 이해하되, 돌아가신 분과 살아 있는 후손의 정신적 연대감을 신앙적으로 인식할 수 있게 하면 좋겠다. 제사의 여러 요소를 추도예배 혹은 추모예배 형태로 발전시키면 어떨까 한다. 이미 가톨릭에서는 교회 정신에 맞는 제사의식을 제정해 놓고 있다.

물론 조상귀신(?)의 실체를 믿고 혼으로 현현한 그 존재에 대하여 절하는 것이라면 문제가 되겠지만, 과연 오늘날 그렇게 믿고 있는 사람이 얼마나 될까? 혹자는 절하는 것을 문제 삼기도 한다. 그러나 절이란 원래 "공경의 뜻으로 몸을 굽혀 하는 인사"를 뜻한다. 절은 존경과 공경의 표시인 것이다. 그래서 설날에 어른들께 절하는 것이고, 결혼식에서는 신랑이 부모님과 장인, 장모님께 절하는 것이 아니겠는가? 그러면 산 자에 대한 절은 괜찮고 죽은 자에 대한 절은 안 된다는 것인가? 절이란 산 자이든 죽은 자이든 마음에서 우러나는 경의의 표시다. 이것이 한국 문화인 것이다. 서양에서는 경의를 표할 때(산 자에게든 죽은 자에게든) 경례를 하든가 손을 올려 가슴에 댄다. 그러나 우리는 절을 한다. 절은 숭배가 아니라 존경에 대한 한국 전통의 상징적 표현이다. 그것은 경로사상과 효 사상의 실천적 근거가 되고 있는, 자랑스럽고 아름다운 우리의 문화 전통이 아닌가.

일부 보수적인 교인 가운데는 추도예배조차 우상숭배라 하여 거부하는 이들이 있다. 어떻게 살아 계신 하나님께만 돌려져야 할 예배를 죽은 사람에게 사용할 수 있느냐고 한다. 그러나 이것은 예배의 본질을 모르고 하는 말이다. 추도(추모)예배란 죽은 사람을 예배하는 것이 아니라 그를 기억하면서 하나님께 예배드리는 것이다. 추도예배란 임택진 목사의 말대로 "기독교인들이 세상을 떠나신 부모를 사모하는 정으로, 그가 돌아가신 날에 온 가족이 모여, 자녀들을 양육하신 부모의 노고와 가르쳐 주신 교훈을 기억하면서 그분들의 생활을 살펴보고 그 믿음을 본받으며, 그 부모님을 주신 하나님께 감사하고 앞으로의 삶에 대하여 하나님 앞에서 결단하는 의례"인 것이다.[29) 전통적인 제사의식을 이제는 기독교적 추모예배의 형식으로 수용하면 좋겠다. 그리하여 추모예배를 후손들의 각성의 날, 추모의 정을 달래는 날, 그리스도 안에 산 자와 죽은 자가 주 안에서 통하는 체험의 날로 삼아야 하겠다. 물론 예배와 만남, 사귐, 나눔의 시간이 마련되어야 할 것이다.

문화인류학에서는 장례의식이 죽은 자를 위한 것이 아니라 산 자를 위한 의례라고 본다.[30) 즉, 죽은 자에 대한 엄숙한 장례를 통해, 남아 있는 유족이나 친구, 친지들로 하여금 반성하고 각성하게 하는 계기를 마련해 준다는 것이다. 그래서 어떻게 죽을 것인가 하는 것이 아니라 앞으로 어떻게 살 것인가 하는 문제를 생각하게 해준다는 것이다. 제사의식도 마찬가지다. 그것은 단순히 돌아가신 조상에 대한 예의로 끝나는 것이 아니다. 오히려 후손들이 이제부터 어떻게 의미 있고 보람 있게 살아가야 할 것인지에 대하여 다시 한 번 깊이 생각하고 반성하게 하는 계기를 마련해 주는 것으로 볼 수도 있다. 중요한 것은 죽은 자가 아니라 산 자인 것이다. 이것은 "죽은 자는 죽은 자로 장사지내게 하라"(마 8:22)는 성서적 의미와도 상통하는 것이라 할 수 있다. 그리고 부모가 돌아가신 다음에 잘 모시기보다는 살아 계실 때 효도하라는 의미이기도 하다.

오늘날 한국 고유의 아름다운 전통인 효, 경로사상이 점점 퇴색해 가고 있다. 가족과 친족의 친숙한 유대관계가 약해짐으로 공동체성이 사라지고 이기주의와 개인주의가 팽배해 가고 있다. 이런 분위기가 어떤 의미에서는 조상 혹은 부모가 단순히 고인이라는 이유로, 그리고 그들을 기리는 것은 우상숭배라는 이유로 그들과 거리를 두는 행위와 무관하지 않을 것이다. 따라서 조상숭배로서의 제사가 아니라 돌아가신 어른들과 일체감을 느끼며 새로운 각오를 다짐하는, 그리고 살아 있는 자들 사이의 연대감을 강화하는, 주 안에서의 회상과 반성과 결단으로서의 추모예배 형식으로 제사의 절차와 내용이 표현되면 좋겠다.

15

화장,
왜 권장해야 하나

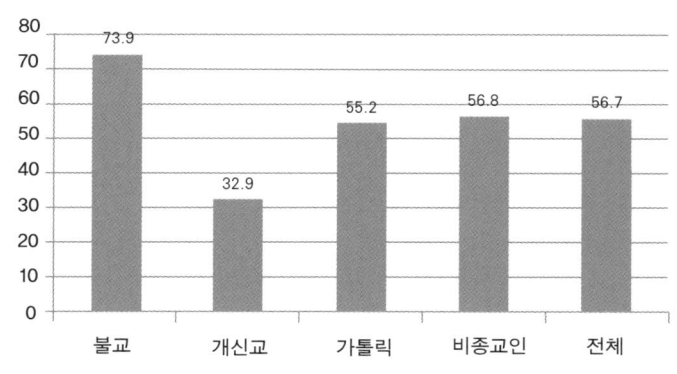

풍수지리설과 매장

명당에 선조의 묏자리를 쓰면 자손이 잘된다.(그렇다)

(단위 : %)

	불교	개신교	가톨릭	비종교인	전체
	73.9	32.9	55.2	56.8	56.7

*출처: 한국 갤럽,《한국인의 종교와 종교의식》(2004).

매장이냐
화장이냐

인간은 주검에 대하여 장례를 치르는 유일한 존재다. 장례법에는 크게 시체를 땅 속에 파묻는 매장(埋葬)과 죽은 사람의 시체를 불에 태워서 처리하는 화장(火葬)이 있다. 인간이 시신을 매장하기 시작한 것은 동서양을 막론하고 인류가 집단생활을 시작한 원시시대부터였다고 추정된다. 세계 여러 곳에서 이미 구석기시대에 매장이 행해졌고, 우리나라에서도 선사시대 이전부터 매장이 행해졌음이 고고학적으로 밝혀지고 있다.

매장이 시작된 이유는 문화인류학적으로 크게 두 가지로 해석되는데, 하나는 위생적인 측면에서 산 자들과 격리시키려는 목적에서 시작되었다는 주장과, 다른 하나는 죽은 자가 두려워서 그와의 관계를 단절하기 위한 방법으로 매장을 시작했다는 주장이 그것이다.[31] 후자의 경우가 더 설득력이 있는 해석으로 받아들여지고 있다. 매장의 절차와 방법은 문화적 전통과 풍속에 따라 다양하지만, 유교권의 사회에서는 그 절차가 복잡하고 까다로우며, 그것은 우리나라의 경우 특히 그러하다.

한편 화장의 경우에는 시신을 불에 태워 뼈를 추려 항아리나 상자 속에 넣어 땅에 묻기도 하고, 가루로 만들어 강이나 산에 뿌리기도 한다. 화장법도 이미 신석기시대부터 있어 왔고, 희랍과 로마시대에도 이 장례법은 매장의 방법과 함께 사용되어 왔다. 그 후 기독교가 널리 퍼지면서 육체의 부활에 대한 신앙에 따라 화장의 풍습이 유럽에서는 점차 사라져 왔다. 그러나 묘지로 사용할 땅이 줄어들고, 또한 주거지역의 확산 등으로 묘지가 주거지로 바뀌어야 하는 등의 어려움으로 인해, 19세기말부터 화장하는 예가 유럽과 미국에서도 증가되는 추세에 있다. 동양에서 인도와 일본 등에서는 화장이 지배적인 장례법으로 성행하고 있는 데 반하여, 중국과 우리나라에서는 대부분 매장을 선호하고 있다.

우리나라에서 다수의 사람들이 매장을 고집하는 데는 몇 가지 이유가 있다. 우선 고래로부터 수천 년간 지켜 내려온 장례에 관한 문화적 관행이 주로 매장이었기 때문에, 장례의 수행이나 그것에 관계된 의식이 쉽게 변하기 어려울 것이라는 점을 생각할 수 있겠다. 다른 이유는 유교적인 효 사상이 매장을 고수하게 해왔을 것이다. 즉 대대로 조상들이 묻혀 있는 선산의 묘소를 절기 때마다 참배하면서 조상들의 얼을 기리고 효심을 발휘하는 것을 도덕적인 미덕으로 삼는 유교 전통에서는, 선조들의 분묘는 없어서는 안 될 요소였다. 또한 성묘를 통하여 고인을 다시 한 번 기억하고 관계를 재확인할 수 있는 것도 매장의 경우에 가능할 것이다. 여기에는 사체일지라도 훼손해서는 안 된다는 유교사상이 중요하게 작용하고 있다. 또 다른 이유는 풍수지리설의 영향도 무시할 수 없다. 즉 조상의 묘를 잘 써야 후손이 잘된다는 풍수지리설 때문에 매장을 고집하는 경우도 무시할 수 없다. 실제로 한국인의 56퍼센트가 "명당에 선조의 묏자리를 쓰면 자손이 잘된다"고 믿고 있다.[32]

한편 기독교인의 경우에는 무엇보다 신앙적인 이유에서 매장을 고수하는 것 같다. 즉 육체의 부활을 믿고 있기에, 나중에 죽었던 몸이 되살아나려면 화장을 해서 재가 되어 흩어져서는 안 된다고 하는 소박한 신앙에서, 화장을 비기독교적·비신앙적인 장례법으로 생각하는 신자들이 의외로 많다.

그러나 여기서 몇 가지 문제들을 생각해 보자. 우선 매장만이 반드시 기독교적인 것은 아니라는 사실이다. 매장은 원시인들로부터 시작되었고, 다른 종교들에서도 사용되고 있다. 그리고 부활의 문제도 기독교에서 말하는 부활은, 단순한 육체적 부활이 아니라 '영적인 몸'(spiritual body: 고전 15:35 이하)의 형태로서의 부활이다. 바울은 나아가서 "혈과 육은 하나님 나라를 유업으로 받을 수 없고, 또한 썩은 것은 썩지 아니한 것을 유업으로 받지 못하느니라"(고전 15:50)고 함으로써 부활의 상태는 지금의 육체와는 다른 것임을 강조하고 있다. 따라서 화장했다고 부활이 불가능할 것이라는 생각은 비성서적이다. 매장을 하든 화장을 하든 어차피 인간은 죽으면 한줌의 흙으로, 재로 돌아간다.

왜 매장이
문제가 되는가

한국적 상황에서 화장이 권장되어야 할 장례법이라고 보는 현실적인 이유는 인구 팽창에 따른 거주지역의 확장, 농지와 임야 면적의 확보 등으로 묘지의 절대 면적이 줄어들고 있다는 상황에 근거하고 있다.

우리나라의 인구밀도는 2006년 현재 482명/Km²으로 세계 제3위다. 매우 비좁은 땅에 많은 인구가 살고 있다. 우리나라 국민 1인당 평균 주택 면적은 4.3평이다. 그러나 분묘의 평균 면적은 15평이나 된다. 우리나라에는 1,930여만 기의 분묘가 있으며, 그 면적도 970Km²로 남한 전체 면적의 1퍼센트 정도다. 이것은 주택이 지어졌거나 지을 수 있는 총 대지 면적 1,937Km²의 절반에 달하는 규모다. 그것은 또한 서울시 면적의 1.6배에 달하는 것이며, 전국 공장부지 면적의 3배가 넘는 수준이다. 묘역이 차지하고 있는 토지의 절반가량은 생산 농지로 전용할 수 있는 땅이며, 나머지 반도 훌륭한 임업지를 깎아낸 것이다. 사망자의 81퍼센트 정도가 매장되고 있는 현실을 감안한다면, 어림잡아 해마다 20여만 기의 신설 묘역이 생겨 서울 여의도 면적의 1.3배인 10Km²의 국토가 매해 묘지로 탈바꿈하게 된다. 1980년에서 2050년까지 죽을 사람의 수가 3500만 명 정도일 것이라는데, 2050년에 가서는 그들의 묘지 면적도 2천Km²나 돼 전 국토의 2퍼센트가 묘역화되고 만다는 계산이다.

대도시 근교에는 이미 묏자리가 없고 따라서 묏자리는 점차 지방으로 확산되고 있다. 전 국토의 묘지화, 언젠가는 나타날 절박한 현상이다. 그리고 산마다 공동묘지가 들어서고, 양지바른 땅은 모두 묘지로 사용될 경우를 상상해 보라. 묘지 값은 평당 수십 만 원으로까지 엄청나게 오르면서 투기의 대상이 되기까지 하고 있다. 물론 화장률이 매해 조금씩 높아지고 있기는 하지만, 매장률은 태국, 일본,

싱가포르가 10퍼센트선, 홍콩이 15퍼센트선인데 비해 우리나라는 아직도 80퍼센트선에 이르고 있다. 묘지는 한 번 조성되면 손을 대기가 여간 쉽지 않아 반영구적으로 존재한다. 이대로 가면 불과 몇 세기도 안 가서 전국이 온통 분묘로 뒤덮여 후손이 살아갈 생존 공간이 없어지고 만다는 끔찍한 계산이 나온다.

잊힌 조상
누가 돌볼 것인가

특히 매장을 하는 유교식 장례는 자칫하면 지나친 형식으로 인해 여러 가지 폐단을 가져오기도 한다. 그리하여 조선 후기의 실학자인 이익도 《성호사설》에서 "국토가 좁고 경제적으로 넉넉하지 못한 작은 나라에서 백성들이 죽은 사람의 장례 절차에 너무나 경제적인 낭비를 함으로써 궁색을 면치 못한다"고 하였다. 실제로 거창하게 이루어지는 매장 절차와 매장 시설은, 죽은 자에 대한 추모의 정보다는 스스로를 과시함으로써 신분사회에서 남보다 우월감을 느끼려는 의도가 많다. 그뿐만 아니라 풍수지리설과 같은 미신적 사고를 가지고 매장지 마련에 지나친 낭비를 하는 일이 많다.

한편 매장을 해야 절기 때마다 성묘를 오고, 이를 통해 조상들의 얼을 기릴 수 있다는 것도, 시대가 변하면서 점차 기대하기 어려운 희망사항이 되고 있다. 오늘날 도시에 사는 사람들 가운데 시골에 조상 대대로 뼈를 묻어 온 선산을 가지고 있는 사람이 얼마나 되겠는 가. 그리고 요즈음 젊은 세대에게 증조·고조 할아버지, 할머니의 이름을 기억하고 있는 이들이 얼마나 될까. 또한 과거에는 많은 자녀 들을 낳았기 때문에, 어느 후손인가에 의해서 성묘는 지속될 수 있었 다. 그러나 오늘날은 자녀를 적게 낳고 있다. 그들이 여기저기 흩어 져 있는 조상들의 묘소를 돌보는 것이 가능할까. 하나밖에 없는 아 들, 딸이 이민을 가거나 그들이 후손 없이 죽어 버린다면 누가 부모의 묘소를 돌볼 수 있을까.

이제는 조상 개념이 달라지고 있고, 따라서 무덤을 통해, 성묘를 통해 조상을 기리는 시대는 지나가고 있다. 한마디로 앞으로는 일일 이 조상의 묘소를 돌봐 줄 것을 후손에게 기대하기가 점점 어려워질 것이다. 실제로 우리나라에서는 이미 주인 없는 묘가 방치되어 국토 이용이나 주변 환경에 큰 저해 요소가 되는 경우가 빈번하다고 한다. 현재 무연고 묘는 약 770만 기로 추정돼 총 분묘 수의 40퍼센트 가량 을 차지하고 있다. 묘 10기 중 4기 정도가 불필요하게 땅만 잠식하고 있는 셈이다. 한 세대, 두 세대가 지나면서 무연고 묘는 점점 많아지 게 될 것이다.

화장문화
정착을 위하여

이러한 문제들은 화장을 할 경우에 해결

될 문제들이다. 화장을 하면, 매장을 하는 면적만큼의 활동할 공간을 살아 있는 사람들에게 제공하는 셈이 된다. 우리나라 같이 좁은 땅을 가지고 있는 현실에서는 깊이 생각해 볼 문제다. 화장하기 전에 신체의 일부를 살아 있는 사람에게 제공하고 죽을 수 있다면, 더없이 아름다운 죽음이 될 것이다. 화장을 한 후 본인이 원하면 그 재를 그가 원했던 장소에 뿌리거나 보관할 수도 있겠다. 산을 좋아했던 사람은 그 재를 산에 뿌리고, 강을 좋아했던 사람은 그 재를 강에 뿌릴 수 있겠고, 교회를 사랑했던 사람은 교회의 뜰에, 학교를 사랑했던 사람은 교정에 그 재가 뿌려지거나 보관될 수 있을 것이다. 아니면 작은 상자에 보관되어 가까운 곳에서 항상 기억될 수도 있을 것이다.

신앙적으로 볼 때도 어차피 사람이 죽으면, 그의 영과 혼은 그에게서 떠나가고 그의 육체는 썩어 흙으로 돌아가고 만다. 매장을 하든가 화장을 하든가 그의 영혼은 나중에 새로운 몸을 입고 부활하게 된다. 제한된 국토를 가지고 있는, 그래서 살아 있는 사람들의 생활 공간이 점점 좁아지고 있는 현실을 감안한다면, 한 평의 땅이라도 살아 있는 후손에게 물려주는 것이 지혜롭다고 생각한다. 게다가 세월이 흐르면서 무덤을 돌볼 사람이 없어 묘지가 폐허화되거나 아니면 무연고 무덤으로 밝혀져 후에 뒤엎여 버린다고 생각하면(사실 이럴 가능성은 매우 높다) 매장에 크게 집착할 이유는 없다. 죽은 다음에 호화롭게 묻고 찾아와서 절하기보다는, 살아 계실 때 잘 섬기고 모시는 효가 더 필요하고 중요한 것이 아니겠는가.

국토는 비좁고 한 치의 땅도 놀려서는 안 될 형편인데도 우리 사회가 지니고 있는 매장 선호 관행으로 해마다 쓸 만한 땅이 묘지로 잠식되고 있고, 이제는 그나마 묘지 구하기도 어려운 실정이다. 문제의 심각성을 깨달은 정부는 적극적으로 화장을 권장하고 있다. 이에 따라 면적 제한 규정을 묘지는 20m²(6평), 분묘는 10m²(3평) 이내로 축소시키고, 영구 관리해 오던 묘지에 관한 일정한 사용 계약 기간을 설정, 15년이 지나면 개장해 화장토록 하는 '기간개념'으로 전환할 방안도 검토 중이다(유럽에서는 오래전부터 이 방법을 사용해 왔다). 그럴 바에는 차라리 처음부터 화장을 하는 것이 낫지 않겠는가. 최근 가톨릭에서도 '구묘(舊墓) 화장제'를 도입한 바 있다. 가급적 화장을 하되 당장 실시하는 데 마음의 준비가 아직 되어 있지 않다면 구묘 화장제의 과도기를 거쳐서라도 점차 장례법이 바뀌는 것이 한국적 상황에서는 바람직하다고 생각한다. 그리고 요즈음 납골당을 조성하는 교회들이 생겨나고 있다. 가능하면 전 교인에게 분양하여 교회 차원에서 관리하고 유지한다는 것이다. 죽어서도 믿음의 성도들이 함께 지낼 수 있게 한다는 발상 자체가 신선하게 느껴진다. 그리고 고인이 된 성도들에 대한 추도예배를 납골당에서 한 번에 함께 치를 수 있다는 것은 얼마나 아름다운 일인가.

16
환생,
많은 기독교인이 믿는다

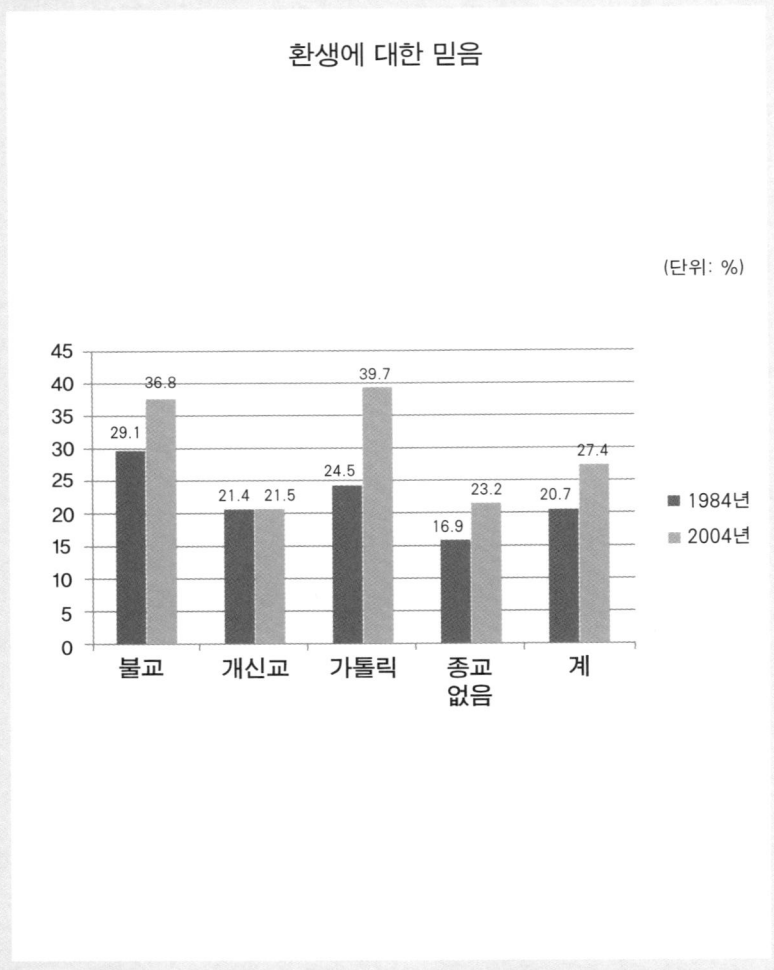

환생에 대한 믿음

(단위: %)

- 1984년
- 2004년

*출처: 한국 갤럽, 《한국인의 종교와 종교의식》(2004).

환생이란
무엇인가

환생에 대한 믿음이 널리 퍼져 있다. 원래 불교적 용어인 '환생'은 윤회전생설(輪廻轉生說)에서 유래한 것으로, 죽은 사람이 모습을 바꾸어 다시 이 세상에 태어나는 것을 의미한다. 따라서 환생(還生)이란 용어는 환생(幻生: 되살아나는 것 혹은 형상을 바꾸어 다시 태어나는 것), 전생(轉生: 다른 것으로 다시 태어나는 것), 재생(再生)이라는 말들과 같이 쓰이고 있다.

환생에 대한 믿음은 힌두교-불교 전통에서 유래한 윤회설에 근거하고 있다. 윤회(輪廻)라는 말은 산스크리트어 삼사라(*samsara*)라는 용어에서 생겨난 것이다. 윤회는 중생(衆生)이 삼계육도(三界六道) 미혹의 세계에서 생사를 되풀이하는 일을 의미한다. 삼계(三界)는 이 세계에 태어나기 이전의 세상[前世], 지금 살고 있는 세상[現世], 앞으로 태어날 세상[來世]을 일컫는 것이다. 윤회설은 생명이 있는 것[衆生]은 죽어도 거기서 끝나는 것이 아니라, 다시 태어나 생이 반복된다는 사상이다. 그리하여 윤회는 유전(流轉)이라고도 한다.

불교에서는 윤회하는 세계에 지옥, 아귀(餓鬼), 축생(畜生), 아수라(阿修羅), 인간, 하늘의 육도(六道)가 있다고 본다. 이 육도 가운데 어느 세계에서 태어나느냐 하는 것은 우리 자신의 행위와 그 행위 결과의 총체인 업(業: *karma*)에 의한 것이라고 한다. 선한 업에 의하여 선의 세계에, 악한 업에 의하여 악의 세계에 태어난다는 것이다.

예를 들면 이승에서의 업에 따라 다음에는 축귀로 태어날 수도 있고, 혹은 보다 나은 인간으로 다시 태어날 수도 있다. 해탈(解脫: nirvana)은 이러한 윤회의 고리에서 벗어나게 되는 깨달음과 경지를 나타내며, 이를 위하여 고승(高僧)들은 고행과 수도, 명상과 수행, 즉 선(禪)을 한다.

윤회설은 기독교 입장에서는 받아들일 수 없는 믿음이다. 인간은 처음부터 다른 생물들과는 달리 하나님의 형상(Imago Dei)대로 창조된 존재이지, 거듭 삶과 죽음이 되풀이되는 순환의 인생은 아니라고 보는 것이다. 물론 기독교에도 중생(rebirth) 혹은 갱생(regeneration)이라는 개념이 있다. 그러나 이것은 현재의 삶 가운데서 옛 자아를 버리고 새로운 자아로 다시 탄생하는 것, 즉 "거듭난다"는 의미다. 신자들에게 죽음 후에는 영생(永生)이 있을 뿐이지, 죽음과 삶이 거듭 되풀이되는 환생(還生)이 있는 것은 아니다.

윤회설은 나름대로 교훈적인 의미를 가지고 있다. 그 믿음은 권선징악(勸善懲惡)의 가르침을 전해 준다.[33] 즉, 현세에서 악한 삶을 살면 내세에서는 천한 인간뿐 아니라, 심한 경우에는 축귀로 다시 태어날 수도 있다. 반대로 착한 삶을 살면 내세에서 더욱 고귀한 신분으로 태어날 수도 있다. 따라서 이 세상에 사는 동안 선한 생활을 하도록 권장하는 의미가 있다. 또한 현세의 동물들조차도 전생(前生)에서는 인간(심지어는 자신의 혈족)일 수 있기 때문에 그 생명을 존중해야 한다는 믿음을 심어 주었다. 불교에서 육식을 멀리하고 미물까지도 존중하는 이유가 바로 여기에 있다. 기독교적 입장에서 볼 때 윤회설 자체에 대해서는 교리적으로 반박할 여지가 있다. 그러나 그 사상에서 파생되는 도덕적 의미, 즉 선을 행하라는 것과 모든 생명체를 존중하라는 것은 중요한 교훈이 될 수 있다.

환생,
믿을 만한 것인가

문제는 요즈음 우리 주변에서 발견되는 환생에 대한 믿음은, 교훈적 의미를 지닌 도덕적 성격을 띠고 있는 것이 아니라는 데 있다. 그 믿음은 철저하게 개인적인 동기에서 생겨나고 있다. 자신의 과거에 대한 호기심, 이와 관계된 자신의 현재에 대한 새로운 평가, 미래에 대해 알고 싶어 하는 궁금증 등에 기초하고 있다. 여기에서 가장 중요한 것은 전생(前生)에서 나는 누구였을까 하는 관심이다. 물론 형식적으로는 윤회설에 근거한 발상이다.

적지 않은 한국인이 이러한 윤회설에 대하여 믿고 있다. 한국 갤럽의 조사 결과에 따르면 "사람이 죽으면 어떤 형태로든지 이 세상에 다시 태어난다"는 윤회설에 대하여 27퍼센트의 응답자가 "믿는다"고 했다. 이 비율은 20년 전의 21퍼센트보다 높아진 것이다.[34] 윤회설을 "믿지 않는다"는 비율은 49퍼센트이며, 23퍼센트는 "잘 모르겠다"고 대답하고 있다. 불교인 가운데서는 37퍼센트만이 불교의 핵심 교리인 윤회설을 믿고 있어서 의외다. 그러나 개신교인의 22퍼센트, 천주교인의 40퍼센트나 되는 사람들이 윤회설을 믿고 있다. 매우 놀라운 일이 아닐 수 없다. 무종교인 가운데서는 23퍼센트가 윤회설을 믿는다. 적지 않은 기독교인이 윤회설을 믿고 있는 것은, 우리나라 종교인들이 매우 혼합적인 종교성을 가지고 있다는 사실을 반영하는 결과일 수 있다.[35] 이것은 불교인의 31퍼센트가, 기독교 신앙이라고 할 수 있는 절대자의 창조설을 믿고 있는 것에서도 드러난다.

그러나 요즈음 우리 주변에서 흔히 발견하게 되는 환생에 대한 믿음은 전통적인 윤회설과도 다르다. 환생에 대하여 믿기는 하지만, 주된 관심은 자신의 전생(前生)은 어떠한 모습일까 하는 호기심이다. 불교에서조차 전생의 실체를 알아보려는 시도는 하지 않는다. 전생에 대하여 알아보려는 것은 윤회설에 대한 믿음의 발로라기보다는, 자기의 옛 모습에 대한 관심에 기초한 일종의 주술적인 믿음에 근거하고 있다고 할 수 있다.

전생에 대한 탐구는 자신의 노력이나 주술가 혹은 점술가의 도움으로 수행되며, 그것을 알아보는 방법도 대체로 황당한 점술(占術)이나 복술(卜術)에 의존하는 수가 많다.[36] 예를 들면 신탁술(神託術)이라는 것이 있다. 이것은 초자연적 능력이 점술가의 육신에 강림, 빙의(憑衣)하게 함으로 점차 자신이 일시적으로 다른 존재(예를 들면 전생의 자신)가 되는 것으로 느끼는 방법이다. 이 방법은 전문적 능력이나 기술을 요하기 때문에 아무나 할 수 있는 것은 아니다. 다만 전문가의 도움을 얻어 그러한 체험을 하거나 그러한 경지에 도달할 수는 있다. 이때 경우에 따라서는 기구가 사용되기도 하는데, 대표적인 것이 커다란 수정 구슬이다. 주문을 외우든가 정신을 집중하게 되면 그 구슬에 미래의 일이나 먼 곳의 일이 나타날 수도 있고, 전생의 모습을 거기에서 발견할 수도 있다는 것이다. 약물을 이용하여 환각 상태에 빠져 들어감으로 전생의 자신의 모습을 볼 수도 있고, 혹은 깊은 명상과 수련을 통해 무아의 지경에 들어가서 전생의 체험을 할 수도 있다는 것이다. 그러나 어떤 방법을 사용하든 전생을 보았다고 하는 것은 대부분 환각(幻覺)이나 착시(錯視) 현상의 결과라고 알려지고 있다.

왜 많은 사람이
환생을 믿는가

이러한 환생에 대한 믿음과 전생을 알아보려는 시도가 왜 만연하고 있는가? 이것은 한마디로 삶에 대한 불안과 불확실성 때문이라고 할 수 있다. 물론 불안과 불확실성은 사회적으로 형성되는 경향이 있다. 사회가 혼돈과 갈등, 불안과 공포의 분위기에 젖어 있을 때, 그래서 무질서와 무규범의 상태, 즉 사회가 소위 아노미(anomie)의 상태에 빠지게 되면서 사람들은 불안과 불확실성을 느끼게 되고, 이에 따라 환생, 전생에 대한 믿음과 궁금증이 커지게 된다.

환생이나 전생에 대한 믿음은 경험적 혹은 과학적 지식이 가장 부적합하고, 불확실성이 가장 지배적인 시기나 지역에서 많이 생겨나는 경향이 있다. 그리고 비록 과학이 발달했다 해도 사회가 불안하고 불확실할 때, 그러한 믿음이 사람들 사이에서 유행하기 쉽다. 도대체 전생에 나는 누구였기에 현세에서 이런 모양으로 태어났는가? 나는 왜 이렇게 살아갈 수밖에 없는가? 이러한 의문이 생겨나는 것은 현실에 대하여 만족하지 못하기 때문이다. 끊임없이 되풀이되는 대형 사고들, 사회 지도층 인사들의 그칠 줄 모르는 비리 사건들, 전쟁에 대한 위기의식, 성공과 출세에 대한 강박관념, 냉혹하고 각박해지고 있는 사회 분위기, 적자생존의 원리가 그대로 적용되고 있는 치열한 경쟁 상황, 내일을 예측하기 어려울 정도로 급변하는 사회 상황 등은 우리 사회에 불안과 불확실성의 분위기를 조성했다.

결과적으로 사람들은 심리적으로 삶에 대해 불안을 느끼고, 인생의 목표에 대한 확신과 자신감을 잃어버리게 되었다. 이것은 왜 젊은 층, 그리고 고학력자가 오히려 더 환생을 믿는가 하는 것에 대한 하나의 대답이 된다. 한국 갤럽의 2004년 조사 결과에 따르면, 환생을 믿는 비율이 연령별로 '50세 이상'이 19퍼센트, 40대가 27퍼센트, 30대가 31퍼센트, '25∼29세'는 29퍼센트인데 비하여 '18∼24세'는 37퍼센트나 된다. 교육 수준별로도 환생을 믿는 비율이 '초등졸이하'와 '중졸'이 각각 22퍼센트인데 비하여, '고졸'과 '대재 이상'은 각각 29퍼센트로 더 높다.[37] 사회가 불안하고 시대가 불확실하다는 인식이, 젊고 교육받은 사람들에게 더 심각하게 영향을 미치고 있다는 증거일 수 있다.

만족스럽지 못한 현세의 삶은, 과거를 들추어 보고 또한 미래를

214

점쳐 보고 싶은 충동을 촉발하게 된다. 현재의 삶에서 행복을 느끼고 만족하는 사람은 환생이나 전생에 대하여 관심이나 호기심을 갖지 않는다. 따라서 환생에 대한 믿음이 퍼져 가고 있는 것은 우리 사회 병리현상의 한 단면을 보여주는 것이라 할 수 있다. 병든 사회가 병든 믿음을 만들어 내는 풍토를 조성하기 때문이다.

환생 믿음, 왜 문제인가

환생 혹은 전생에 대한 믿음은 몇 가지 부정적인 결과를 초래한다. 우선 현세의 나에 대한 책임이 자신에게 있다는 신념을 약화시킨다. 오늘의 나는 전생의 나로부터 파생된 존재이므로 지금의 내 인생이 있게 된 것은 하나의 운명이라고 믿게 만든다. 이러한 믿음은 책임적인 삶을 회피하게 만든다. 내 인생을 내 힘으로 개척해 나가고자 하는 의지를 약화시킬 수 있다. 모든 인생의 근거와 책임이 전생의 업에 달려 있다고 보면서, 삶의 길흉화복을 운명적인 것으로 받아들이게 한다.

환생 또는 전생에 대한 믿음은 일상생활을 정상적으로 하는 데 방해가 될 수도 있다. 전생을 알아보기 위해 비일상적 · 신비적 · 초자연적 경험을 추구하다 보면, 자연적이고 일상적인 현세적 삶의 의미를 과소평가하게 만들 수 있다. 이것은 현실에 충실한 삶을 살아가는 데 하나의 걸림돌이 된다. 비정상적인 체험이란, 일단 빠져들게 되면 더욱더 깊은 경지를 추구하고 싶어진다. 따라서 정상적인 인간관계, 사회관계로부터 점점 멀어져 가게 할 위험이 있다. 분명히 환생 혹은 전생에 대한 믿음은 기독교적인 것이 아니다.

환생과 관련된 윤회설은 불교의 시간관에 기초하고 있다. 기독교에서는 시간을 처음과 나중이 있는, 직선적인 것으로 본다. 그러나 불교에서는 시간이란 처음도 끝도 없이 되풀이하여 돌고 도는 수레바퀴와 같은 것으로 본다. 직선적 시간관을 가진 기독교에서는 태초에 하나님이 우주만물을 창조하셨고, 역사의 마지막 순간에는 심판이 있다는 종말신앙을 가지고 있다. 물론 영생과 부활을 믿기는 하지만, 인간은 그 역사의 특정 시점에서 태어나고 다른 시점에서 죽는 것으로 이해한다. 반면에 불교는 인간의 나고 죽는 것이 한순간의 일이 아니라, 끊임없이 되풀이되는 굴레라고 본다. 이렇게 불교의 생사관이나 시간관은 기독교 교리와 다르다.

요즈음 우리 사회에 퍼져 있는 환생과 전생에 대한 믿음은 순수하게 불교적인 것이 아니고, 따라서 도덕적인 것도 아니다. 환생과 전생에 대한 믿음은 미망(迷忘)이요 환상(幻想)일 뿐이다. 이러한 믿음을 극복하기 위해서는 우리 사회 자체가 달라져야 한다. 상식이 통하고, 법과 질서가 지켜지는 사회, 안심하고 살 만한 사회가 되어야 한다. 삶의 질이라는 측면에서 사람들이 사회생활 가운데서 만족과 보람을 느낄 수 있는 사회가 되어야 한다. 미래를 어느 정도 예측할 수 있는 안정적인 사회가 되어야 한다. 정의와 자유, 평등과 복지라는 가치가 존중되고 실현될 수 있는 사회가 되어야 한다. 우리 사회가 건강한 사회가 될 때, 병리적인 믿음이나 수행은 사라지게 될 것이다. 이러한 사회가 되도록 한국 교회는 노력해야 하겠다.

17

경제 성장,
교회 성장과 관계 있다

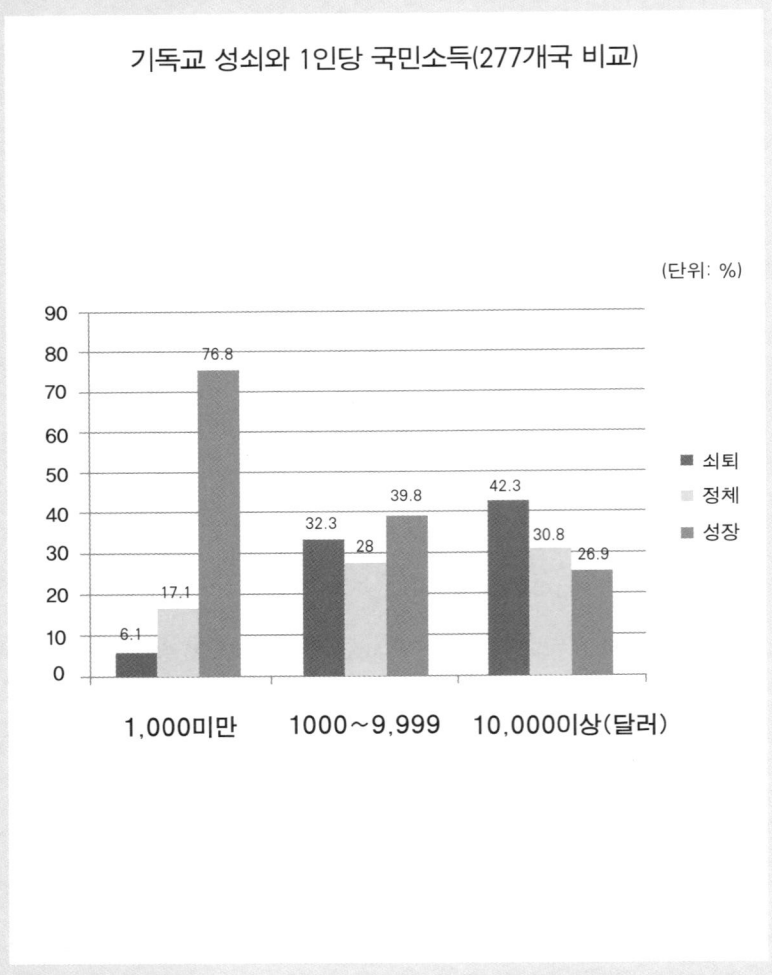

기독교 성쇠와 1인당 국민소득(277개국 비교)

(단위: %)

쇠퇴
정체
성장

1,000미만   1000~9,999   10,000이상(달러)

*출처: 이원규,《인간과 종교》(나남, 2004).

교회 성장을 돕는
경제 성장

경제와 종교는 밀접한 관계를 가지고 있
다. 경제가 종교에 영향을 미치기도 하고, 반대로 종교가 경제에 영
향을 미치기도 한다. 이 관계성 가운데 하나는 경제 상황과 교회 성장
의 관계다. 특히 요즈음과 같이 경제가 매우 침체되어 있고, 교회
성장은 정체되어 있는 우리의 사회적·종교적 현실을 보면서 양자
사이에 어떤 상관성은 없는지 관심을 가지게 된다. 따라서 경제 상황
이 교회 성장에, 그리고 교회 성장이 경제 상황에 어떤 영향을 줄
수 있는가 하는 것은 흥미로운 연구 주제의 하나다.

경제 상황이 교회 성장에 어떤 영향을 미치는가를 알아보기 전
에, 우리는 경제적 상황이 종교성(religiosity)에 어떤 영향을 미치는
지 살펴볼 필요가 있다. 마르크스(Marx)와 베버(Weber) 이래로 발
전한 소위 '박탈-보상 이론'(deprivation-compensation theory)은
종교가 가난과 고통, 좌절과 절망 가운데 있는 사람들에게 중요한
작용을 해왔다고 지적한다.[38] 모든 계층에 대하여 종교가 나름대로
어떤 기능을 수행하지만, 종교는 경제적으로 박탈당하고 있는 비특
권계급에게 특별히 중요한 의미를 가진다. 경제적 박탈에 대하여
종교가 보상하는 기제가 된다고 하는 것은, 심리학적으로는 개인적
좌절에 대한 반응으로, 사회학적으로는 불이익을 당하고 있는 집단
의 박탈감에 대한 보상으로 종교 신앙이 도움이 된다는 것을 의미한
다. 따라서 경제적 박탈감을 경험하는 사람들이 많은 사회일수록

종교적 요구가 강하다. 좋은 예가 바로 1960, 70년대 한국의 경제 상황 변화에 따른 한국 교회의 급성장 현상이다.

한국 교회는 실제로 교인 수가 1960~70년 사이에 4배 이상으로 증가했고, 1970~80년 사이에는 거의 두 배로 증가했다. 그러나 이러한 교회성장률은 1980년대 이후에는 점차 감소하기 시작하여 1990년대 후반부터는 성장이 거의 멈추었고, 2000년대에 와서는 오히려 교인 수가 감소하기 시작했다. 먼저 1960, 70년대 한국 교회의 급성장을 경제 상황과의 관계에서 살펴보기로 한다.

1960년대 이후 7차에 걸쳐 실시된 경제개발 5개년계획은 한국의 경제 성장이라는 측면에서는 성공적이었던 것으로 보인다. 연평균 경제성장률이 10퍼센트를 오르내렸고, 국민소득이 증대되었으며, 수출이 크게 늘어났고, 이에 따라 생활수준이 크게 향상되었다. 그러나 한국의 경제 성장에는 크게 두 가지 문제가 뒤따랐다. 하나는 '경제 성장 제일주의'에 '관주도형 명령경제' 형태를 띠면서 성장정책에는 성공을 거두었으나, 분배정책에는 실패하여 소득분배의 불균형을 초래하게 되었다는 사실이다. 다른 하나는 '물질만능주의' 가치관이 팽배하게 되었다는 점이다.

소득분배의 불균형은, 수출 증대를 목표로 한 경제 성장이 고소득자, 대기업에 유리하도록 마련된 정책 때문에 생겨났다. 이러한 불균형은 많은 사람들에게 박탈감을 안겨 주었다. 시간이 가면서 점차 '절대적 박탈감'은 줄어들었지만, 오히려 '상대적 박탈감'은 심화되었다. 심지어 중산층까지도 경제생활에 대해 만족하지 못하는 경우가 많아졌다. 기대와 욕구에 비하여 성취 수준이 뒤따르지 못하고, 다른 사람과의 상대적인 비교에서 열등감을 느끼게 되면서 생겨나는 상대적 박탈감은 좌절과 무력감을 만들어 내는 원인이 되었다. 그리고 경제 성장 제일주의는 국민 경제생활의 복지·자유·평등의 가치 실현보다는 물질과 금전에 최대의 가치를 부여하여, 결과적으로 배금주의와 물질주의 가치관이 사회에 만연하게 되었다.

이러한 경제적 상황은 사람들에게 물질적 축복의 기대에 대한 강한 동기를 부여하게 되었다. 박탈에 대한 보상을 물질적으로 추구하기 위해 어떤 이들은 편법과 불법을 자행하며 그 목적을 달성하기도 했지만, 다른 이들은 종교적 신앙으로 이 문제가 해결될 수 있기를 기대했다. 물론 여기에는 한국인의 문화적 심성의 하나인 기복신앙이 중요하게 작용했다. 앞에서 보았듯이 박탈에 대한 보상을 마련해 주는(물질적으로든 정신적으로든) 가장 강력한 기제의 하나는 바로 종교다.

따라서 경제적 박탈(주로 상대적인 박탈감)에 대한 보상을 추구하는 사람들은 우리나라의 경제가 성장하면서 더욱 많아졌고, 그들 가운데 적지 않은 사람들이 종교 신앙을 통해 물질적 축복을 받을 것을 기대하게 되었다. 이것은 왜 한국 경제가 가장 활발하게 성장했던 시기에 '물질 축복'을 약속하는 한국의 모든 종교(기독교뿐만 아니라 불교, 신흥종교, 심지어는 사이비 종교들까지도)가 크게 성장할 수 있었는가에 대한 하나의 설명이 된다. 사실상 1970년대 이후 급성장한 대형 교회들은 거의 예외 없이 '하면 된다'는 적극적 사고방식을 교인들에게 심어 주든가, 혹은 철저하게 물질적인 축복을(대개는 이 둘 모두를) 강조해 왔던 교회들이었다.[39] 결국은 문제적인 한국의 경제 상황이 오히려 교회 성장에는 도움을 주었다고 하겠다.

교회 성장에 걸림돌이 되는 경제 성장

경제 성장은 지속적으로 교회 성장에 긍정적인 영향을 미치는가? 그렇지 않다. 경제 성장이 교회 성장에 긍정적인 작용을 하는 데는 한계가 있다. 이것은 바로 한국 교회의 성장이 1990년대에 와서 둔화되기 시작하여 오늘날에는 정체되고 있는 현실에서 그대로 드러나고 있다. 흔히 1인당 국민소득이 대체로 5천 달러를 넘어서면서 종교적 관심은 약해지기 시작한다고 한다. 즉, 생존 문제에 대한 절박성이 약화되면서 그 절박성에 대한 보상 효과가 있는 종교에의 기대 심리도 감소하는 것이다. 경제적인 여유는 사회적·심리적인 여유까지 만들어 내면서 종교 이외의 것, 예를 들면 '인생을 즐기는 것'에 대한 관심을 증대시킨다. 이런 의미에서 한국에서 교회성장률이 현저하게 둔화되기 시작한 시기와 1인당 국민소득이 5천 달러를 넘어서게 된 무렵(1989년)이 대체로 일치하는 것은 우연이 아닐 것이다.

앞에서 우리는 박탈감이 강할수록 종교를 찾게 되고 종교성이 강해진다는 것은 살펴보았다. 그리고 1960, 70년대 한국 경제의 성장 과정에서 생겨난 많은 사람들의 상대적 박탈감이 교회 성장에 도움이 되었다는 사실도 밝힌 바 있다. 그러나 경제 성장이 상당한 수준에 이르게 되면 상대적 박탈감은 약화된다. 그리고 박탈에 대한 보상은 종교가 아닌, 보다 구체적이고 현실적인 방식(예를 들면 노동조합 활동이나 집단 참여)으로 추구하는 경향이 강해지면서 종교에 대한 의존도는 낮아지게 된다. 사실상 1980년대 말부터 봇물처럼 터져 나온 노동쟁의와 파업과 같은 노사 분규, 그리고 이를 통한 노동 조건의 향상은 경제적 박탈감에 대한 보상에서 종교는 별로 효과적이 아니라는 것을 깨우쳐 준 계기가 되었다.

경제적 수준의 향상은 여가산업을 크게 발달시켰다. 여가산업은 한 사회의 경제적 수준과 대체로 비례한다. 한국 사회에서도 경제 성장의 한 부산물로 여가산업이 발달하기 시작했는데, 그것은 특히 1980년대 후반기부터 괄목할 만한 성장을 보였다. 관광지·휴양지가 본격적으로 개발되고, 골프장·스키장·수영장·볼링장·테니스 코트 등의 건강과 휴식, 오락을 즐길 수 있는 공간들이 급격히 늘어났다. 또한 사우나·헬스클럽 등의 휴식처가 많이 생겨났고, 카페·디스코장·단란주점·룸 주점 등의 유흥업소, 그리고 이에 편승한 호텔·모텔 등의 숙박업소가 전국 곳곳에 세워졌다. 이러한 모든 위락시설·휴양시설·유흥시설 등은 많은 사람들을 끌어 모으고 있다.

이제 사람들은 휴가와 여가를 전문적인 휴식·여가·유흥 시설에서 즐기게 되었다. 그리하여 고속도로와 국도를 메우는 주말의 차량 행렬과 행락 인파를 보면 이제는 봄의 꽃놀이 철, 여름 피서 철, 가을

단풍 철, 겨울 휴양 철을 타지 않는 전천후 휴가철이 매 주말마다 찾아오고 있다. 이렇게 여가산업의 급속한 발달은 교회 참여나 헌신을 약화시키는 하나의 중요한 이유가 되었다. 여가산업은 현대인의 긴장 해소 및 정신적 치유의 효과적인 수단이 되며, 따라서 사람들의 개인적인 위기 극복의 대안이 되고 있다. 결국 경제 성장은 여가산업의 발달을 가져왔고, 사람들의 삶의 가치관을 세속적인 것으로 변화시켜 종교에 대한 관심을 약화시켰으며, 이에 따라 교회 성장의 둔화에 한몫하고 있다고 하겠다.[40]

흥미롭게도 경제 상황과 교회 성장의 관계는 세계적으로 일정한 형태를 보여준다. 세계를 경제적인 수준에 따라 개발국(선진국), 개발도상국, 저개발국으로 구분해 볼 때, 교회가 가장 성장하지 않는 나라들은 거의 예외 없이 개발국이며, 성장하는 나라들은 대체로 개발도상국과 저개발국이다.[41] 선진국은 높은 국민소득과 복지제도의 발달로 경제적 박탈감이 약한 반면에, 여가산업은 최고로 발달되어 있다. 경제적 풍요 가운데서 종교에 대한 의존의 필요성이 적고, 자신의 심리적 문제를 해소할 수 있는 수단과 방편을 가지고 있는 선진국 상황에서 종교가 성장할 가능성은 매우 적은 것이다. 이것은 왜 전통적인 기독교 지역이라고 할 수 있는 유럽 사회에서 교회가 그토록 침체되고 있는지를 설명하는 하나의 중요한 이유가 된다.

개발도상국의 경우는 1960, 70년대 한국의 상황에서 보았듯이 가장 활발하게 경제 성장이 이루어지면서, 이에 따라 상대적 박탈감이 생겨날 수 있는 분위기가 강할 수밖에 없다. 이것은 개발도상국에서 종교(교회)성장률이 높게 나타나는 하나의 이유가 되고 있다. 오늘날 교회가 가장 성장하고 있는 지역은 아시아, 아프리카, 라틴 아메리카의 개발도상국 지역들이다. 그러나 우리나라의 경우에서 드러나듯이 개발도상국의 지위를 벗어나면서 교회 성장의 추세도 서서히 끝나게 되는 것을 알 수 있다. 경제 성장과 함께 한국 교회(그리고 한국 종교)의 현실은 더 이상 성장이 쉽지 않은 한계 상황에 도달한 것으로 보인다. 어떻게 보면 종교에 관한 한 서서히 선진국 대열에 진입하고 있는 것이라고나 할까?

천민자본주의와
한국 교회

지난 1960년대부터 몇 십 년간 한국 교회는 놀랍게 성장해 왔다. 교회의 성장에는 한국 사회의 경제 성장 과정에 힘입은 바 있다. 그러나 이제 경제 수준이 크게 향상됨에 따라 사람들의 심리적이고 사회적인 종교적 동기가 크게 약화되면서 교회 성장은 멈추어 버렸다. 경제적 풍요는 사람들로 하여금 인생을 즐기며 살자고 하는 인생관을 확산시켰고, 여가산업의 발달은 이것을 조장하고 있다. 경제적 여유와 박탈감의 감소는 종교적 필요성을 크게 감소시키면서 교회 성장은 이제 한계에 도달하게 되었다. 이것은 경제적으로 풍요로워지고 사회복지 제도가 크게 발달하고 여가산업이 눈부시게 발달하면서 교회가 서서히 침체되어 갔던 기독교

유럽의 전철을 밟아 가는 과정이라고 할 수 있다. 어쩌면 이러한 추세는 쉽게 돌이키기 어려운 하나의 대세일 수 있다.

따라서 이런 현실에 대하여 우리는 어떻게 대처해야 할 것인가 하는 문제에 관심을 갖게 한다. 비록 교회 성장에 걸림돌이 된다고 해도 사람들에게 풍요와 복지를 가져오는 경제 성장과 발전 자체를 거부할 수는 없다. 다만 경제 성장이 가져오는 부작용에 대하여는 교회가 중요한 역할을 감당해야 한다. 이것은 일종의 경제윤리라 할 수 있다.

일찍이 사회학자 베버(M. Weber)는 개신교적인 금욕적 직업윤리가 근대 자본주의 출현에 도움을 주었다는 사실을 밝혀냈다.[42] 그러나 그는 일단 이렇게 형성된 자본주의 경제 구조가 점차 종교적 · 윤리적인 성격을 배제하면서 현대 사회가 직면하게 될 도덕성 상실의 위험을 예고했다. 금욕적인 직업윤리가 사라지고 자기 본위의 이기적 직업관이 확산되면서, 본래 종교적 의미가 함축되어 있던 자본주의는 단순한 경제 논리에 의해 움직이게 될 위험성이 생겨나게 된다는 것이다. 이렇게 끝없는 탐욕과 이기적인 부의 축적, 그리고 사치와 쾌락을 추구하는 가운데 자본주의의 윤리적 성격은 사라져 버린다. 베버는 개신교적 금욕주의 윤리가 배제된 자본주의를 '천민자본주의'(pariah capitalism)라고 부르면서, 이것이 현대 사회의 심각한 문제가 될 수 있음을 경고했다. 즉 종교적이고 도덕적인 뒷받침 없이 경제논리에 의해서만 발전되는 사회 구조는 어느덧 '쇠우리'(iron cage)가 되어 인간을 그 안에 가두어 놓는 자기파멸적 결과를 가져오리라는 것이다.

우리 사회에서 보이고 있는 경제 상황의 문제는 맘모니즘(mammonism)이라는 용어로 설명될 수 있을 것이다. 맘모니즘이란 "부, 돈, 재산, 소유, 재물, 물질을 절대시하거나 그것에 최고의 가치와 의미를 부여하는 태도와 행위"를 의미한다. 맘몬은 때로 '황금우상' 또는 '물신'(物神)이라는 말로 쓰이기도 하며, 이때 맘모니즘은 물질만능주의, 배금주의, 물신숭배 풍조를 나타내는 용어로 쓰인다. 오늘날 한국 사회는 돈이 다스리는 사회, 재물이 우상이 되는 사회가 되어 버렸다.[43] 이제 사람들은 인격이나 성품보다는 소유한 물질의 수준과 벌어들이는 돈의 정도에 따라 평가받고 있다. 인간 가치는 물질 가치로, 인격 가치는 상품 가치로 전락했다. 대다수의 사람들은 "돈이면 안 되는 것이 없다"는 생각을 가지게 되었다. 이렇게 물신이 사람들을 사로잡고 있다.

지난 1960년대 이후 우리 사회는 "잘살아 보세"라는 구호와 함께 경제 성장 제일주의 정책을 최고의 국가적 과제로 삼고 이를 추진해 왔다. 그러나 그때부터 잘산다고 하는 것은 물질적 풍요와 경제적 성장만을 의미하는 것이었지, 삶의 질, 복지 문제, 정신적·도덕적 가치라는 것은 배제되었다. 사람들은 삶의 행복 척도와 인생 목표를 돈에 두게 되었다. 돈이 우상이 되기 시작했고, 그 좋은 돈을 위해서라면 수단과 방법을 가릴 필요가 없다는, 한탕주의, 편법주의, 요령주의가 판을 치게 되었다. 나아가서 물질만능주의 풍조는 생명 경시 풍조, 사치와 낭비 풍조, 불법과 탈법, 천민적 오락주의를 만연시켰다. 이렇게 한국 사회는 맘모니즘이 지배하는 사회가 되어 버렸다.

1997년과 2008년에 생겨났던 한국 사회의 경제적 위기는 무엇보다도 경제윤리의 부재에 기인했다고 할 수 있다.[44] 경제윤리란 경제활동을 함에 있어서 마땅히 지켜야 할 올바른 태도와 행위 기준을 말하는 것이다. 경제윤리의 부재는 경제적 상황의 침체와 도덕성 상실이라는 부작용을 낳게 한다. 한국 사회의 경제윤리 부재는 여러 가지 형태로 나타나고 있다. 우선 기업윤리의 부재를 들 수 있다. 기업윤리 부재의 전형은 정경유착, 탈세, 중소기업 착취, 족벌경영 체제 유지, 비자금 조성, 문어발식 이윤추구, 지하경제 불로소득 등이며, 요즈음은 노조의 과도한 집단 이기주의가 새로운 문제로 대두되었다. 경제윤리의 부재는 장인정신의 결여에서도 나타난다. 사람들의 직업 영역에서 철저한 직업의식, 책임감, 자부심, 소명감이 사라지고 있다. 그 결과는 3D(dirty, difficult, dangerous: 더럽고 어렵고 위험한) 업종의 기피, 날림공사, 서비스 부재 등의 형태로 나타나고 있다. 경제윤리의 부재는 또한 근검절약 정신의 퇴조와 이에 따른 과소비와 사치 풍조의 만연, 부의 편재와 이에 따른 경제적 불평등이라는 사회적 문제를 야기하고 있다. 그뿐만 아니라 우리 사회에서 가장 문제가 되는 천박한 가치관의 하나인 탐욕적인 물욕주의와 천민자본주의 풍조의 만연도 경제윤리 부재의 단면을 보여주는 것이라 하겠다. 따라서 원래 개신교적인 전통에 근거하고 있었던 경제윤리의 회복이 절실히 요구되고 있다.

한국 교회는 우리 사회의 경제적 위기에 대하여 나름대로 대응

방안을 마련해야 한다. 가장 근본적인 것으로는 우선 우리 사회에서 맘몬의 우상을 몰아내는 일을 해야 한다. 우리 사회가 돈의 지배를 받지 않는, 믿음과 사랑의 참된 공동체가 될 수 있기 위한 노력을 앞장서서 시도해야 할 것이다. 한국 교회는 물질 가치와 금전 가치보다 영적 가치와 정신적 가치, 도덕적 가치가 더 값지고 귀하다는 것을 분명히 깨닫고 이를 실천하며, 이것을 사회에 전달하고 그 분위기를 확산시켜 나가야 한다. 한국 교회는 앞장서서 경제윤리의 회복을 위한 운동을 전개할 필요가 있다. 교인들부터 일과 생활에서, 직업의 수행에서 근면과 성실의 태도로 임할 수 있어야 하며, 청지기의식과 소명의식을 가지고 일할 수 있어야 한다. 사치와 낭비를 배격하며, 절제와 검소의 생활을 하도록 해야 한다. 그리고 교회와 교인들이 가지고 있는 영적 자산, 도덕적이고 정신적인 유산, 물질적인 재산을 이웃을 위해 나누어주면서 더불어 살 수 있는 길을 모색해야 한다. 경제 문제는 무엇보다 도덕성의 문제이며 공동체성의 문제이다. 이러한 문제의 해결 실마리를 푸는 데 교회가 기여할 수 있기를 기대해 본다.

18

주5일 근무제, 교회에 긍정적이다

주5일 근무제 시행에 대한 여론조사

'주5일 근무제'가 시행된다면 가장 하고 싶은 여가
생활은 무엇인가요?

(단위 : %)

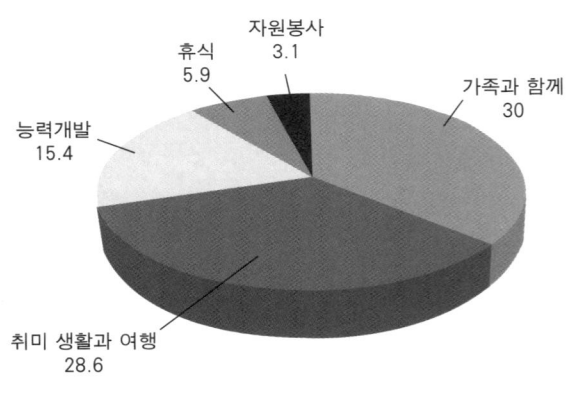

휴식
5.9

자원봉사
3.1

능력개발
15.4

가족과 함께
30

취미 생활과 여행
28.6

*출처: 한길리서치(2002).

주5일 근무제의
명암

　　　　　　　　　주5일 근무제란 일주일에 5일간 총 40
시간 일하는 것을 의미한다. 이 제도는 1950년대 전후에 미국, 캐나
다와 유럽에서 전반적으로 실시되기 시작했다. 우리나라는 개정된
근로기준법에 따라 2004년부터 주5일 근무제를 실시하게 되었다.
다만 20인 이하의 사업장에서는 2011년부터 실시하기로 되어 있다.
그러나 우리나라의 기업 가운데 절대 다수가 소규모이기 때문에 아
직 주5일 근무제를 실시하지 못하는 사업장이 많다. 그동안 한국의
노동자는 너무 많은 시간을 일해 왔다. 예를 들면 주당 평균 취업시간
이 선진국이 대개 40시간 전후인데 비해, 우리나라는 50.4시간이나
된다. 따라서 주5일 근무제는 우리나라 노동자들에게는 대환영을
받을 획기적인 제도 변화다.

　주5일 근무제는 사람들의 생활방식뿐 아니라 사고방식까지 크
게 바꾸어 놓고 있다. 특히 직장인들에게는 생활 혁명이라고 부를
만큼 엄청난 변화가 생겨나고 있다. 그리고 사회에는 긍정적인 영향
과 부정적인 영향을 모두 끼치고 있다. 주5일 근무제는 노동환경,
직장생활, 가족관계, 문화생활 그리고 여가생활에 커다란 변화를 가
져왔다. 주5일 근무제의 긍정적인 측면은 근로자들의 삶의 질의 향
상, 레저 활동의 증가 등 서비스 산업에 대한 신규 수요 창출이다.
반면에 근로시간 단축과 휴가 일수 증대 등으로 고용비용이 늘어나
생산 활동 및 성장에 마이너스 요인이 되리라는 어두운 전망도 있다.

사회적 가치의 무게 중심이 전체적으로 일 중심에서 삶의 질 중심으로 이동하면서 경제의 지형이 바뀌고 있다. 관광·레저업계를 필두로 건설사, 자동차 메이커, 디지털 가전사 등이 특수를 누리는가 하면, 노동집약적인 제조업은 인건비 증가로 인해 경영난이 가중되는 등 희비가 엇갈리고 있다. 특히 주5일 근무제로 직접적으로 타격을 받을 업종은 섬유 등의 전통제조업과 수출 위주 산업, 건설업, 그리고 1차 산업 등이다.

주5일 근무제가 실시되면서 하루 적게 일하는 만큼 근무하는 5일간은 일의 강도가 높아지게 된다. 잘못되면 사회가 '놀자 판'으로 변질되거나 기업의 비용 부담만 늘어 국가경쟁력을 떨어뜨린다는 우려도 있다.[45] 그래서 기업 경영에도 당장은 상당한 고전이 예상된다. 노동 비용 상승, 근무 분위기 이완, 추가적 자본투자, 생산량 감소 등이 생겨날 것으로 염려하는 이들이 있다. 그러나 이러한 문제들은 점차 돌파구가 마련되며 해결될 것이다.

주5일 근무제가 기업에게는 각종 비용을 상승시키게 될 것이라는 우려도 있다. 토요 휴무를 위해 평일의 근무 시간이 연장될 경우 초과근무수당이 늘면서 노동비용이 크게 증가될 것이라는 염려이다. 가령 365일 내내 공장을 돌려야 하는 섬유 가전 등 노동집약 업종에서는 종전의 3조 3교대를 4조 3교대로 바꿔야 하기 때문에 최소한 20퍼센트의 인력이 추가로 필요하다는 것이다. 따라서 5일 근무를 하더라도 실제 업무시간을 줄이기는 어려워 인건비 부담을 줄이기 위해 공장을 아예 해외로 옮기는 업체들도 늘어날 것이다.

또한 연·월차와 생리휴가 제도 등을 그대로 둔 채 주5일 근무제를 도입하면 선진국을 능가하는 휴가 일수 때문에, 생산이 차질을 빚고 비용 상승효과가 더욱 확대될 것이라는 우려도 있다. 기존의 휴일 휴가 제도를 그대로 존치한 채 주5일 근무제를 도입하면 연간 휴일, 휴가 일수는 153~163일로 늘어나게 된다. 이럴 경우 우리는 미국(142일), 일본(129~139일), 영국(132~137일), 독일(140일), 프랑스(145일) 등 선진국을 제치고 세계에서 가장 많이 쉬는 나라가 된다는 것이다. 그래서 주5일 근무제 도입 시 연간 휴일 휴가일수를 선진국 및 경쟁국 수준에 맞추어 조정해야 할 필요성이 대두되고 있다. 근로자와 사용자는 주5일 근무제의 도입을 계기로 임금 및 노동시간 협상을 원만하게 타협하고, 공동의 이익인 생산성 향상을 위해 피나는 노력을 경주해야 할 것이다.

휴일 증가와 근로 조건 변화로 인한 노사 간 마찰 역시 부담이다. 근로자들의 여가에 대한 요구가 늘 것이 예상된다. 힘든 일이나 초과 근무 기피 현상이 확산돼 인력운영과 관련해서 노사 갈등이 빈번해질 것이다. 또한 계층 갈등의 문제도 있을 수 있다. 이틀 연휴를 놓고 혜택이 상대적으로 늦춰질 1차 산업 및 중소영세업체 종사자와, 주5일 근무제를 이미 도입한 대기업 근로자나 사무직 간에 위화감이 생길 수 있다. 금요일은 연휴 기대감으로, 월요일은 장거리 여행에 따른 피로 때문에 정상 근무가 어려울 수 있으며, 결과적으로 생산성은 제자리에 머문 채 근로시간만 줄어들 것이라는 우려도 있다. 주5일 근무제를 도입하기 어려운 1차 산업이나 중소기업 종사자들의 사기는 더욱 떨어질 것이라는 지적도 있다.

그러나 효율적으로 업무를 운용한다면 오히려 5일간 집중력이 더 강해져서, 주6일 근무 때보다 생산성이 떨어지지 않는다는 연구 결과가 제시되고 있다. LG경제연구원은 "근로시간이 주 44시간에서 40시간으로 9.1퍼센트 감소하면 생산성은 약 5.9퍼센트 증가한다"고 밝히고 있다.[46] 따라서 생산성 문제에 있어서는 주5일 근무제가 그것을 오히려 향상시킬 것으로 전망된다. 근로자 입장에서 볼 때 근무시간 단축으로 확보된 여유나 에너지가 업무에 활력소가 되어 짧은 시간 내에 집중적으로 일을 하려는 욕구가 강해진다는 것이다. 물론 기업은 새로운 생산방법의 도입, 조직의 변화, 효율적 노동관행 및 추가적 자본투자 등에 자연스럽게 눈을 돌리게 될 것이다.

주5일 간의 일은 매우 집중적인 형태가 된다. 오전 9시에 출근하면 6시 퇴근까지 점심시간 한 시간을 빼고 그야말로 잠시도 쉴 틈 없이 일을 해야 한다. 즉, 일의 강도가 높아진다. 실제로 주5일 근무제를 실시하고 있는 회사에서는 커피 마시고, 신문 뒤적이고, 동료들과 농담하는 등 '워밍업'을 한 후에야 일을 시작하는 '한국적' 업무 풍토가 사라지고 있다고 한다.

주5일 근무제가 소비 향락 풍조를 조장하여 사회 질서를 문란하게 한다고 불안해하는 사람도 있다. 물론 시간적 여유가 더 늘어남으로써 사치와 퇴폐 풍조가 심해질지도 모른다. 그러나 우리나라에서 지금까지 과소비와 사치에 앞장섰던 사람은 원래부터 주5일, 주6일 근무와 관계없이 항상 과소비와 향락을 일삼았다. 가진 것이 얼마

없는 사람, 평생 내 집 장만이나 자녀 교육 등으로 등이 휘도록 일해
온 대다수의 사람에게는, 주5일이나 주6일 근무에 관계없이 사치할
여유도 없고 향락에 빠져들 돈도 없다. 게다가 주5일 근무를 한다고
하루를 더 신나게 놀고 즐길 만큼 수입이 늘어나는 것도 아니다.

일상생활, 어떻게 변할까

　　　　　　　무엇보다 큰 효과는 역시 삶의 질의 향상
이다. 가족과 보내는 시간, 각종 레저 활동, 사회적 참여, 교육기회가
대폭 늘어난다. 가족 단위 주말 계획의 중요성이 높아지면서 술자리
를 자제하는 분위기가 사회적으로 자리를 잡게 된다. 주말여행 문화
가 다양해지고 확대될 것이다. 당연히 이를 뒷받침할 각종 서비스
산업이 급팽창할 것이다. 여가 및 스포츠 레저, 교육 관련 산업이
주5일 근무제 특수를 누릴 대표적인 분야다.[47]

　또 레저 시장뿐만 아니라 근로자가 전문 자격이나 어학 등의 학습
활동을 늘리면서, 관련 학습시장이 확대되는 효과도 기대된다. 특히
젊은 층, 그리고 미혼자들 가운데서는 전문적 지식과 기술을 습득하
기 위하여, 늘어난 휴일을 유용하게 활용하고 있다. 외국어 공부나
전산 계통의 공부를 집중적으로 하며, 이에 따라 전문 학원들이 많이
생겨나고 있다. 다양한 형태의 자격증이나 면허증 취득을 위해서도
많은 시간을 쓰고 있다. 물론 이것은 기혼자나 직장인들 사이에서도

마찬가지다.

레저나 학습 등에 대한 가계지출이 늘어나면 직업을 가지려는 여성도 함께 증가할 것이고, 가사노동을 대체 혹은 합리화하는 또 다른 서비스 시장이 형성될 것이다. 육아나 가사노동 부담이 컸던 여성 근로자들은 생활의 균형 유지에 힘을 실을 수 있게 된다. 가사노동 대체 비즈니스도 눈여겨보아야 할 분야다. 이는 노동시간 단축으로 근로자 임금상승세가 둔화하는 반면에 레저나 자기계발 등을 위한 지출은 늘어나, 결국 직업을 가지려는 여성이 증가할 것이라는 예상에 근거한다. 즉, 기업들이 핵심 분야를 제외한 나머지 부분을 외주에 의존하게 되어 파트타임 고용이 늘고, 여성과 고령자 고용이 증가하게 된다. 따라서 가사노동을 대체할 수 있는 새로운 서비스 산업이 활기를 띠게 될 것이다. 탁아소, 청소 대행업, 결혼 및 장례 토털서비스, 각종 반찬 서비스업 등이 각광을 받을 업종에 속한다.

소비 형태의 변화도 주목거리다. 일상생활에 필요한 물품은 홈쇼핑, 인터넷 쇼핑 등을 통해 시간을 절약하고, 불가피한 경우 대형 할인 마트에서 일주일 치를 한꺼번에 구입하는 서구식 소비문화가 생겨나고 있다.

주말 여행문화 정착에 따른 관광산업 분야가 큰 수혜자가 될 것이다. 주5일 근무제로 국내 관광 수요는 연평균 5,000만 명 증가하고, 국내 관광 지출 순증가 효과도 향후 5년 간 13조 4,400억 원에 이를 것으로 전망된다. 국내 관광산업 발전은 고용 유발 효과가 크고, 지역 경제를 활성화해 국토의 균형 발전에도 기여하게 될 것이다. 주5

일 근무제 시행 시 답사형 및 체험형 국내 여행상품이 폭발적인 판매 신장률을 올릴 것으로 보인다. 리조트와 콘도, 레저시설 등에 대한 대대적인 투자가 이루어지고 있다.

자전거, RV 차량 등 레저 관련 상품 제조업과 전원주택 개발 부문도 발달하게 된다. 대도시 외곽은 물론이고 휴가철 등 한시적인 반짝 특수에 머물던 휴양지 상권도 활성화되고 있다. 각종 단위 여가생활을 자문해 주는 단기 여가 컨설턴트 등 신종 직종의 등장도 점쳐진다. 자격증 관련 시험강사, 파트타이머 알선, 아웃소싱 주선업 종사자 등도 훨씬 수요가 많아진 시장에서 짭짤한 수입을 올리게 될 것이다.

주5일 근무제에 따라 여가문화와 여가산업이 발달하게 된다. 문화·예술·스포츠·건강·환경 등과 관계된 다양한 활동이 활발하게 이루어질 것이다.[48] 특히 가족 단위로 즐기거나 쉴 수 있는 시설과 프로그램이 개발되리라고 본다. 이미 가족 중심의 생태관광·녹색관광·문화체험관광·테마관광 등 색다른 경험을 추구하는 다양한 여행 프로그램이 개발되고 있다. 또한 공연·전시·예술·체험·외식·레저 등을 한곳에서 즐길 수 있는 대도시 근교의 나들이 코스도 활발히 개발될 것이다. 문화 패키지로는 가족 모두가 참여하는 전통문화 탐구, 조류·생태계 관찰 등의 복합·체험 형 프로그램이 활성화 될 전망이다. 문화예술의 공연도 금요일 저녁과 토·일요일 오전·낮 공연이 활성화되고 있다. 이제 주말 시간은 주로 가족 단위로 활용될 가능성이 매우 많아지게 되었다. 어떤 의미에서는 생활 패턴이 직장 중심에서 가족 중심으로 바뀌게 된다. 많은 경우 이틀간의

휴일 가운데 하루는 자신의 휴식이나 자기개발을 위하여 사용한다면, 또 하루는 가족을 위해 쓰게 될 것이다.

주5일 근무제가 시행되면서 여행 수요 증가와 함께 여행 패턴에도 많은 변화가 일어나고 있다. 가족 중심형, 자기 개발형 여행 수요가 늘어나고, 저 비용의 계획적인 여행이 자리 잡아 가고 있다. 먹고마시기 위주의 유흥적 관광 패턴에서 벗어나, 자기개발이나 생산성향상을 위한 재충전 등 선진국형 여행 문화가 정착될 수도 있을 것이다. 그러나 월수입은 현재의 수준에 못 미치는 대신 여가 기회는 상대적으로 늘어남에 따라 '금전형 여행'에서 '시간형 여행'으로 패턴이바뀔 전망이다. 즉 즉흥적인 주말여행보다 계획적인 여행이 주류를이룰 것이다. 또한 다양한 여행상품이 등장하면서 국민의 레저 패턴도 2박 3일 여행이 많아지고 단기 해외여행도 늘어나게 되어, 가뜩이나 문제인 관광수지 적자가 심화될 것으로 보인다. 그러나 이러한문화·여가 활동이 특히 대도시 주민·중산층·젊은 층·정규 근로자·미혼자가 주로 즐길 것이기 때문에, 그 반대 층의 소외감이 더 커질수 있다.

오늘날처럼 치열한 생존 경쟁에서 살아남기 위해 정신없이 뛰어야 하고, 이에 따라 지치고 피곤한 삶을 사는 많은 이들에게 쉼은안식이요, 놀이는 위안거리가 될 수 있다. 지금까지 우리 사회는 끊임없이 뒤쳐지지 않기 위해, 현재 누리는 안락함과 편안함을 유지하기 위해, 더 잘살기 위해 허둥댈 것을 요구해 왔다. 오직 앞만 바라보며 고속 경제성장 시대를 살아온 사람들의 심신은 지쳐 있다. 이렇게 피곤에 찌든 우리에게는 진정 영과 육의 쉼이 필요하다. 물론 쉼과 여가라는 것이 방탕과 사치라는 결과를 가져온다면 문제이지만, 재창조(recreation)를 위한 여가, 긴장을 완화하고 원기를 회복하기 위한 쉼이라면 주5일 근무제는 매우 바람직한 결과를 가져올 것이다.

주5일 근무제에 교회는 어떻게 대응할까

주5일 근무제는 교회에도 많은 영향을 미치게 된다. 교회 입장에서는 주5일 근무제가 성경에 위배되고(6일을 일하고 하루를 안식하는 것이 성경적이라고 믿는 사람에게) 교회 전도의 문이 좁아지며, 사회적으로는 향락산업을 부추기고 소비성향을 크게 자극해 사회질서가 무너지고, 국가경쟁력이 약화될 것이라며 주5일 근무제를 반대하는 경향이 있는 것이 사실이다.[49] 그러나 다른 이유들은 모두 부차적인 것이며, 교회의 주 관심은 주5일 근무제가 교회의 선교에 지장을 초래할 것이라는 위기감에 초점이 맞춰져 있다. 주5일 근무제가 여가산업과 놀이문화를 발전시켜 결과적으로 그것이 복음전도의 걸림돌이 되고, 교인들이 주일 성수를 소홀히 하게 될 것이라는 우려다. 즉, 일주일에서 하루 더 쉬는 것으로 인해 신앙심이 약한 교인들의 주일 성수가 유혹받게 되고, 이에 따라 교인 수가 감소할지 모른다는 걱정이다. 어느 정도는 그럴 수 있을 것이

다. 그러나 분명한 것은 교회에 잘 나오는 신도는 주5일 근무제를 실시한다고 해도 주일을 성수할 것이고, 반대로 주5일 근무제를 해서 교회에 빠질 사람은 주6일 근무제 때에도 주일 성수를 잘하지 않던 사람일 것이다.

주5일 근무제가 교회에 긍정적인 결과를 가져올 가능성은 충분하다. 주일에 교회에서 많은 봉사를 해야 하는 교인들(예를 들면 교사, 성가대)의 경우 주 6일간의 격무 후에 주일에 교회에서 살다시피 하며 또 하루를 힘들게 보내야 했다. 그러나 주5일 근무제가 실시되면 토요일에는 충분히 휴식을 취하고, 주일에는 여유 있게 교회에서 봉사할 수 있을 것이다.

주5일 근무제가 실시되면서 교회는 특히 토요일을 지혜롭게 사용할 수 있게 된다. 토요일을 이용하여 교회는 각종 행사를 함으로 풍부한 축제의 장을 마련할 수 있을 것이다. 예를 들면 토요일에 교회의 주관으로 교인들이 함께 야외로 나가 자연 속에서 성도의 교제를 나누고 말씀도 듣고 성경공부를 할 수 있을 것이다. 또한 토요일에 운동, 자원봉사, 현장교육, 주말 부흥회, 주말 가족 세미나 혹은 부부 세미나, 음악회 등, 전에는 시간적 제약 때문에 마음 놓고 할 수 없었던 각종 교회 프로그램이 활성화될 수 있을 것이다. 등산·여행·음악 감상·독서·운동 등 비슷한 취미를 가진 교인들이 동아리를 만들어 함께 활동할 수도 있다. 이렇게 토요일은 예배 이외에 선교, 교육, 봉사, 친교 활동을 전개할 수 있는 날로 활용할 수 있다.

주5일 근무제로 인해 위협받을 수 있는 주일 성수 문제에 대한

대안도 마련되리라고 본다. 예를 들면 주일예배 개념을 매일예배 개념으로 전환하는 것이다.[50] 즉, 주일예배 하나만을 고집할 것이 아니라, 금요일 저녁이나 토요일 아침 혹은 저녁에도 예배를 드리는 것이다. 이미 미국에서는 많은 대형 교회들이 이 제도를 실시하고 있으며, 우리나라에서도 가톨릭의 경우 주일뿐만 아니라 주말 미사를 드리고 있다. 요즈음 대규모 리조트에서는 주말에 몰려드는 사람들을 위하여 주일 아침 예배를 드릴 수 있는 공간과 시간을 제공하고 있으며, 주일에 인근의 목회자들이 와서 주일 예배를 인도하고 있다.

경제적 형편이 좋은 경우에는 교외로 교회를 이전하여, 예배드리고 여가도 즐길 수 있는 전원교회도 등장할 수 있을 것이다. 자체의 수양관을 가지고 있는 대형 교회는 주말에 가족 단위로 교인들을 그곳으로 오게 하여 토요일 하루를 자연 속에서 쉬고 여가를 즐긴 후, 주일 예배와 다양한 교육 및 친교 프로그램을 진행할 수도 있을 것이다. 이미 이 프로그램을 실시하고 있는 교회들이 있다. 대표적인 예가 '사랑의교회'이다.[51]

아무런 준비도, 계획도 없는 교회라면 주5일 근무제는 교인들의 주일 성수나 선교에 있어 위협이 될 수 있다. 그러나 교회 성장이 정체되고 교회 분위기가 침체되고 있는 요즈음 주5일 근무제는 오히려 교회가 활기를 되찾을 수 있는 계기가 될 수도 있다. 주5일 근무제가, 변화되지 않고 노력하지 않는 교회에는 위기로 느껴지겠지만, 새로운 비전을 가지고 변화된 상황에 적절하게 대처하기 위해 부단히 노력하는 교회에게는 기회가 될 수 있는 것이다.

19

깨진 공동체,
어떻게 회복할 것인가

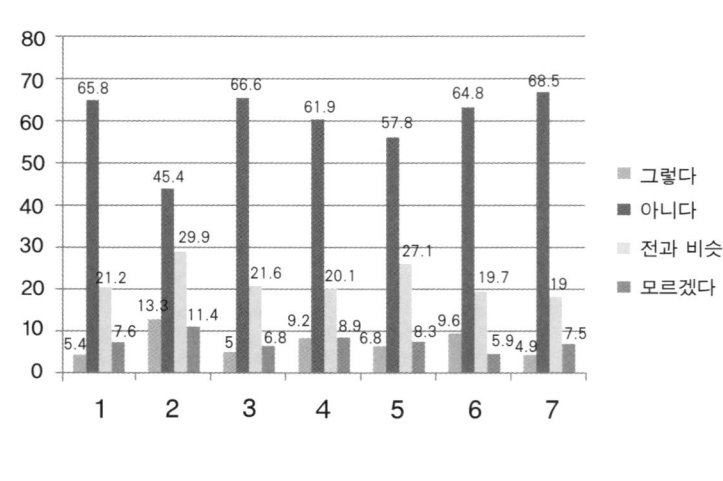

사회문제에 대한 견해

"과거와 비교하여"

1. 빈부격차가 줄어들고 있다.
2. 지역감정이 해소되고 있다.
3. 범죄 발생이 줄어들고 있다.
4. 부정부패가 줄어들고 있다.
5. 윤리도덕성이 좋아지고 있다.
6. 환경오염이 줄어들고 있다.
7. 청소년 문제가 나아지고 있다.

(단위: %)

- 그렇다
- 아니다
- 전과 비슷
- 모르겠다

*출처: 통계청, 《사회통계청조사 보고서》(2000).

우리 사회는
살 만한 사회인가

　　　　　요즈음 전쟁과 민족 분쟁, 그리고 경제
불황 등으로 세계정세가 심상치 않다. 우리나라 또한 정치·경제
·사회·문화 영역 전반에 걸쳐 총체적 난국의 양상이다. 사랑보다는
미움, 화합보다는 분열, 통합보다는 갈등, 대화보다는 대립, 평화보
다는 긴장의 분위기가 사회 전체에 조성되고 있다. 공동체성이 깨어
지고 도덕성이 무너지고 있는 현실을 보게 된다.

　과연 우리 사회는 정의로운 사회인가? 우리 사회는 풍요로운 사
회인가? 우리 사회는 아름다운 사회인가? 우리 사회는 안전한 사회
인가? 우리 사회는 멋있는 사회인가? 우리 사회는 상부상조하는 사
회인가? 사람들은 생활에 만족하며 보다 행복감을 느끼고 있는가?
대인관계는 보다 인간적이며 사회에서는 안전감을 느끼며 살아가
고 있는가? 경제적 여유와 함께 마음의 여유도 누리고 있는가? 우리
사회가 법과 질서가 잘 유지되고 있는 법치국가라고 할 수 있는가?
소외계층이 제대로 돌봄을 받고 있는 복지국가라고 할 수 있는가?
민의(民意)가 제대로 반영되고 있는 민주국가라고 할 수 있는가?
한마디로 우리 사회는 살 만한 사회인가?

　이에 대한 대답은 대체로 부정적인 것이 한국 사회의 현실이다.

　산업화, 근대화 과정을 통하여 우리 사회는 많은 변화를 겪었고,
그 결과 경제가 크게 성장하고 복지사회, 민주사회로 진일보한 면이
있는 것은 사실이다. 그러나 돌이켜보면 사람들이 과거보다 더 마음

의 여유와 정신적 안정을 누리고 있는 것 같지는 않다. 우리 사회에 부정부패가 줄어들고 사람들의 박탈감이 줄어들고 있는 것 같지는 않다. 분배정의가 이루어지고 인권이 신장되며 약자가 보호받고 있는 것 같지도 않다. 반대로 우리 사회는 날로 살벌하고 불안하고 조급한 모습을 보이고 있다. 배금주의, 이기주의, 편법주의, 한탕주의가 더욱 심해지고 있다. 지치고 힘들어하는 사람들이 늘어나고 있다. 여전히 어렵고 외롭고 슬프고 아프고 배고파하는 사람들이 도처에서 발견되고 있다.

멋지고 아름다운 사회를 우리는 '공동체'(community)라고 부른다. 왜냐 하면 공동체는 더불어 사는 사회이기 때문이다. 더불어 사는 사회는 사람들이 서로 시간과 관심과 물질과 사랑을 나누는 사회다. 서로 섬기고 돌보는 사회다. 나눔(sharing), 섬김(serving), 돌봄(caring)이 있는 사회는 바로 하나님 나라의 모습이다. 그렇다면 오늘날 한국 교회, 그리고 기독교인은 우리 사회가 참으로 사랑이 꽃피는 공동체가 되도록 해야 할 책임이 있다. 우선 교회부터, 기독교인부터 공동체성을 회복하고, 나아가 모두가 한마음으로 우리 사회를 '더불어 사는' 공동체가 되도록 해야 할 것이다.

우리 사회가 진정한 사랑의 공동체가 되기 위해서는 무엇보다 '나눔'이 필요하다. 우리가 특별히 관심을 가져야 할 대상은 우리 사회에서 물질적으로나 정신적으로, 육체적으로나 심리적으로 고통을 겪고 있는 소외계층이다. 이들은 교회가 돌보아야 할 우리의 이웃이요, 소자(小子)요, 강도 만난 자라고 할 수 있다. 이들과 더불어 살 수 있어야 참된 공동체라고 할 수 있을 것이다. 한 사람의 열 걸음보다 열 사람의 한 걸음을 소중히 여기며, 한 사람의 열 숟가락보다 열 사람의 한 숟가락을 귀하게 여기는 사회야말로 사랑의 공동체라고 할 수 있다.

우리 사회가 사랑의 공동체가 될 수 있기 위해서는 또한 서로에 대한 배려, 열린 마음, 하나 됨을 지향하는 자세가 필요하다. 즉 상호 이해와 포용적인 태도 역시 더불어 살 수 있기 위한 조건이 된다. 특히 다양한 가치와 규범이 불가피한 오늘날의 다원적 사회에서는 화합과 일치를 이루어 내려는 노력 없이는 갈등과 분열의 구조가 생겨날 수밖에 없다.

이와 같이 우리 사회가 사랑의 공동체가 되기 위해서는 더불어 사는, 그리고 함께 가는 삶의 태도가 절실히 요구된다. 더불어 살고 함께 가기 위해 우리는 '나누는 삶'과 '하나 되는 삶'을 살아야 한다. '나누는 삶'이 타인, 특히 소외계층 혹은 약자를 사랑으로 섬기고 돌보는 것을 의미한다면, '하나 되는 삶'은 서로 다른 이념과 배경을 가진 사람들 사이에서 화합과 일치를 이루어내는 것을 의미한다.

나눔과 돌봄이 필요하다

먼저 '나누는 삶'에 대하여 생각해 보자. 사랑의 공동체가 되기 위해서는 무엇보다 사람들이 서로 나누는 삶을 살아야 한다. 특히 힘이 있고, 경제적 능력이 있고 사회적 지위가 있는 사람들은 약하고 가난하고 어려운 사람들을 도와야 한다. 물질로 돕고 시간을 내서 돕고 정신적으로도 도와야 한다.

　우리 사회에는 많은 사회 문제들이 있으며, 이에 따라 해결되어야 할 일들, 돌보아야 할 사람들이 많이 있다.[52] 가족 문제를 보면 이혼이 급증하여 세 쌍이 결혼하고 한 쌍이 이혼할 정도로 가족이 해체되고 있다. 사회의 돌봄, 사람들의 돌봄이 필요한 가족 형태로는 빈곤 가족·자녀 방임 및 학대 가족·이혼 가족·편부모 가족·소년소녀 가장 가족·미혼모 가족 등이 있다. 요즈음에는 국제결혼이 늘어나며 다문화 가정의 문제가 새롭게 대두되고 있다. 학업·진학·진로·성격·이성 문제·친구 문제·가정 문제 등으로 고민하고 방황하는 수많은 청소년의 문제도 있다. 고령화 사회로 접어들어 어려움을 겪고 있는 노인이 급증하고 있다. 500만 명에 이르는 65세 이상의 노인 가운데는 소외와 심리적 좌절감과 같은 심리 문제, 노후 대책과 관계된 경제 문제, 신체적·정신적 건강 문제, 열악한 복지시설과 복지정책 등으로 매우 힘겹게 살아가는 이들이 많다.

　한편 여성 문제도 심각한 수준에 있다. 무엇보다 성차별이 문제인데, 이것은 경제와 교육 영역에의 참여율, 임금 격차, 정치와 법적인 영역에서의 대우와 지위에서 나타나는 차별이다. 세계경제포럼(WEF)이 2008년 발표한 자료에 따르면 성 격차지수(GGI: Global Gender Gap Index)에서 한국은 130개국 가운데 108위다. 또한 취약계층 여성으로 모자 가장, 성폭력 피해 여성, 가정폭력, 여성 노인의 문제 등이 있다. 우리나라에는 지체 장애, 시각 장애, 청각 장애, 언어 장애, 정신 장애, 심장 장애, 발달 장애, 정신 지체 등 215만 명에 달하는 장애인이 있는데, 그들은 사회적 편견이나 차별, 그리고 경제적 궁핍으로 커다란 어려움을 겪고 있다. 농촌에는 산업화 구조의 급격한 변화로 인해 농촌 인구가 많이 줄어들었고, 그나마도 매우 고령화되어 노동력이 양적·질적으로 크게 약화되었다. 이에 따라 농촌 경제가 피폐화되어 농민들은 큰 어려움을 겪고 있다.

빈곤 문제도 심각하다. 우리나라에는 기초생활비 수급대상자가 2007년 현재 155만 명이나 되며, 법정 빈곤선인 4인 기준 가구당 월 소득이 133만원 미만의 가난한 사람들이 720만 명에 이르렀다. 중산층의 비율은 1996년에는 68퍼센트였으나 2007에는 58퍼센트로 감소했다. 빈부격차는 날로 심해지고 있다. 그리하여 1997년 우리나라에서 가장 잘사는 사람 10퍼센트의 총소득은 가장 가난한 사람 10퍼센트 총소득의 43배였으나, 2007년에는 그것이 160배로 늘어났다. 분배와 평등을 말하며 서민을 위한다던 참여정부에서 그 격차는 오히려 크게 벌어졌다.

범죄 문제도 매우 심각한 수준이다. 예를 들면 2007년 총 범죄 건수는 197만 건으로 10년 전보다 24퍼센트나 증가했다.[53] 그래서 우리나라에서는 형법범만 해도 하루에 절도가 582건, 살인이 3건, 강도가 12건, 강간이 37건, 폭력이 523건씩 발생하고 있다. 문제 청소년도 우리 주변에서 많이 발견된다. 그리하여 청소년 범죄는 2007년에 14만 건이나 일어났는데, 이것은 10년 전보다 22퍼센트나 증가한 수치다. 그 밖에 청소년 비행으로 청소년 폭력, 약물 남용, 가출, 성 비행, 집단 따돌림 등의 문제가 날로 심각해지고 있다. 대부분의 범죄나 청소년 비행은 경제적 궁핍이나 사회적 돌봄의 결여로 인해 일어나고 있기 때문에 이러한 일탈자들에 대하여도 관심과 배려가 필요하다.

하나 됨이 필요하다

우리 사회가 사랑의 공동체가 되기 위해서 절실히 요구되는 또 하나의 과제는 '하나 되는 것'이다. 모두가 함께 살고 함께 가는 화합과 일치의 모습이 이것이다. 사실상 우리 사회는 안정과 조화, 질서와 균형이 이루어지고 있는 통합된 사회가 아니다. 반대로 우리 사회는 대립과 반목, 부조화와 긴장이 있는 갈등 사회라고 할 수 있다. 서로 다른 위치에 있거나 서로 다른 생각을 가지고 있는 사람들이나, 집단 사이에서 생겨나는 불협화음이 날로 커져감으로 사회는 혼란과 적대감만이 증대되고 있다. 이러한 대립 구도는 점차 양극화를 향해 치닫고 있는 형국이다.

사회 갈등의 모습을 보여주는 대표적인 경우는 이념 간의 갈등이다. 흔히 보수와 진보로 구분되는 이념 간 양극화는 모든 정치, 경제, 사회, 문화 영역에서 나타나고 있다. 예를 들면 삼일절이나 광복절 기념행사가 반북·친미 노선을 따르는 보수 집단과 친북·반미 정서로 뭉친 진보 집단에 의해 따로 열리고, 여기서 나오는 구호와 주장은 서로 상반된 것이다. 민족공조를 외치며 미군을 몰아내자는 외침과 한미공조로 북한 핵 개발을 저지하자는 외침이 같은 날 각기 다른 장소에서, 다른 이념 집단들에게서 메아리쳐 울리는 것이다. 이념적 양극화는 전교조에 대한 입장 차에서도 나타나고 있다. 사회주의적 인 '평등' 개념으로 무장한 전교조 동조 세력과 자본주의적인 '자유' 개념을 신봉하는 전교조 반대 세력 사이의 이념적 힘겨루기가 교육 영역을 완전히 두 동강이로 만들어 버렸다.

이념적 양극화가 심각하게 조장되기 시작한 것은 김대중 정권이 라 할 수 있다. 그 정권의 햇볕정책에 대한 찬반양론에서 나타나기 시작한 이념 갈등이 일파만파로 사회 전반으로 확산되어 이제 우리 국민은 완전히 두 파로 갈라지게 되었다. 통일 문제, 정치 문제, 경제 문제, 교육 문제, 문화 문제, 사회 문제를 모두 단순한 이분법적 논리 에 따라 통일 대 반통일, 개혁 대 반개혁, 진보 대 수구라는 대립구도 로 몰아갔던 것이다. 이것은 소모적이고 감정적이며 극단적인 좌익 대 우익의 대립 양상을 띠기까지 하고 있다. 이러한 이념적 양극화는 '국민의 정부'에 이어 노무현 대통령의 소위 '참여정부'에 와서 오히 려 더욱 심화되었다. 더욱이 민노총, 전교조, 급진 시민단체, 그리고 지상파 방송, 인터넷 매체, 〈한겨레신문〉을 아군으로 규정한 반면 에, 대기업, 고소득 및 고학력자, 강남 거주자, 보수적인 집단, 그리 고 〈조선일보〉·〈중앙일보〉·〈동아일보〉로 대표되는 주요 일간지를 적군으로 규정하다시피 한 태도는 오히려 사회적 양극화를 크게 조장했다.

이념 갈등 못지않게 심화되고 있는 것은 세대 갈등이다. 세대 간 가치관과 이념 차이는 불가피한 것이겠지만, 우리 사회의 경우에는 그 도가 지나쳐서 이제 세대 간에는 거의 '의식의 단절'이라고 할 만큼 현실을 바라보는 인식의 괴리가 너무도 커졌다. 물론 이것은 문자매체 세대와 영상매체 세대의 차이, 오프라인(Off-line) 세대와 온라인(On-line) 세대의 차이를 반영하는 것이기는 하지만, 그 가치관과 의식의 차이는 너무 커져서 세대 간 양극화를 만들어 내고 있다. 예를 들면 부모와 자녀의 가치관 일치도에 있어 도덕 기준은 56퍼센트, 종교 문제는 28퍼센트, 사회 문제가 28퍼센트, 정치 문제와 성 문제에 대해서는 9퍼센트에 머물고 있다.[54]

그 밖에도 도무지 치유나 화해가 불가능해 보이기까지 하는 여러 갈등들이 있다. 갈 데까지 가다가 같이 망할 것 같아 보이는 노사 갈등, 아직도 사라지지 않는 망국적인 지역 갈등, 진리 추구보다 교세 확장으로 야기되는 종교 갈등, 폭력과 불법의 막장 국회로 대표되는 여야 갈등 문제도 위험 수위에 이르고 있다.

이렇게 우리 사회는 더불어 살지 못하고 함께 가지 못하는 사회가 되어 버렸다. 현대 사회는 다원주의 사회다. 다원주의 사회란 "사회의 가치와 규범, 그리고 사회의 조직과 구조가 다양한 형태로 존재하는 사회"를 말한다. 획일주의가 바람직하지 않을 뿐만 아니라 불가능한 것이 다원주의 사회의 특징이다. 다원화된 사회에서는 '다름'이 있을 수밖에 없고, 그 '다름'은 존중되어야 한다. 불행하게도 한국인은 원래 이 '다름'에 대한 거부감이 강했는데, 그것이 요즈음은 더욱 심해져서 적대감까지 만들어 내고 있다. 모든 것을 흑백논리에 따라 사람들을 '우리'와 '그들'로 양분하는 이분법적인 편가르기가 성행하고 있다. '우리'와 다른 사고를 하거나 행동하는 사람은 무조건 적으로 간주하고, 사악한 집단으로 규정하려고 한다. 이러한 독선과 배타성이 우리 사회를 갈등구조로 만들고 있는 것이다.

우리 사회가 사랑의 공동체가 되기 위해서는 상대방을 존중하는 대승적인 자세가 필요하다. 나의 취향, 가치, 의식과 다르다고 해서 그것을 인정하지 않으려는 태도, 그래서 나는 살고 너는 죽어야 하겠다는 태도, 이것은 결국 같이 죽고 같이 망하자는 얘기다. 연못 안의 두 마리 붕어가 싸워서 하나가 죽으면 마침내 물이 썩어 다른 붕어도 죽는 법이다. 이런 의미에서 우리는 다른 사람들과 더불어 사는 삶의 지혜를 배워야 한다. 다르지만 함께 사는 삶의 자세가 필요하다. '다름'이 존재한다는 것은 오히려 하나의 축복일 수도 있다. 왜냐 하면 '다름'이 때로는 조화와 상보(相補)의 하모니를 만들어 낼 수도 있기 때문이다. '다양성 속의 일치'(unity with diversity), 이것은 다원화된 사회에서 모두가 살기 위해서는 불가피한 선택이다.

요즈음 우리 사회는 위기에 처해 있다. 불안과 불신이 팽배해 있고, 긴장과 갈등이 만연하고 있다. 하나 되지 못하고 나뉘고 갈리고 싸우고 있다. 저마다 자신만이 옳다고 하고 타인을 적대시한다. 혼자 모든 것을 독식하려고 하고, 남을 배려하는 마음은 전혀 없다. 고통을 당하는 사람은 안중에 없고 나만 잘되면 된다는 생각을 하고 있다.

한마디로 공동체성이 깨지고 있으며, 도덕성이 무너지고 있다. 그래서 멋진 사회, 살 만한 사회, 아름다운 사회가 되지 못하고 있다. 이 모든 것은 결국 사랑이 없기 때문이다. 사랑이란 무엇인가? 남을 배려하는 마음이다. 더불어 살려는 마음이다. 어떻게 더불어 살 수 있는가? 나눔과 돌봄, 그리고 하나 됨으로 가능하다. 어려운 이웃을 돌보는 일, 나와 다른 사람과 함께 가는 일, 이것이야말로 우리 모두가 더불어 살 수 있는 길이요, 우리 사회가 사랑의 공동체가 될 수 있는 길인 것이다. 이 일을 한국 교회가 이루어 낼 수 있다면 얼마나 멋있는 일일까.

우리나라의 명과 암(2008년 현재)

밝은 면   어두운 면

국가별 초고속 인터넷 보급률

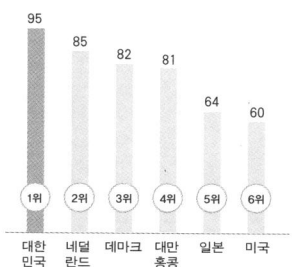

95	85	82	81	64	60
1위	2위	3위	4위	5위	6위
대한 민국	네덜 란드	데마크	대만 홍콩	일본	미국

법질서지수

순위	국가	점수
1	호주, 덴마크, 핀란드, 스웨덴, 등 11개국	6.0
12	영국, 미국	5.9
14	스위스	5.8
15	아일랜드	5.7
16	독일, 일본	5.6
23	헝가리	5.1
26	폴란드	4.8
27	한국, 그리스	4.3
29	터키	3.9
30	멕시코	2.6

1인당 국민소득

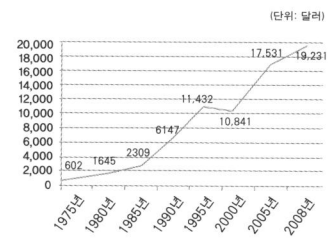

(단위: 달러)

국가별 부패인식지수(청렴지수)

순위	국가	부패인식지수
1	덴마크, 뉴질랜드, 스웨덴	9.3
4	싱가포르	9.2
5	핀란드, 스위스	9.0
16	영국	7.7
18	일본, 미국	7.3
23	칠레	6.9
35	아랍에미리트	5.9
40	대한민국	5.6
41	오만, 모리셔스	5.5
72	중국	3.6

**출처: 스트래티지 애널리틱스, 한국은행, KDI(1991~2003), WEF, 국제투명성기구.

부끄러운
한국의 자화상

우리나라에서만 볼 수 있는 현상은 무엇일까? 혹은 우리나라에서 가장 흔하게 볼 수 있는 일은 무엇일까? 다음과 같은 것들이 아닐까? 전·현직 대통령의 자녀, 친인척, 측근들이 줄줄이 쇠고랑을 찬다. 국회의원들은 수시로 정당을 바꿔가며 철새가 된다. 그리고 국회에서 몸싸움을 하고 망치와 전기톱을 동원해서 잠긴 문을 때려 부순다. 많은 고위 공직자가 위장 전입과 부동산 투기의 전력을 가지고 있다. 지체 있는 집안의 아들은 대개 병역을 면제받는다. 집단 이익을 위해, 혹은 주장을 관철하기 위해 머리에 빨간 띠를 두르고 삭발을 하며 때로는 단식투쟁을 한다. 대낮에 도로를 점거하고 복면을 한 채 죽창을 휘두르며 시위를 하고, 이를 진압하기 위해 방패로 찍고 살수차까지 동원된다. 공공 행사에서 국기에 대한 예를 하지 않고 애국가 대신에 '님을 위한 행진곡'을 부른다. 모든 정치적 문제에 있어 좌익과 우익은 목숨 걸고 대립하고 싸운다. 교사, 공무원 할 것 없이 직무와 관계없는 정치적 행동을 수시로 한다. 교차로에서 서로 먼저 가려고 차들이 뒤엉켜 버린다. 휴가철이 지나면 모든 산천은 쓰레기로 뒤덮인다. 유흥가는 밤새워 불을 밝히는 철야성이 되고 있다. 저녁 회식은 대개 2차, 3차로 이어진다. 심야에 학원 일대는 과외공부가 끝난 애들을 태워가려는 차들로 주차장이 되어 버린다. 인터넷은 각종 악성 댓글, 음란물, 쓰레기 정보의 온상이 되고 있다. 부끄러운 한국의 자화상이다. 그러나 어찌 이 뿐

이랴. 다음의 통계를 보자.[55]

우리나라의 부패도는 2008년 세계 180개국 가운데 40위이며, 청렴지수는 경제협력개발기구(OECD) 30개국 가운데 22위다. 우리 나라는 경제 규모에 있어서는 세계 13위이지만, 국가 경쟁력은 국제 경영개발원(IMD)의 〈2009년 국가 경쟁력 보고서〉에 따르면 57개 국 가운데 27위이며, 특히 '노사관계 생산성' 부문은 56위로 꼴찌에 서 두 번째다. 국가 경쟁력 대비 국가 브랜드 가치는 29퍼센트(일본 은 224%)에 불과하다. 국가선진화지수(경제, 정치, 사회, 문화, 국제화 등 5개 부문별 55개 세부 평가 결과)는 40개국 가운데 30위다. 준법정신 수준은 OECD 국가들 가운데 27위다. 법질서 경쟁력 평가지수는 66개국 가운데 36위이며, 특히 '정치인' 부문은 49위다. 환경지속성 지수(환경, 사회, 경제 조건을 바탕으로 지속 가능한 성장을 할 수 있는 국가 역량을 계량화한 수치)는 146개국 가운데 122위다. 세계경제포 럼(WEF)이 2008년 발표한 '극로벌 성 격차 보고서'에 따르면 한국 의 성 격차지수(GGI: 여성의 경제 참여와 기회, 교육 수준, 정치권력, 보건 과 생존 등 4개 분야의 14개 지표를 토대로 한 수치)는 130개국 가운데 108위다.

사교육비 비율은 41퍼센트로 세계 1위이며, OECD 국가 평균의 세 배에 달한다. 그래서 2008년 사교육 시장 규모는 21조 원에 달했 고, 초등학생의 88퍼센트가 '사교육의 노예'가 되고 있다. 인구 100 만 명당 교통사고 사망률은 세계 4위이며, 한국은 아시아에서 운전 하기 가장 위험한 나라로 지목되고 있다. 어린이 사고 사망률은

OECD 국가들 가운데 3위다. 자살률은 2007년 인구 10만 명당 자살자 18.7명으로 세계 1위다. 출산율은 1.19로 세계 최저 수준이면서도 2008년에만 1,250명의 아동이 해외로 입양되었으며, OECD 국가 가운데 유일하게 대미 아동수출국 10위 안에 들었다. 대외 원조는 1인당 16달러로 OECD 국가 평균의 1/8 수준으로 국제 사회 기여도가 낮다. 도시 생계비와 아파트 임대료는 세계 3위다. 인구 100만 명당 사기사건은 일본의 7배에 달한다. 중산층은 10년 전보다 10퍼센트 감소했고, 상위 10퍼센트의 평균 소득은 하위 10퍼센트의 45배로 빈부격차가 심화되고 있다. 한국의 땅값은 한국 면적의 100배인 캐나다를 두 번 사고도 남을 정도다. 그래서 그런지 영국 신경제학재단(NEF)이 2006년 발표한 세계행복지수는 한국이 102위다. 그리고 OECD의 '삶의 만족지수'는 26개국 가운데 23위다.

부끄러운 한국의 자화상이다. 그래서 한국 역사는 일부 좌파가 주장하듯이 "정의가 패배한 부끄러운 역사"일까?

기적을 만들어 낸
한국인

모든 현상은 양면성을 가지고 있다. 어둠이 있으면 빛도 있고, 불행이 있으면 행복도 있으며, 절망이 있으면 희망도 있다. 2008년 타계한 하버드 대학교의 유명한 새뮤얼 헌팅턴(Samuel Huntington) 교수는 그의 저서 《*Culture Matters*(문화가

중요하다)》 서문에 이렇게 쓰고 있다.[56]

1990년대 초 나는 가나와 한국의 1960년대 초반 경제 자료들을 검토하게 되었는데, 1960년대 당시 두 나라의 경제상황이 아주 비슷했다는 사실을 발견하고서 깜짝 놀랐다. 무엇보다 양국의 1인당 GNP 수준이 비슷했으며 1차 제품(농산품), 2차 제품(공산품), 서비스의 경제 점유 분포도 비슷했다. 특히 농업의 경제 점유율이 아주 유사했다. 당시 한국은 제대로 만들어 내는 2차 제품이 별로 없었다. 게다가 양국은 상당한 경제 원조를 받고 있었다. 30년 뒤 한국은 세계 14위의 경제 규모를 가진 산업 강국으로 발전했다. 유수한 다국적 기업을 거느리고 자동차, 전자 장비, 고도로 기술집약적인 2차 제품 등을 수출하는 나라로 부상했다. 국민소득은 그리스의 수준에 육박했다. 더욱이 한국은 민주 제도를 착실히 실천하며 다져나가고 있는 중이다.

반면에 이런 비약적인 발전이 가나에서는 이루어지지 않았다. 가나의 1인당 GNP는 한국의 1/15수준이다(2008년 현재는 1/40이다 — 저자 주). 이런 엄청난 발전의 차이를 어떻게 설명할 수 있을까? 여러 가지 요인이 작용했겠지만 내가 볼 때 '문화'가 결정적 요인이라고 생각한다. 한국인들은 검약, 투자, 근면, 교육, 조직, 기강, 극기정신 등을 하나의 가치로 생각한다.

미국 언어학자 노암 촘스키(Noam Chomsky)도 2003년 MIT에서 행한 강연에서 "지구상에서 바람직한 발전의 모델을 이룬 나라는 바로 한국이다. 한국은 다른 나라에 종속되지 않고 독자적으로 경제 발전을 이루면서 민주화를 이룩한 나라다"라고 말했다.

실제로 놀라운 발전을 이루어 낸 한국인의, 한국의 모습을 통계로 알아보자.

우리나라의 1인당 국민소득은 1960년에는 79달러에 불과했으나, 2007년에는 2만 달러를 넘어섰다. GDP(국내총생산)는 1972년 100억 달러였으나, 2007년에는 9,700억 달러로 세계 13위다. 이는 아프리카 53개국 GDP 합계보다도 많은 것이다. 2006년 한국의 수출액은 3,300억 달러였는데, 이것은 멕시코를 제외한 중남미 34개국 수출액 전체보다도 많은 것이다. 아프리카의 경제대국인 알제리의 GDP는 삼성 그룹 1년 매출액의 65퍼센트에 불과하며, 나이지리아의 GDP는 LG 그룹의 1년 매출액보다도 적다. GDP 기준으로 보면 2008년 삼성의 매출액은 싱가포르의 GDP보다 많다. 그리고 그것은 세계 36위 국가 수준이다(참고로 세계 35위는 아르헨티나이다). 그리고 매출액에 있어 LG는 세계 48위, 현대자동차는 세계 51위, SK는 세계 55위 국가 수준이다.[57]

TV, 에어컨, 냉장고, 세탁기, 휴대전화는 삼성과 LG 제품이 세계 최고로 인정받고 있다. 조선업은 세계 1위에서 6위까지를 독차지하고 있다. 선박과 스틸렌 수출액이 세계 1위, 인조섬유 수출은 세계 2위, 교역액이 세계 12위, 교육투자비율은 세계 1위다. IT(정보기술) 인프라도 세계 최고 수준이다. 인구 대비 초고속 인터넷 가입자 수가 세계 4위, 초고속 인터넷 보급률은 95퍼센트로 세계 1위다. 휴대폰

통화 성공률도 99.7퍼센트로 세계 1위다.

이렇게 2008년 현재 한국은 세계 최고 수준의 정보기술, 전자 · 조선 · 제철 · 자동차 산업을 가지고 있다. 그뿐만 아니라 국민 평균 IQ는 106으로 세계 1위(실제로는 홍콩의 107 다음으로 2위이지만, 홍콩은 국가가 아니므로 국가로 볼 때는 한국이 1위인 셈)이다.

문화적으로도 자랑거리가 많다.[58] 카드 하나로 지하철, 버스, 택시를 모두 타고 환승도 되는 나라는 우리나라뿐이다. 24시간 편의점뿐만 아니라 24시 콜센타 서비스가 이루어지고 안방에서 인터넷으로 모든 민원이 처리되는 나라도 우리나라뿐이다. 물품 종류를 가리지 않고 배달이 되고, 특히 모든 음식이 30분 내로 배달되는 나라도 우리나라뿐이다. 백화점에서 산 물건, 마켓에서 산 식품이 무료로 집까지 배달되는 나라도 우리나라뿐이다. 그래서 '배달민족'인가 보다.

대한민국, 대단한 나라다. 우리 민족, 대단한 민족이다. 실수는 있었지만 실패하지는 않았다. 부끄러움이 있었지만 자랑거리도 많은 나라다. 빈곤의 악순환을 끊었다. 군사 독재정권을 종식시켰다. 절망과 위기에 대한 대처 능력도 있다. 지난 IMF 때는 금모으기 운동까지 하며 그 위기를 극복했다. 서해 선박사고로 기름이 유출되었을 때는 130만 명이 몰려와서 기름때를 닦아 냈다. 경제적 한파에도 불구하고 연말 불우이웃돕기 성금은 목표를 초과 달성했다고 한다.

2008년부터 전 세계를 강타한 경제 불황 가운데 한국이 가장 빠른 회복세를 보이고 있다고 국내외 언론들이 보도하고 있다.[59] 예를 들면 미국 통신사 블룸버그의 칼럼니스트 윌리엄 페섹(Pesek)은 7월 27일자 칼럼에서 "한국은 U형(긴 침체 후 회복)이나 W형(이중 침체 후 회복)이 아니라 V형(급반등 회복)을 보이고 있다. 이러한 한국 경제의 빠른 회복세가 아시아 경제 회복의 기대를 높이고 있다. 이러한 한국에 모자를 벗어 경의를 표한다"고 썼다.

2009년 8월 한국을 방문한 존 던컨 미국 캘리포니아 대학(UCLA) 한국학연구소장은 "영국이 300년 걸린 걸 한국은 30년 사이에 이뤘다"며 "경제 성장뿐만 아니라 민주화를 쟁취해 냈고 교육 분야도 많이 성장했으니 한국은 스스로 자부심을 가져야 한다"고 말했다.[60]

정치만 빼면 괜찮은 나라다. 아니 세계 240개국 가운데 경제적, 정치적 기적을 일구어 낸 몇 안 되는 나라 가운데 하나가 대한민국이다. 물론 정치 말고도 문제는 있다. 그것은 도덕성이라는 것이다. 바르게 살고, 정직하게 살며, 순리대로 사는 것, 그리고 법과 질서를 지키는 일 등에서는 아직 미흡한 것이 사실이다. 그러나 이에 대해서도 비관해서는 안 될 것이다. 자포자기, 자학은 금물이다. 2008년 미국 대통령으로 선출된 오바마(Obama)의 "우리는 할 수 있습니다"(Yes, we can)라는 말이 감동으로 다가오는 것도 이런 이유에서다. 그럼에도 희망은 저절로 오는 것이 아니다. 그런 의미에서 세 가지 과제를 함께 실천할 수 있기를 제안해 본다.

긍정적으로
살자

첫째, 긍정적으로 생각하며 살자. 저력 있는 민족이며 정이 있는 민족으로서 우리는 할 수 있다는 희망, 극복할 수 있다는 자신감을 가질 필요가 있다. 사회학적 용어로 '자기실현적 예언'(self-fulfilling prophecy)라는 말이 있다. 자기가 바라는 대로, 뜻하는 대로 이루어지기 쉽다는 것이다. "나는 안 돼"라고 스스로 세뇌시키면 실패할 가능성이 많고 "나는 할 수 있어"라고 자신감을 가지면 성공할 가능성이 많아진다고 한다. 어느 교회의 일이다. 송구영신 예배를 드릴 때 교인들은 각자 새해에 바라는 소원과 기대를 종이에 적어서 봉투에 넣고 그 봉투를 모두 걷어 금고 속에 보관했다가, 1년 후 역시 송구영신예배를 드리면서 꼭 1년 전에 금고에 넣어 두었던 봉투를 꺼내서, 그 속에 적힌 대로 모든 삶의 기대와 소원이 과연 이루어졌는가 알아본다고 한다. 그런데 어떤 사람의 봉투를 열어보니 이렇게 쓰여 있었다고 한다. "우리 집안은 대대로 그 수명이 60세를 넘지 못하는데, 내가 올해 60세가 되니 어쩌면 나도 올해 안에 세상을 떠나게 될지 모릅니다." 그런데 알고 보니 그 사람은 바로 두 달 전에 세상을 떠났다는 것이다.

리즈 호가드(Liz Hoggard)의 책 《How to be Happy》[61]에 이런 내용이 있다. 행복한 사람들의 공통적인 특징은 낙천적이라는 것이다. 그들은 앞으로 인생이 잘 풀리고 좋은 일이 생길 것이라고 믿는다. 낙천적인 사람은 현재의 문제가 일시적이며 통제할 수 있고 특정 상황에 국한된 것이라고 생각한다. 낙천적인 사람은 훨씬 건강하다. 낙천주의자는 병에 덜 걸리며 암이나 수술에서 빨리 회복된다. 비관적인 사람은 문제가 계속 될 것이라고 믿으며, 그 문제를 개인적으로 받아들여 전적으로 자신의 잘못으로 여긴다. 이들의 문제는 실패에 뒤따르는 비판, 당혹감 또는 비난을 두려워한다는 것이다. 이런 두려움은 이들의 사고를 마비시킨다. 결국 그들의 경력과 인생은 자기 파괴적인 근심과 걱정으로 생기를 잃고 만다.

〈되고의 법칙〉이라는 글[62]이 있다.

> 잘못이 있으면 고치면 되고
> 지식이 없으면 배우면 되고
> 부족하면 채우면 되고
> 힘이 없으면 힘을 기르면 되고
> 잘 모르면 물으면 되고
> 잘 안 되면 될 때까지 하면 되고
> 길이 안 보이면 길을 찾으면 되고
> 길이 없으면 길을 만들면 되고
> 기술이 없으면 연구하면 되고
> 생각이 부족하면 더 깊이 생각하면 되고
> 안 되는 것은 되게 하면 되고
> 믿을 만한 세상에 살고 싶으면 내가 진실하면 되고

원수 없는 세상을 살고 싶으면 내가 용서하면 되고

미움 없는 세상에 살고 싶으면 내가 사랑하면 되고

평화로운 세상을 원하면 내가 평화를 위하여 일하면 되고

행복하게 살고 싶으면 남을 행복하게 하면 되고

희망을 가지자. 긍정적으로 생각하며 살아가자.

웃으며
살자

　　　　　　　　　　둘째, 웃으며 살자. 웃으며 살기엔 너무
힘들고 짜증나는 것이 현실이다. 흔히 고통, 분노, 걱정, 고민, 위험,
공포가 웃음을 몰아낸다고 한다. 그리고 현실 세계에는 기쁜 일보다
슬프고 고통스러운 일이 더 많다. 그러나 고통스러울 때일수록 웃어
야 한다. 웃음은 사물이나 대상을 거꾸로, 뒤집어서, 옆에서, 뒤로
보게 해서 삶에 대한 시야를 넓혀 준다고 한다. 요즈음의 한국 정세,
상황처럼 암울한 때일수록 웃음으로 상쇄해야 한다.

　　웃음은 심리적 효과뿐만 아니라 정신적·신체적 건강에도 효과적
이라는 것이 과학적으로도 밝혀졌다.[63] 웃으면 뇌하수체에서 엔도
르핀 같은 자연 진통제가 생성되고, 부신에서 통증을 낮게 하는 화학
물질이 나오며, 혈액 순환이 잘되고 혈압이 낮아지며, 스트레스와
분노를 줄이고, 신체 모든 기관에 긴장을 누그러뜨린다는 것이다.

웃음은 면역체계를 강화하여 백혈구의 생성을 돕고, 혈액에 산소 공급을 하여 심혈관 위험을 줄일 수 있다고 한다. 10초 동안 배꼽을 잡고 크게 웃으면 3분 동안 힘차게 노를 젓는 것과 같은 운동 효과가 있으며, 잘 웃는 사람이 더 오래 산다고 한다. 15초를 웃으면 이틀 더 오래 산다는 조사 결과도 있다. 일소일소 일로일로(一笑一少, 一怒一老: 한 번 웃으면 한 번 젊어지고, 한 번 화내면 한 번 늙어진다)라는 말이 있다. 유머 감각이 뛰어난 학생이 공부도 더 잘하며, 지도자가 될 확률이 더 높다는 연구 결과도 있다.

우리 인생을 80년이라고 하면 그 가운데 잠자는 시간이 22년, 일하는 시간이 27년, 먹고 마시는 시간이 9년이라고 한다. 그런데 근심하며 보내는 시간은 하루 평균 3시간 6분씩 일생 10년이나 된다고 한다. 반면에 웃는 시간은 하루 평균 90초로서 80년 가운데 30일 밖에 되지 않는다고 한다. 경제가 불황이라도 웃어 버리자. 국회가 개판이라도 웃어 버리자. 못되게 구는 놈이 있어도 웃어 버리자. 그래서 웃으며 살아보자.

나누며 살자

셋째, 나누고 베풀며 살자. 더불어 살아보자. 지구상에는 도움이 필요한 사람이 너무 많다. 통계로 알아본다.[64] 세계적으로 영양이 부족한 인구가 20억, 심한 영양실조에 걸린 인구는 7억, 영양실조 상태에서 태어나는 아기가 연 1,500만 명, 이 가운데 1세 이전에 죽는 아기는 연 75만 명, 굶주린 인구 13억, 빈곤 인구 28억, 굶주림으로 죽는 5세 미만의 아이가 연 1,800만 명, 기아로 죽는 인구는 연 2,200만 명, 도시빈민 인구가 14억, 버려지는 아이가 연 7천만 명, 고아가 5억, 의료적 치료를 받지 못하는 인구가 15억이나 된다. 우리나라에도 절대 빈곤자 400만 명, 장애인 210만 명, 독거노인 23만 명, 소년소녀 가장 2,100명, 부랑인 시설 수용자 8,200명, 버려지는 아이 연 9천 명, 가출 청소년 연 5만 명, 입양아 연 3,200명 등 우리의 돌봄이 필요한 이들이 수없이 많이 있다.

베풀고 나누는 것은 더불어 사는 삶의 지혜이다. 타인에게 친절을 베풀면 긍정적 효과가 도미노처럼 일어난다고 한다. 타인의 선행을 목격하는 사람도 기분이 좋아져, 다른 사람들을 도와주고 싶어진다는 것이다. 사랑을 베풀면 내 기분은 100퍼센트 좋아지고, 사랑받는 사람의 기분은 40퍼센트가 좋아지며, 이 사실을 목격하거나 알게 되는 사람의 기분도 25퍼센트가 좋아지게 된다고 한다. 남을 돕는 데서 얻어지는 기쁨은 월급이 두 배가 될 때의 기쁨보다도 크다는 연구 결과가 있다.[65] 남을 돕는 사람의 수명이 더 길다고 한다. 다른 사람들을 더 많이 도울수록 우리는 더 행복해지고, 우리가 행복해질수록 다른 사람들을 더 돕고 싶어지며 상승효과를 가져오게 된다. 이것을 '선행을 하면 기분이 좋아지고, 기분이 좋아지면 선행을 하는 현상'(Do-good, feel-good/Feel-good, do-good phenomenon)

이라고 부른다.

마더 테레사는 이렇게 말했다.[66]

> 몸져누운 병자들, 쓸모없다고 생각되는 사람들, 사랑받지 못하는 사
> 람들, 알코올 중독자들, 죽어가는 사람들, 자포자기한 폐인들, 외로운
> 사람들, 버림받은 사람들, 병으로 신음하는 사람들, 인생에서 모든 희망
> 과 신념을 잃어버린 사람들, 미소 짓기를 잊어버린 사람들, 사랑과 우정
> 의 따뜻함을 잃어버린 사람들, 그들은 우리에게 위로받고 사랑받고 도움
> 받기를 기대합니다. 만약 우리가 그들에게 등을 돌린다면 그것은 그리스
> 도께 등을 돌리는 것입니다.

남을 도와주는 손은 기도하는 입술보다 성스럽다고 했다. 탈무드
에 "한 생명을 구하는 자 세상을 구한다"는 말이 있다. 나누고 돌보는
것은 모두가 행복해질 수 있는 길이다.

정치적·경제적·사회적으로 우리나라에는 많은 문제들이 있고,
해결해야 할 많은 과제들이 있다. 그러나 우리 한국인은 모든 난국을
헤쳐 나왔고 기적을 만들어 낸 저력을 가지고 있다. 희망을 가지자.
용기를 가지자. 서로 격려하며 함께 손잡고 나가자. 서로 돕고 나누
며 더불어 살아가자. 이것은 우리나라에 새로운 기적을 만들어 낼
수 있을 것이다. 이 일에 한국의 교회, 교인이 앞장설 수 있기를 기대
해 본다. 하나님의 나라가 이 땅 위에 임할 것을 소원하면서.

참고 문헌

Argyle, Michael and and Benjamin Beit-Hallahmi, *The Social Psychology of Religion*, London: Routledge & Kegan Paul, 1975.

Barrett, David B. (ed.), *World Christian Encyclopedia*, New York: Oxford University Press, 2001.

Beccaria, Cesare, 이수성 · 한인섭 옮김, 《범죄와 형벌》, 지산, 2000.

Durkheim, Emile, *Suicide*, New York: Free Press, 1951.

Eliade, Mircea (ed.), *The Encyclopedia of Religion*, Vol. 12. New York: Macmillan Co., 1987.

Hoggard, Liz, 이경아 옮김, 《행복》(*How to be Happy*), 예당, 2006.

Huntington, Samuel P. and Lawrence E. Harrison (eds.), *Culture Matters*, New York: Basic Books, 2000.

Kennedy, Thomas D., "Suicide and the Silence of Scripture", *Christianity Today*, 2007, July.

Lammers, S. (ed.), *Theological Perspective in Medical Ethics*, Grand Rapids, MI.: Eerdmans, 1987.

MacIver, Robert M., *Community*, London: Routledge and Kegan Paul, 1951.

McDowell, Josh and Don Stewart, 이호열 옮김, 《이단종파》, 기독지혜사, 1987.

Miller, Donald E., 이원규 옮김, 《왜 그들의 교회는 성장하는가》, KMC, 2008.

Sills, David L. (ed.), *International Encyclopedia of the Social Sciences*, Vol. 15. New York: The Macmillan Co., 1980.

Weber, Max, *The Protestant Ethic and the Spirit of Capitalism*, New York: Chalea Scribner's Sons, 1958.

구정화, 《퍼센트 경제학》, 해냄, 2009.

기독교윤리실천운동, 〈한국 교회의 사회적 신뢰도 여론조사〉, 2008.

_____, 〈담임목사직 세습반대운동 자료집〉, 2000.

김병서, "한국 사회의 민주화와 기독교", 이삼열 외, 《한국 사회발전과 기독교의 역할》, 한울, 2000.

김상임, "기독교인 성 평등의식 실태조사보고서",《한국 여성신학》1999, 겨울.

김성건,《세계화와 영성》, 프리칭 아카데미, 2006.

김용우·최재천,《형사정책》, 박영사, 1998.

김홍권,《좋은 종교 좋은 사회》, 예영, 2008.

노길명·오경환,《가톨릭 신자의 종교의식과 신앙생활》, 가톨릭신문사, 1988.

노치준,《한국 개신교사회학》, 한울, 1998.

류성민,《우리나라 종교 지도자들의 의식에 대한 조사연구》, 현대사회연구소, 1990.

박봉배, "전통문화 변용과 기독교", 이원규 편,《한국 교회와 사회》, 나단출판사, 1989.

박상기,《형법총론》, 박영사, 1999.

박영숙 외,《UN 미래보고서》, 교보, 2006.

박영신·정재영,《현대한국 사회와 기독교》, 한들출판사, 2007.

서광선 외,《한국 교회 성령운동의 현상과 구조》, 크리스찬 아카데미, 1981.

신흥범 엮음,《마더 테레사》, 두레, 2002.

유동식,《한국 종교와 기독교》, 대한기독교서회, 1965.

유석성,《사형과 인간의 존엄》, 한들출판사, 2004.

이만열, "한국문화와 기독교", 이원규 편,《한국 교회와 사회》, 나단출판사, 1989.

이원규,《한국 교회의 사회학적 이해》, 성서연구사, 1992.

_____,《한국 교회의 현실과 전망》, 성서연구사, 1994.

_____,《한국 교회 무엇이 문제인가?》, 감신대출판부, 1998.

_____,《한국 교회 어디로 가고 있나?》, 대한기독교서회, 2000.

_____,《한국 사회문제와 교회공동체》, 대한기독교서회, 2002.

_____,《기독교의 위기와 희망: 종교사회학적 관점》, 대한기독교서회, 2003.

_____,《인간과 종교》, 나남출판사, 2006.

_____,《종교사회학의 이해》(개정판), 나남출판사, 2006.

_____, "한국 종교문화의 특성에 대한 연구",《신학과 세계》60호(2007, 겨울).

_____, "사회변동과 한국 교회의 미래",《신학과 세계》62호(2008, 여름).

임택진, "추도의 근거, 성서에 있다",《빛과 소금》1991년 2월호.

전택부,《한국기독교발전사》, 대한기독교출판사, 1987.

정진홍, "개신교의 관혼상제에 관한 소고",《신학사상》1982, 여름.

조성돈·정재영 엮음,《그들은 왜 가톨릭 교회로 갔을까?》, 예영, 2007.

_____,《시민사회 속의 기독교회》, 예영, 2008.

탁명환,《기독교이단연구》, 한국종교문제연구소, 1886.

통계청,《인구주택총조사》, 2005.

_____,《사회통계조사보고서》, 2006.

_____,《한국의 사회지표》, 2008.

한국 갤럽,《여론조사 총람》, 1997.

_____,〈한국 개신교인의 교회활동 및 신앙의식 조사보고서〉 1998.

_____,《한국인의 인간 가치관》, 1990.

_____,《한국인의 종교와 종교의식》, 2004.

한국교회성장연구소,《한국 교회 교인 수평이동에 대한 연구》, 2003.

한국교회언론회,《안티기독교관련토론회 자료집》, 2007.

한국사회교육원 엮음,《한국 시민사회의 이해》, 한울, 1995.

_____,《지방화와 지구화, 그리고 시민운동》, 한울, 1995.

한국정신문화연구원,《한국민족대백과사전》17, 19권. 1991.

한미준, 한국 갤럽,《한국 교회 미래 리포트》, 두란노, 2005.

미주

1부 1장

1) 이원규, 《종교사회학의 이해》, 나남, 2006, 571.

2) 이원규, 《한국교회 무엇이 문제인가》, 감신대출판부, 1998, 182-185.

3) 이원규, 《인간과 종교》, 나남, 2006, 12장.

4) 기윤실, 〈한국 교회의 사회적 신뢰도 여론조사〉, 2008.

5) 한국 갤럽, 《한국인의 종교와 종교의식》, 2004, 68.

6) 한미준, 한국 갤럽, 《한국 교회 미래 리포트》, 두란노, 2005.

7) 이원규, 《인간과 종교》, 나남, 2006, 326-331.

8) 이원규, "사회변동과 한국 교회의 미래", 《신학과 세계》 62(2008, 여름), 359-65.

9) 한미준, 한국 갤럽, 《한국 교회 미래 리포트》, 두란노, 139.

1부 2장

10) 이 문제에 대한 자세한 내용으로는 이원규, 《인간과 종교》, 나남, 2006. 2장을 보라.

11) www. adherents.com 참조.

12) 이원규, 《인간과 종교》, 나남, 2006, 171-173.

13) 이원규, 《인간과 종교》, 나남, 2006, 284-285.

14) David B. Barrett, *World Christian Encyclopedia*, New York: Oxford University Press, 2001. 다음의 통계들은 주로 이 자료에 근거하고 있다.

15) 이를 표로 정리하면 다음과 같다.

연간 전 세계 기독교인의 증감(단위: 만 명)

		증가		감소	증감(증감율)	
자연증가	출산	3660	사망	1840	1820	0.91%
개종	유입	1900	이탈	1650	250˙	0.13%
계		5560		3490	2070	1.04%

16) 이원규, 《인간과 종교》, 나남, 2006, 12장.

17) Donald E. Miller, 이원규 역, 《왜 그들의 교회는 성장하는가?》, KMC, 2008.

1부 3장

18) 박득훈, "일부 대형교회 담임목사직 세습을 반대한다", 기독교윤리실천운동, 〈담임목사직세습반대운동 자료집〉 2000, 46-47.

19) 김명룡, "목회자의 세습에 대한 신학적 비판", 기독교윤리실천운동, 〈담임목사직세습반대운동 자료집〉 2000, 59-67.

20) 〈기독교타임즈〉 2000년 7월 15일자 참조.

21) 〈목회자신문〉 2000년 10월 7일자 참조.

22) 〈기독교타임즈〉 2000년 10월 7일자 참조.

23) 김관선, "대형교회들의 세습을 어떻게 볼 것인가", 기독교윤리실천운동, 〈담임목사직세습반대운동 자료집〉 2000, 35.

24) 이정석, "목회 세습이 바람직한가", 기독교윤리실천운동, 〈담임목사직세습반대운동 자료집〉 2000, 89.

1부 4장

25) 통계청, 《사회통계조사보고서》, 2006.

26) 한국 갤럽, 《한국인의 종교와 종교의식》, 2004.

27) 한미준, 한국 갤럽, 《한국 교회 미래 리포트》, 두란노, 2005.

28) Michael Argyle and Benjamin Beit-Hallahmi, *The Social Psychology of Religion*, London: Routledge & Kegan Paul, 1975, 77-78.

29) 이원규, 《종교사회학의 이해》, 나남, 2006, 8장.

30) 이원규, "여성문제", 《한국 사회문제와 교회 공동체》, 대한기독교서회, 2002, 6장.

31) 한국 갤럽, 《한국 개신교인의 교회활동 및 신앙의식 조사보고서》, 1998.

32) 한국 갤럽, 《한국 개신교인의 교회활동 및 신앙의식 조사보고서》.

33) 김상임, "기독교인 성 평등의식 실태조사 보고서", 《한국 여성신학》, 1999, 108-134.

34) 노치준, 《한국 개신교 사회학》, 한울, 1998, 151-176.

35) 이원규, 《인간과 종교》, 나남, 2006, 338-342.

1부 5장

36) Josh McDowell and Don Stewart, 이호열 옮김, 《이단종파》, 기독지혜사, 1987, 2장.

37) 탁명환, 《기독교이단 연구》, 한국종교문제연구소, 1986, 88-92.

38) 이원규, "광신적 신흥종교의 허와 실", 《기독교사상》 1997년 5월호.

39) 이원규, "천년왕국운동과 시한부 종말론", 《한국 교회 어디로 가고 있나》, 대한기독교서회, 2000, 331-34.

1부 6장

40) 이원규, 《종교사회학의 이해》(개정판), 나남, 2006, 579.

41) 서광선, "한국 교회 성령운동과 부흥운동의 신학적 이해", 서광선 외, 《한국 교회 성령운동의 현상과 구조》, 대화출판사, 1981.

1부 7장

42) 전택부, 《한국기독교발전사》, 대한기독교서회, 1987.

43) 이원규, "한국 사회의 발전과 기독교", 《한국 교회 어디로 가고 있나》, 대한기독교서회, 2000, 208-209.

44) 김병서, "한국 사회의 민주화와 기독교", 이삼열 외, 《한국 사회발전과 기독교의 역할》, 한울, 2000.

45) Max Weber, *The Protestant Ethic and the Spirit of Capitalism*, New York: Charles Scribner's Sons, 1958.

46) 이원규, 《한국 교회 무엇이 문제인가》, 감신대출판부, 1998, 184.

47) 한국 갤럽, 《한국인의 종교와 종교의식》, 2004, 186.

48) 박영신, "경제주의와 종교적 삶", 박영신 · 정재영, 《현대 한국 사회와 기독교》, 한들출판사, 2007.

49) 이원규, "한국 개신교의 정치참여", 이원규 편, 《한국 교회와 사회》, 나단, 1989.

1부 8장

50) 이원규, 《한국 교회의 현실과 전망》, 성서연구사, 1994, 223-226.

51) 유동식, 《한국종교와 기독교》, 대한기독교서회, 1965.

52) 〈한국 문화와 기독교〉, 이원규 편, 《한국 교회와 사회》, 나단, 1989.

53) 박봉배, "전통문화 변용과 기독교", 이원규 편, 《한국 교회와 사회》, 나단, 1989.

54) 한국 갤럽, 《한국인의 종교와 종교의식》, 2004.

55) 이원규, "한국 사회와 종교갈등", 《한국 교회의 사회학적 이해》, 성서연구사, 1992.

우리나라의 명과 암(2008년 현재)

항목		순위	비고
어두운면	부패도	40위	세계 180개국 중
	국가경쟁력	27위	57개국 중
	준법정신	27위	OECD 30개국 중
	환경지속성지수	122위	146개국
	성 격차지수	108위	130개국
	사교육비 비율	세계 1위	OECD 30개국 중
	교통사고 사망률	세계 4위	OECD 30개국 중
	자살률	세계 1위	인구 10만 명당 18.7명
	세계행복지수	102위	178개국 중
	삶의 만족지수	23위	OECD 26개국 중
밝은면	GDP(국내총생산)	세계 13위	9,700억 달러
	수출액	3,300억 달러	
	1인당 국민소득	2만 달러	
	조선업	세계 1위에서 6위까지를 독차지	
	선박과 스틸렌 수출액	세계 1위	
	인조섬유 수출	세계 2위	
	교역액	세계 12위	
	교육투자비율	세계 1위	
	초고속 인터넷 보급률	세계 1위	95%
	국민 평균 IQ	세계 1위	106

56) 류성민, 《우리나라 종교지도자들의 의식에 대한 조사연구》, 현대사회연구소, 1990.

57) 한국 갤럽, 《한국인의 종교와 종교의식》, 2004.

58) 이원규, 《한국 교회 무엇이 문제인가》, 감신대출판부, 1998: 201.

1부 9장

59) 최장집, "한국의 민주화, 시민사회, 시민운동", 한국 사회교육원 엮음,《한국 시민 사회의 이해》, 한울, 1995, 9.

60) 이시재, "지방자치 시대와 시민운동", 한국 사회교육원 엮음,《지방화와 지구화 그리고 시민운동》, 한울, 1995, 25-26.

61) 〈동아일보〉 2008년 8월 15일자.

62) 〈시사저널〉 2009월 7월 21일자.

63) 한국 갤럽,《여론조사총람》, 1997.

64) 이원규,《한국 사회문제와 교회공동체》, 대한기독교서회, 2002.

65) 정재영, "시민사회 참여를 통한 교회 공공성의 회복", 조성돈 · 정재영,《시민사회 속의 기독교회》, 예영, 2008.

66) 이원규, "한국 사회와 문화운동",《한국 교회 어디로 가고 있나?》, 대한기독교서 회, 2000, 236.

1부 10장

67) 아래 인용한 글들은 한국교회언론회, 〈안티기독교 관련 토론회 자료집〉(2007. 11. 23)에 실린 것이다.

68) 통계청, 〈인구주택총조사〉, 2005.

69)《한국 교회 미래 리포트》, 두란노, 2005.

70)《한국인의 종교와 종교의식》, 2004.

71) 〈한국 교회 교인 수평이동에 대한 연구〉 2003.

72) David B. Barrett, *World Christian Encyclopedia*, New York: Oxford University Press, 2001.

73) 한국 갤럽,《한국인의 종교와 종교의식》, 1984, 2004.

74) 김홍권,《좋은 종교 좋은 사회》, 예영, 2008.

75) 박영신, "한국 교회가 돌파해야 할 '현실'은 무엇이고 지향해야 할 '미래'는 무엇인 가?", 박영신 · 정재영,《현대 한국 사회와 기독교》, 한들출판사, 2007.

2부 11장

1) 박영숙 외, 《UN 미래보고서》, 교보, 2006, 29.

2) 〈주간조선〉 2009년 3월 23일자.

3) 통계청, 《2008 한국의 사회지표》 2009, 193.

4) 한국보건사회연구원, 《UN 미래보고서》, 교보, 2006, 29.

5) 〈주간조선〉 2009년 3월 23일자.

6) 구정화, 《퍼센트 경제학》, 해냄, 2009: 56.

7) 《UN 미래보고서》, 29.

8) 《UN 미래보고서》, 28.

9) 이원규, 《인간과 종교》, 나남, 2006, 224-225.

10) 〈인구주택총조사〉, 2005.

2부 12장

11) 통계청, 《2008 한국의 사회지표》, 2008.

12) Norman L. Farberow, "Suicide: Psychological Aspects", in David L. Sills (ed.), *International Encyclopedia of the Social Sciences*, Vol. 15. New York: The Macmillan Co., 1980, 392-394.

13) Durkheim, *Suicide*, New York: Free Press, 1951.

14) S. Hauerwas, "Rational Suicide and Reasons for Living", in Lammers (ed.), *Theological Ethics in Medical Ethics*, Grand Rapids, MI: Eerdmans, 1987.

15) Thomas D. Kennedy, "Suicide and the Silence of Scripture", *Christianty Today*, 2000, 7.

16) Robert M. MacIver, *Community*, London: Routledge and Kegan Paul, 1951, 9.

2부 13장

17) Cesare Beccaria, 이수성 · 한인섭 옮김, 《범죄와 형벌》, 지산, 2000, 16장.

18) 박상기, 《형법총론》, 박영사, 1999, 465-466.

19) 김용우 · 최재천, 《형사정책》, 박영사, 1997, 198.

20) 류지형, "사형폐지에 대한 소고", 한국교정학회, 《교정연구》 8, 1998.

21) 이원규, 《한국 사회문제와 교회공동체》, 대한기독교서회, 2002, 257.

22) 〈기독교타임즈〉 2005년 9월 30일자.

23) 유석성, 《사형과 인간의 존엄》, 한들출판사, 2004, 45-46.

2부 14장

24) 임태진, 〈추도의 근거, 성경에 있다〉, 《빛과 소금》, 1991년 2월호에서 재인용.

25) 노길명·오경환, 《가톨릭 신자의 종교의식과 신앙생활》, 가톨릭신문사, 1988.

26) 류성민, 《우리나라 종교 지도자들의 의식에 대한 조사연구》, 현대사회연구소, 1990.

27) 정진홍, "개신교의 관혼상제에 관한 소고", 《신학사상》, 1982, 여름, 265.

28) 조성돈·정재영 엮음, 《그들은 왜 가톨릭교회로 갔을까?》, 예영, 2007, 42-43.

29) 임태진, 〈추도의 근거, 성경에 있다〉, 98.

30) Myerhoff and Camino, "Rites of Passage", in M. Eliade (ed.), *The Encyclopedia of Religion*, Vol. 12. New York: Macmillan Co., 1987.

2부 15장

31) Louis V. Thomas, "Funeral Rites", in M. Eliade (ed.), *The Encyclopedia of Religion*, Vol. 5. New York: Macmillan Co., 1987.

32) 한국 갤럽, 《한국인의 종교와 종교의식》, 2004, 112.

2부 16장

33) 이지수, "윤회", 한국정신문화연구원, 《한국민족문화대백과사전》 17권, 1991, 339-40.

34) 한국 갤럽, 《한국인의 종교와 종교의식》, 1984, 2004.

35) 이원규, "한국 종교문화의 특성에 대한 연구", 《신학과 세계》 60호, 2007, 겨울.

36) 박계홍, "점복", 한국정신문화연구원, 《한국민족문화대백과사전》 19권, 665-69.

37) 한국 갤럽, 《한국인의 종교와 종교의식》, 2004, 223.

2부 17장

38) 이원규, 《종교사회학의 이해》, 나남, 2006, 12장.

39) 이원규, 《한국 교회 무엇이 문제인가》, 감신대출판부, 1998, 184.

40) 이원규, 《한국 교회 무엇이 문제인가》, 187.

41) 이원규, 《인간과 종교》, 나남, 2006, 12장.

42) Max Weber, *The Protestant Ethic and the Spirit of Capitalism*, New York: Charles Scribner's Sons, 1958.

43) 이원규, "한국교회와 맘모니즘", 《한국 교회 무엇이 문제인가》, 230-231.

44) 이원규, 《한국 교회 어디로 가고 있나》, 대한기독교서회, 2000, 7장.

2부 18장

45) 〈중앙일보〉 2002년 5월 24일자.

46) 〈한국일보〉 2002년 10월 19일자.

47) 〈대한매일〉 2003년 8월 30일자.

48) 〈한국일보〉 2002년 10월 19일자.

49) 이원규, "주5일 근무제와 한국 교회", 《기독교의 위기와 희망》, 대한기독교서회, 2003, 240-43.

50) 이성희, "주5일 근무제를 대비하는 미래목회", 〈국민일보〉 2002년 1월 30일자.

51) 《기독교세계》 2001년 10월호.

2부 19장

52) 이원규, 《한국 사회문제와 교회공동체》, 대한기독교서회, 2002.

53) 통계청, 〈한국의 사회지표〉, 2008.

54) 한국 갤럽, 《한국인의 인간 가치관》, 1990.

2부 20장

55) 〈주간조선〉 2061호(2009. 6. 29).

56) Samuel Huntington, *Culture Matters*, New York: Basic Books, 2000.

57) 〈조선일보〉 2006년 2월 14일자.

58) 〈주간조선〉 2071호(2009. 9. 7).

59) 〈조선일보〉 2009년 7월 28일자.

60) 〈주간조선〉 2071호, 116.

61) 리즈 호가드, 《행복》, 예당, 2006.

62) 필자 미상.

63) 리즈 호가드, 《행복》, 15장.

64) David B. Barrett, *World Christian Encyclopedia*, New York: Oxford University Press, 2001, 6.

65) 리즈 호가드, 《행복》, 314.

66) 신흥범 엮음, 《마더 테레사》, 두레, 2002, 84.

2009년 12월 23일 초판 1쇄 인쇄
2009년 12월 29일 초판 1쇄 발행

지은이 이원규
펴낸이 김영호
펴낸곳 도서출판 동연
등 록 제1-1383호(1992. 6. 12)
주 소 서울시 마포구 망원동 472-11
전 화 (02)335-2630
전 송 (02)335-2640
이메일 ymedia@paran.com
홈페이지 www.y-media.co.kr

ISBN 978-89-85467-99-5 03200